**Hartmut Sieck**

# Key Account Management im Mittelstand

*Die kurzfristige Einführung zum erfolgreichen Umgang mit Schlüsselkunden*



WILEY-VCH

WILEY-VCH Verlag GmbH & Co. KGaA

1. Auflage 2005



**Bibliografische Information Der Deutschen Bibliothek**
Die Deutsche Bibliothek verzeichnet diese Publikation in der Deutschen Nationalbibliografie; detaillierte bibliografische Daten sind im Internet über <http://dnb.ddb.de> abrufbar.



Gedruckt auf säurefreiem Papier

Printed in the Federal Republic of Germany

**Satz** Mitterweger & Partner, Kommunikationsgesellschaft mbH, Plankstadt

**Druck und Bindung** Ebner & Spiegel GmbH, Ulm

**Umschlaggestaltung** init GmbH, Bielefeld

ISBN 3-527-50122-3

# Inhalt

# 1
# Einleitung

Die Strategie, möglichst viele Kunden nach dem Gießkannenprinzip zu bedienen, funktioniert heutzutage nicht mehr. Insbesondere kleine und mittelständische Unternehmen müssen ihre begrenzten Unternehmensressourcen zunehmend auf die wichtigen Kunden von heute und die Potenzialträger von morgen fokussieren, um in Zukunft überleben und das Geschäft ausbauen zu können. Stand vor Jahren noch der klassische Verkäufer mit seinem Produkt im Vordergrund, so sind zukünftig mehr und mehr Berater gefragt, die das Problem und die Bedürfnisse des Kunden in den Mittelpunkt stellen, um darauf aufbauend eine kundenspezifische Lösung zu entwerfen.

## Warum sollten Sie sich für Key Account Management (KAM) interessieren?

Eine Studie der Unternehmensberatung Mercuri International in Zusammenarbeit mit der Universität St. Gallen vom Januar 2004 mit dem Titel »Status von Key Account Management in Europa« (auf der Basis einer Befragung von 560 Topmanagern in acht Ländern) gibt dazu einige Antworten:

- Die Einführung von KAM führt im Durchschnitt zu einer Umsatzsteigerung von 27,2 Prozent. Der Profit steigt durchschnittlich sogar um 28,6 Prozent!
- Für die Zukunft gehen Experten davon aus, dass es zu einer wesentlich stärkeren Polarisierung von »echten Schlüsselkunden« und »Restkunden« kommen wird.
- Bei der Selektion der Schlüsselkunden dominiert in Deutschland zu 85 Prozent (leider) immer noch der aktuelle Umsatz mit

den Kunden! Strategische und zukunftsorientierte Überlegungen bleiben hier vollkommen unberücksichtigt.

- Nur 38,3 Prozent der KAM-Programme in Deutschland sind älter als fünf Jahre. Damit liegt Deutschland weit hinter Großbritannien mit 56,3 Prozent.
- In Deutschland ist Key Account Management mehrheitlich als eigenständige organisatorische Einheit etabliert (bei 57,6 Prozent)
- Internationale KAM-Programme wurden bei 60 Prozent der Befragten eingeführt. Zum Vergleich: In Großbritannien liegt dieser Wert bei 78,8 Prozent!

Die Unternehmensberatung Mercuri International hat im Juni 2003 in Zusammenarbeit mit der Fachhochschule Trier eine Befragung bei mehr als 1000 mittelständischen Unternehmen zum Thema »Vertrieb 2010« durchgeführt. 78,2 Prozent der Befragten schreiben dem Key Account Management eine wachsende Bedeutung zu. Unterstrichen wird diese Feststellung durch die Aussage, dass 89,9 Prozent daran glauben, dass die Bedeutung der Kundenbindung noch weiter wachsen wird.

Zusammenfassend lässt sich festhalten, dass viele Unternehmen auch heute noch vor der Einführung von Key Account Management stehen beziehungsweise ihr Key Account Management noch kontinuierlich weiterentwickeln müssen, um sich den Marktveränderungen anzupassen.

Noch nicht überzeugt? Dann liefere ich Ihnen noch ein paar Argumente aus der historischen Entwicklung des Key Account Managements: Key Account Management wird bereits seit mehr als 25 Jahren diskutiert und in Unternehmen angewendet. In den siebziger Jahren erfolgte die Einführung von Key Account Management zuerst in der Lebensmittelindustrie. Im Deutschland der Nachkriegszeit war die Lebensmittelindustrie durch eine amorphe Struktur gekennzeichnet. In kleineren Ortschaften gab es noch selbstständige kleine Einzelhändler, welche als »Tante-Emma-Läden« berühmt wurden. Entsprechend wurden diese Kunden von ihren Zulieferern auch als eigenständige Einzelkunden betreut und beliefert. Zunehmend bildeten sich jedoch einzelne große Ketten heraus, die diesen Markt dominieren sollten. Als Konsequenz schlossen viele der »Tante-Emma-Läden«, da sie dem Wettbewerbsdruck nicht mehr gewachsen waren. Für die Lieferanten bedeutete dies, dass sie bei den zehn großen dominierenden Ketten gelistet sein mussten, um auch morgen noch überleben zu können. Im Metro Handelslexikon 2003 wird auf eine Prognose von M+M EURОdata verwiesen, aus der hervorgeht, dass im Jahre 2010 die fünf größten Einzelhändler mehr als achzig Prozent des Lebensmittel-Einzelhandelsmarktes repräsentieren werden.

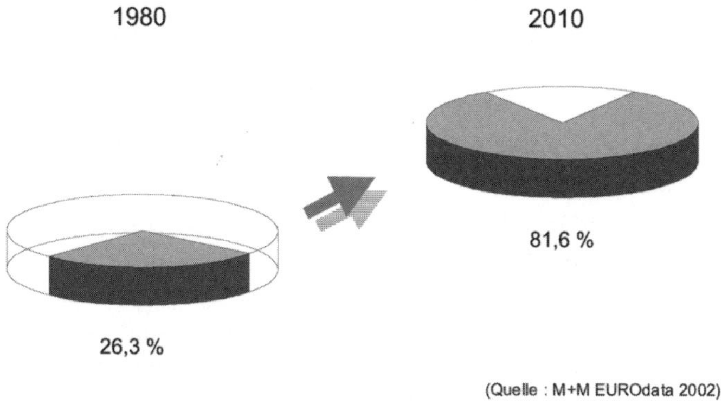


**Abbildung 1.1**: Marktanteile der fünf größten Lebensmitteleinzelhändler in Deutschland im Jahre 2010

Durch diese Konzentration wird auch die Bedeutung des Key Account Managements weiter stark zunehmen.

Für welche Industriebereiche und welche Unternehmen ist die Einführung eines Key Account Managements beziehungsweise eine kontinuierliche Weiterentwicklung heute ein Thema? Key Account Management ist für jedes Unternehmen von Interesse, das vergleichbaren Marktveränderungen ausgesetzt oder dessen wirtschaftliches Überleben von größeren Einzelkunden abhängig ist. Dazu kommen die Unternehmen, die neue Märkte mit wichtigen nationalen beziehungsweise internationalen Kunden erschließen wollen.

Neben dem Lebensmitteleinzelhandel ist die Automobilindustrie ein klassisches Beispiel, um sich die Marktveränderungen und damit auch die Bedeutung des Key Account Managements vor Augen zu führen. Die Anzahl der Automobilhersteller ist limitiert, so dass Key Account Management ein wichtiges Instrument für die Kundenbeziehung der Zulieferunternehmen zu ihren Kunden darstellt. Darüber hinaus führte der bekannte »Lopez-Effekt« dazu, dass Einkaufsentscheidungen bei den Automobilherstellern nicht mehr dezentral in den Produktionsstätten, sondern in der zentralen Einkaufsorganisation gefällt werden. Weiterhin wurde die Anzahl der Zulieferunternehmen drastisch reduziert. Das Stuttgarter Unternehmen Porsche zum Beispiel reduzierte die Anzahl der Zulieferunternehmen von zirka 1000 auf ungefähr 300. Gleichzeitig reduzierte Porsche die eigene Fertigungstiefe für das Modell Cayenne auf zirka zehn Prozent. Das bedeutet, dass die Lieferanten sich diesen Veränderungen anpassen müssen und dabei gleichzeitig die Chance haben, den Kunden durch »Mehrwert« stärker an sich zu binden und das Geschäftsgebiet weiter auszubauen. Daher verwundert es nicht, dass insbesondere in dieser Branche das Gegenstück zum Key Account Management, das Key Supplier Management, stark ausgeprägt ist.

Ein weiteres sehr interessantes Beispiel stellt das Gesundheitswesen dar. Es ist einem starken Kostendruck ausgesetzt und folglich nimmt die Bedeutung der Einkaufsorganisationen für Kliniken zu. Diese verhandeln die Rahmenverträge zentral mit potenziellen Lieferanten, während sich die Kliniken dezentral als Bedarfsträger dieser Verträge bedienen. Für die Vertriebsorganisation der Lieferanten bringt dies einen radikalen Wandel mit sich. Da einige Kliniken über Gremien ein Mitentscheidungsrecht bei der Auswahl der Lieferanten haben, müssen sie auch zukünftig dezentral angesprochen werden. Zudem muss ein Zulieferunternehmen die meistversprechenden Einkaufsorganisationen für sich objektiv auswählen und bestmöglich betreuen. In dieser Anfangsphase kommt es zu starken Veränderungen: Die Kliniken schließen sich diesen Einkaufsorganisationen an, gleichzeitig nimmt die Anzahl der Einkaufsorganisationen durch Zusammenschlüsse weiter ab. Die intensive Kommunikation zwischen zentralem Key Account Management und dezentraler Vertriebsorganisation wird hier zum Schlüssel für den Erfolg.

Seit dem 1. Januar 2004 sind den Apotheken der Versandhandel und die Bildung von Filialnetzen gestattet. Zuvor brachte Key Account Management im Apothekenmarkt keinen Mehrwert. In einem Interview der Zeitschrift *Junge Karriere,* Ausgabe Januar

2004, gab Ralf Däinghaus (Chef der Internetapotheke DocMorris) an, dass im Jahre 2008 Apothekenketten bereits dreißig Prozent des Marktes abdecken könnten. Darüber hinaus könnte es drei bis fünf bundesweite Versandhandelsapotheken geben. Hier gilt es als Lieferant, den Veränderungen am Markt frühzeitig Rechnung zu tragen und durch die Einführung von Key Account Management das Geschäft von morgen zu sichern.

In diesem Buch möchte ich Ihnen aber nicht nur die Vorteile des Key Account Managements aufzeigen, sondern vielmehr einen praktischen Leitfaden quer durch die Methodik liefern. Mit einer Vielzahl von Checklisten möchte ich Sie in die Lage versetzen, anhand der dargestellten prinzipiellen Methodik eine praxisorientierte Umsetzung für Ihr Unternehmen zu definieren und vor allem auch verwirklichen zu können. Ich hoffe, Sie werden nach der Lektüre dieses Buches ebenso überzeugt sein wie ich, dass Key Account Management auch für mittelständische Unternehmen geeignet ist und sinnvoll eingeführt werden kann.

Alle gezeigten Vorlagen können auch im Internet unter www.sieck-consulting.de/key_account_mgnt/buch_kam/download/download. html/(Benutzername: buchkam, Kennwort: sieck1) heruntergeladen werden.

## Was Sie in diesem Buch erwartet

Die Erfahrung zeigt, dass jeder ein anderes – teilweise sehr persönliches – Verständnis von Key Account Management hat. Daher sollen im Kapitel 2 die Grundlagen des Key Account Managements erarbeitet werden. Hier werden Begriffe wie das Pareto-Prinzip, Key Supplier Management, strategische Partnerschaft und einige mehr erläutert. Daneben werden die klassischen Gründe für die Einführung eines Key Account Managements aufgezeigt sowie das Konzept auf Unternehmensebene dargestellt.

Das Kapitel 3 beschreibt im Überblick das 3-Phasen-Modell eines Key Account Managements, welches die Grundlage für einen Projektplan zur Einführung bildet.

Getragen von den Grundlagen und dem Unternehmenskonzept werden im Kapitel 4 die fünf großen KAM-Bausteine Schlüsselkundenauswahl, KAM-Organisation, Personal, Prozesse und Tools

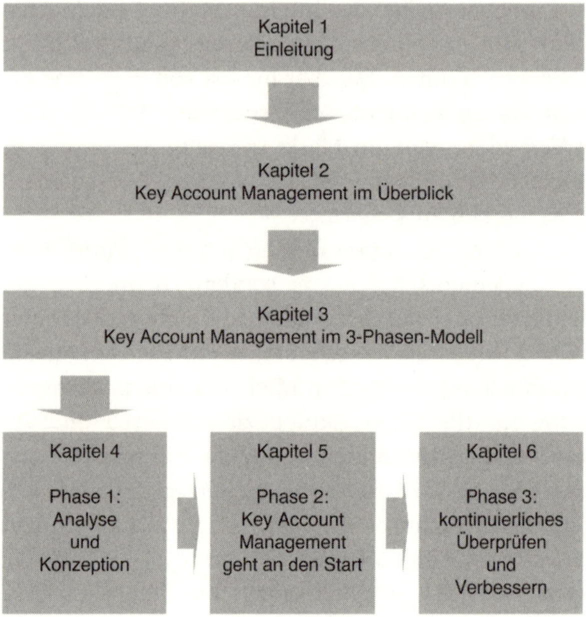


**Abbildung 1.2**: Die Struktur des Buches

sowie die Balanced Scorecard erörtert. Diese Bausteine können dann jeweils direkt auf Ihr Unternehmen angewendet werden.

- Baustein 1: Die Schlüsselkundenauswahl
  Die objektive Identifikation der Key Accounts von morgen basiert auf eindeutigen Zielen, einer guten Marktsegmentierung und der professionellen Auswahl von qualitativen und quantitativen Kriterien.

- Baustein 2: Die Organisation
  Eine schlagkräftige nationale beziehungsweise internationale KAM-Organisation wird entsprechend den Anforderungen aufgesetzt.

- Baustein 3: Der Key Account Manager
  Dieser Baustein enthält das Anforderungsprofil an einen Key Account Manager, sein kontinuierliches Weiterbildungsprogramm, die Zielvereinbarung und die entsprechende variable Vergütung.

– Baustein 4: Die Prozesse und Tools
  Die professionellen Werkzeuge (Tools) eines Key Account Managers, wie zum Beispiel der Key-Account-Plan, das Bewerten von Geschäftsgelegenheiten, das Beziehungsmanagement sowie die Möglichkeiten von E-Business, werden im Baustein 4 dargestellt.

– Baustein 5: Die Balanced Scorecard
  Eine zielführende Vertriebssteuerung basierend auf der Balanced Scorecard wird im Baustein 5 betrachtet.

Zusammengefasst werden die unternehmensspezifischen Ergebnisse in einem Key-Account-Management-Konzept. Dieses bildet die Grundlage des KAM-Programms in einem Unternehmen und stellt gleichzeitig die Basis für ein einheitliches Verständnis wie auch die effiziente Einarbeitung von neuen Key Account Managern dar.

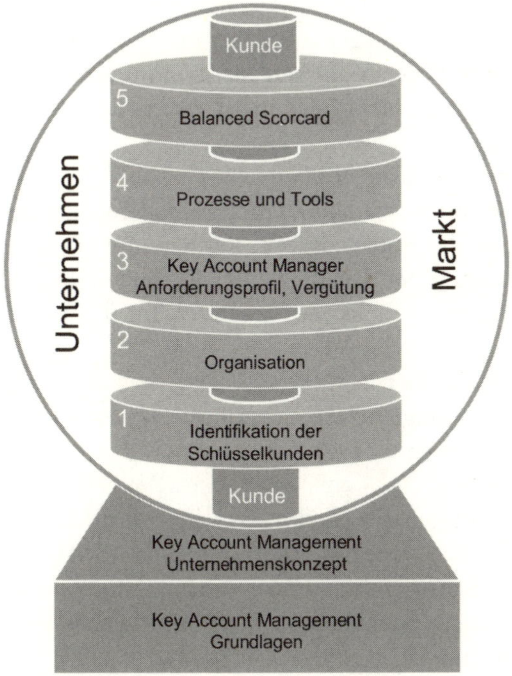


**Abbildung 1.3:** Die fünf Bausteine eines erfolgreichen Key Account Managements

Im Kapitel 5 wird die offizielle Einführung von Key Account Management im Unternehmen betrachtet. Nach dieser Einführung folgt im Kapitel 6 die Antwort auf die Frage nach der kontinuierlichen Verbesserung des Key Account Managements. Dazu gehört auch die potenzielle Durchführung von Kundenbefragungen.

## Noch ein Tipp zum Schluss

Bitte beachten Sie bei der Einführung von Key Account Management, dass es sich um eine langfristig angelegte Investition handelt, die auch Veränderungen im Unternehmen mit sich bringt.

1. Key Account Management überlegt einführen:
   Bereiten Sie die Einführung strukturiert, professionell und gründlich vor (siehe Kapitel 3).
2. Weniger ist mehr:
   Führen Sie Key Account Management lieber in einem begrenzten Produktbereich oder geografischen Markt ein und übertragen Sie die Erfahrungen und Erfolge in einem zweiten Schritt auf andere Bereiche.
3. Holen Sie alle Abteilungen an Bord:
   Kommunizieren Sie offen mit allen betroffenen Bereichen des Unternehmens über die Notwendigkeit, Key Account Management einzuführen und über die Ziele, die Sie damit verfolgen. Key Account Management muss vom gesamten Team getragen werden!
4. Tue Gutes und rede darüber:
   Kommunizieren Sie Erfolge im eigenen Unternehmen. Zeigen Sie den anderen Bereichen, dass es richtig war, auf Key Account Management zu setzen.
5. Das Key Account Management regelmäßig verbessern:
   Führen Sie regelmäßig eine Überprüfung Ihres KAM-Programms durch. Die Schwerpunkte bilden dabei die Kundenauswahl sowie die organisatorischen, personellen und prozesstechnischen Anpassungen.

Viel Spaß beim Lesen und Durcharbeiten!

# 2
# Key Account Management im Überblick

Der Begriff Key Account Management (KAM) wird heute in vielen Unternehmen häufig verwendet. Doch was steckt eigentlich hinter diesem Ausdruck und gibt es überhaupt *das* Key Account Management oder handelt es sich hierbei um etwas sehr Unternehmensspezifisches? Das folgende Kapitel gibt dazu eine kurze Einführung in die Begrifflichkeiten und Inhalte des Key Account Managements.

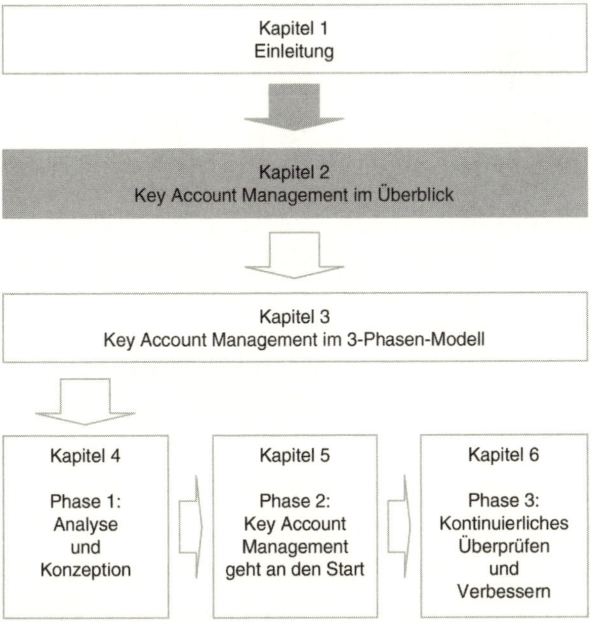


**Abbildung 2.1**: Struktur Kapitel 2

## Key Account Management – ein feststehender Fachbegriff?

Der Begriff Key Account Management kommt aus dem Angelsächsischen. Ein »Account« ist wörtlich übersetzt ein »Konto«, meint aber auch Kunden, da diese buchhalterisch als Konten im Unternehmen geführt wurden und werden. Der Begriff Account kann hier also inhaltlich mit dem Begriff Kunde übersetzt werden. Ein »Key« ist wörtlich übersetzt ein »Schlüssel«. Key Accounts werden daher auch als Schlüsselkunden bezeichnet, die eine besondere, wichtige und herausragende Bedeutung für das eigene Unternehmen haben. Damit ist auch klar, dass nicht jeder Kunde ein Key Account sein kann!

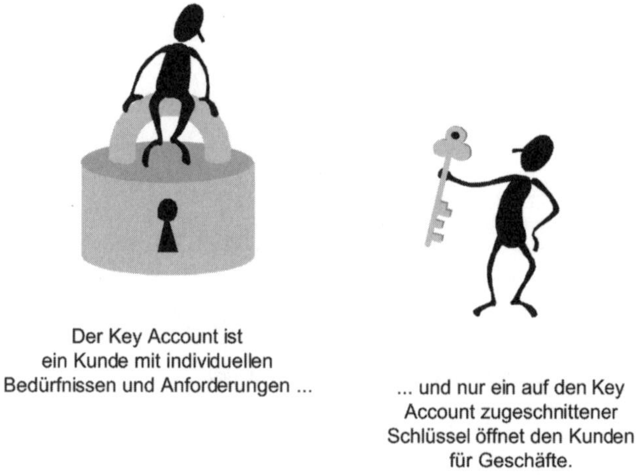


**Abbildung 2.2**: Die Sache mit dem Schlüssel

Die Abbildung 2.2 visualisiert, dass Key Account Management weitaus mehr bedeutet als nur einen neuen Begriff auf der Visitenkarte des Außendienstmitarbeiters. Die Schlüsselkunden stellen aufgrund ihrer besonderen Stellung spezifische Anforderungen an ein Unternehmen wie zum Beispiel an die Prozesse, Lösungen und Mitarbeiter.

Der Schlüsselkunde erwartet ...

- eine individuelle und maßgeschneiderte Lösung, die seine Bedürfnisse und Anforderungen möglichst vollständig erfüllt.
- auf sein Unternehmen abgestimmte Prozesse und Abläufe (zum Beispiel Auftragsabwicklung, E-Business et cetera).
- einen Ansprechpartner, den Key Account Manager, der seine inhaltliche Sprache spricht und zu seiner Unternehmenskultur und seinem Unternehmensumfeld passt. Nicht jeder gute Vertriebsmitarbeiter ist ein guter Key Account Manager und nicht jeder gute Key Account Manager ist für jeden Kunden der passende!

Der Begriff Key Account Management ist in der Literatur nicht eindeutig definiert. Umso wichtiger ist es, im Unternehmen eine klare Kommunikation bezüglich der verwendeten Begriffe zu haben.

Hier eine kleine Auswahl von Definitionen aus der Literatur:

*Key Account Management: Alter Wein in neuen Schläuchen?* (Diller, 1993):

»Key Account Management ist eine Variante der Vertriebsorganisation, bei der die wesentlichen Managementfunktionen zur Steuerung der Beziehung mit bedeutenden Kunden einer eigenen Stelle zugeordnet und auf Basis einer kundenindividuell ausgerichteten Marketing- und Beziehungsstrategie ausgestaltet werden.«

*Key Account Management* (Cheverton, 2001):

»Managing the future.«

*Key Account Management erfolgreich planen und umsetzen* (Biesel, 2002):

Biesel sieht die Kundenorientierung als die Basis für Key Account Management mit folgenden Merkmalen:

- »Die Schlüsselkunden stehen im Mittelpunkt.
- [...] keine eindimensionale Produktpolitik aus der Innensicht, sondern individuelle Problemlösungen für die Key Accounts.
- Key Account Management verabschiedet sich vom Massenmarketing und bevorzugt ein individuelles Partnerschaftsmarketing.

– Kundenorientierung gegenüber den Schlüsselkunden wird als unternehmerisches Konzept vom gesamten Unternehmen akzeptiert und gelebt.«

*Spitzenleistungen im Key Account Management – Das St. Galler KAM Konzept* (Belz, Müllner, Zupanic, 2004):

»Key Account Management bedeutet, aktuell oder potenziell bedeutende Schlüsselkunden des Unternehmens systematisch zu analysieren, auszuwählen und zu bearbeiten sowie die dazu notwendige organisatorische Infrastruktur aufzubauen und zu optimieren.«

## Schlüsselkunden können mehr als nur direkte Kunden sein

Die folgende Liste möglicher Schlüsselkundengruppen erhebt keinen Anspruch auf Vollständigkeit, sondern soll Ihnen lediglich die Spannbreite möglicher Einsatzgebiete eines Key Account Managements aufzeigen.

– Direkte Kunden:

Key Account Management in der Beziehung eines Lieferanten mit seinen direkten Kunden ist sicherlich die klassische Anwendung schlechthin. Unter Key Accounts werden hier einzelne Kunden oder Einkaufsgesellschaften verstanden, mit denen der Lieferant ein signifikantes Geschäftsvolumen abwickelt oder zukünftig abwickeln möchte (siehe auch Target Accounts weiter unten).

– Indirekte Kunden – die Kunden Ihrer Kunden:

Werden Ihre Produkte oder Lösungen von Ihren Kunden, zum Beispiel als Wiederverkäufer, an deren Kunden weiterverkauft, so kann es durchaus Sinn machen, diese Endkunden ebenfalls als Key Accounts zu betreuen. In diesem Fall besteht keine direkte Geschäftsbeziehung zwischen Ihnen und den Endkunden, jedoch können Sie über eigene Aktionen beim Endkunden die Kaufentscheidung zu Ihren Gunsten beeinflussen. Die Firma Cisco zum Beispiel betreibt diese Pflege der indirekten Geschäftsbeziehung und damit verbunden der Geschäftsentwicklung. Durch die direkte

Beziehung zum Endkunden können Veränderungen und Trends auf diesem Markt unmittelbar wahrgenommen und in die eigene Unternehmens- und Produktstrategie eingebracht werden.

– Komplementäre Lieferanten und Entwicklungspartnerschaften:
Viele Produkte und Unternehmen ergänzen sich am Markt beziehungsweise weisen auch eine gegenseitige Abhängigkeit auf. Entsprechend arbeiten diese Firmen sehr eng in der Entwicklung zusammen und tauschen sich zumindest intensiv über Neuerungen aus. Die Firma Ford hält beispielsweise enge Kontakte zur Ölindustrie, für die Weiterentwicklung von Schmierstoffen auf der einen und Motoren auf der anderen Seite. Die Schnittstelle zwischen den Unternehmen kann hier durch Key Account Management realisiert werden.

– Organisationen und Verbände:
Organisationen und Verbände sind in vielen Fällen keine direkten Kunden von Lieferanten. Jedoch sprechen diese sehr häufig Kaufempfehlungen für ihre Mitglieder aus oder bieten sogar besondere Rahmenkonditionen für bevorzugte Lieferanten an.

– Interne Abteilungen, Divisionen oder Landesgesellschaften:
Per Definition richtet sich der Fokus von Key Account Management auf externe Kunden. Insbesondere jedoch bei größeren Unternehmen, die in mehreren Produktdivisionen oder Landesgesellschaften organisiert sind, besteht auch zwischen diesen Bereichen durchaus eine intensive Geschäftsbeziehung. Diese werden auch als »Interhouse« oder »Inhouse Business« bezeichnet. In diesem Fall können diese internen Kunden auch oder sogar ausschließlich als Schlüsselkunden für einen Bereich deklariert werden.

## Vom Target zum Global Account

Im Bereich Key Account Management wird neben dem Begriff Key Account oder Schlüsselkunde sehr häufig eine Reihe von anderen Begriffen für Kunden verwendet. Auch hier gilt es, sich mit den Begriffen vertraut zu machen und diese dann auf die unternehmensspezifischen Gegebenheiten zu adaptieren.

– Target oder Development Account:
Ein Target Account ist ein als potenzieller Key Account identifizierter Kunde, zu dem heute noch keine oder lediglich eine geringe Geschäftsbeziehung besteht. Die Aufgabenschwerpunkte des Key Account Managers liegen im Bereich Geschäftsentwicklung (Business Development) und im Aufbau einer Beziehung zu den entscheidenden Mitarbeitern des Kundenunternehmens. Die Entwicklung eines solchen Potenzialträgers hin zu einem echten Schlüsselkunden kann sehr zeit- und damit kostenintensiv sein.

– Key Account:
Bei einem Key Account handelt es sich um einen Topkunden, zu dem bereits heute eine intensive Geschäftsbeziehung besteht. Der Kunde ist für das eigene Unternehmen und dessen Überleben am Markt von großer Bedeutung. Je nach Unternehmen kann es sich dabei um einen regional oder auch national aufgestellten Schlüsselkunden handeln.

– International Account:
Ein International Account ist ein Schlüsselkunde mit internationaler Ausprägung. Im Gegensatz zu einem Global Account beschränkt sich seine Geschäftsaktivität auf einige wenige Länder beziehungsweise bestimmte Regionen (zum Beispiel Europa). Der Internetprovider T-Online kann so ein International Account sein, da sich die internationalen Aktivitäten und Beteiligungen von T-Online auf den europäischen Markt fokussieren.

– Global Account:
Der Global Account ist ein Key Account mit globaler Geschäftsausprägung. Typische Global Accounts sind die großen Konzerne wie zum Beispiel Henkel, IBM, Siemens, DaimlerChrysler. Diese Kunden erwarten von ihren Lieferanten eine globale Ansprache und Betreuung.

– Major Account:
Der Begriff Major Account wird vereinzelt in Unternehmen genutzt. Teilweise wird darunter ein wichtiger Kunde verstanden, der aber aufgrund seines Geschäftsvolumens noch nicht als Key

Account klassifiziert werden soll. In anderen Unternehmen wiederum steht der Begriff Major Account für größere, internationale Key Accounts.

Key Account Management einzuführen zeigt auch nach außen eine Wertschätzung gegenüber den wichtigsten Geschäftspartnern eines Unternehmens. Gemäß dem Motto »Tue Gutes und rede darüber« muss diese Wertschätzung auch den Kunden gegenüber kommuniziert werden. Um Kunden nicht zu verwirren, sollten die Begriffe klar und eindeutig definiert und gelebt sowie die Anzahl der verwendeten Terminologien auf ein Minimum reduziert werden.

## Gründe für die Notwendigkeit eines Key Account Managements

Wie schon im Kapitel 1 beschrieben, wird Key Account Management bereits seit mehr als 25 Jahren in den verschiedensten Industriebereichen diskutiert. Auf der anderen Seite setzen viele Unternehmen auch heute noch auf den klassischen Vertriebsansatz, ohne dabei Key Account Management eingeführt zu haben. Die grundsätzliche Frage, die sich viele Unternehmen daher heute stellen, lautet: »Unter welchen Rahmenbedingungen macht die Einführung von Key Account Management in meinem Unternehmen Sinn?« Die folgende Auflistung spiegelt eine Reihe von möglichen Gründen für den Einsatz eines KAM-Programms wider:

– Die Abhängigkeit von wenigen Kunden:
Die geschäftliche Abhängigkeit von »nur« wenigen Kunden stellt wohl den offensichtlichsten Grund für Key Account Management dar. In diesem Zusammenhang wird sehr häufig der Begriff der »80/20-Regel« oder auch »Pareto-Prinzip« verwendet. Diese Regel veranschaulicht, dass in vielen Unternehmen achtzig Prozent der Umsätze mit lediglich zwanzig Prozent der Kunden erzielt werden. Weitere Hintergrundinformation zum Pareto-Prinzip werden im Verlauf dieses Kapitels noch vorgestellt.

– Die begrenzte Anzahl von möglichen adressierbaren Kunden:
In einem begrenzten Markt, wie zum Beispiel in der Automobilindustrie, gibt es nur eine überschaubare Anzahl von möglichen

potenziellen Kunden. Das heißt, ein Lieferant kommt automatisch in die Situation, von nur wenigen Kunden abhängig zu sein. Neben den bereits bestehenden Key Accounts – den Topkunden – kommt hier der Kategorie Target Accounts eine entscheidende Rolle zu.

– Firmenübernahmen und -zusammenschlüsse (Merger & Acquisitions oder auch »Fusionitis« genannt):

Ein Schwerpunkt bei Firmenzusammenschlüssen und -übernahmen liegt in der Bildung von Synergien im Produktportfolio, in der Adressierung von Märkten, in der Fertigung und vor allem im Einkauf. Insbesondere im Bereich Einkauf liegen bis zu fünfzig Prozent der gesamten Synergieeffekte. Ein Beispiel: Stig Sigmen (Chef des US-Mobilfunkanbieters Cingular) erwartet nach der Übernahme von AT&T Wireless im Januar 2004 Einsparungen von einer Milliarde US-Dollar im Jahr 2006 und vom Jahr 2007 an zwei Milliarden US-Dollar jährlich im Bereich der Investitionen und operativen Kosten. Ein gut etabliertes und funktionierendes Key Account Management kann die oben beschriebene Entwicklung auf der Kundenseite antizipieren und entsprechende Aktionen frühzeitig einleiten, um auch das zukünftige Geschäft zu sichern oder auszubauen. Stig Sigmen spricht nur von Einsparungen, während seine Kunden und die Potenziale dieser Kunden scheinbar eine eher untergeordnete Rolle spielen. Genau aus diesem Grunde scheitern jedoch viele Firmenzusammenschlüsse! Zu diesem Ergebnis kam auch das Institut für Marktorientierte Unternehmensführung (IMU) aus Mannheim, welches im Zeitraum von 1996 bis 1999 insgesamt 232 Fusionen näher analysiert hat. Insgesamt kommt das IMU zu dem Ergebnis, dass zirka sechzig bis achtzig Prozent der Fusionen scheitern! Die Firmen sind in der Fusionsphase sehr auf interne Probleme, Kosten und Abstimmungsherausforderungen fokussiert, während die wenigsten aktiv auf ihre Kunden und Partner zugehen. Das führt zu verunsicherten Kunden und damit verbunden zu einer erhöhten Bereitschaft, den Lieferanten zu wechseln. Insbesondere deshalb müssen sich Firmen in dieser Phase aktiv auf Kundenanfragen vorbereiten und aktiv Kundeninformations- und damit Kundenbindungsmaßnahmen einleiten! Als Schnittstelle zu den wichtigsten Kunden eines

Unternehmens übernimmt das Key Account Management hier eine sehr wichtige Rolle.

– Der Wandel der Märkte:
Unterstützt durch die Globalisierung unterliegen die Märkte einem immer schnelleren Wandel. Zum Beispiel: 1990 gab es noch zirka 30 000 Zulieferfirmen in der Automobilindustrie, wohingegen Experten davon ausgehen, dass die Anzahl auf 3 000 im Jahre 2010 sinken wird. Gleichzeitig nimmt aber die Fertigungstiefe der Automobilhersteller rapide ab. So lag diese 1995 noch bei 40 Prozent, während für 2003 noch von 25 Prozent auszugehen ist. Das heißt, hier ergeben sich Gefahren, aber auch Chancen für Unternehmen in der Zulieferindustrie.

– Der Wandel der Geschäftsmodelle des Kunden:
Viele Industrieunternehmen fokussieren sich seit einigen Jahren verstärkt auf ihre Kernkompetenzen, was dazu führt, dass Unternehmensteile ausgegliedert oder verkauft werden. Zum Beispiel: Unternehmen wie IBM oder Alcatel haben einige ihrer Fertigungsstätten an Sanmina verkauft. Für Energieerzeuger haben diese Unternehmensverkäufe erheblichen Einfluss auf deren Geschäftsbeziehungen mit diesen Unternehmen, da insbesondere Fertigungsstätten die Energieabnehmer schlechthin sind. Das heißt, dass Unternehmen, die diesen Markttrend frühzeitig antizipieren, sich auf diese Veränderungen bewusst einstellen und agieren können, anstatt später nur reagieren zu können.

– Die Zentralisierung des Einkaufs:
Spätestens seit dem »Lopez-Effekt« in der Automobilindustrie sind die Einkäufer fast aller Industriebereiche bestrebt, die Einkaufsmacht national oder noch besser international zu bündeln, um bessere Konditionen zu erhalten.

– Die Reduzierung der Lieferantenanzahl:
Mit der Zentralisierung der Einkaufsaktivitäten ist meist auch eine Reduktion der Anzahl der Lieferanten verbunden. Zum Beispiel: IBM hat eine »Supply-Chain-Optimierung« vorgenommen, um Einsparungen im Einkauf, der Produktion sowie der Ausliefe-

rung zu erzielen. Als ein Ergebnis wurde die Anzahl der Lieferanten innerhalb von zwei Jahren von über 60 000 auf 30 000 reduziert.

– Key Account Management als Wunsch des Kunden:
Unternehmen mit mehreren Produktbereichen haben in der Vergangenheit ihre Vertriebsorganisationen innerhalb der jeweiligen Bereiche angesiedelt. Kauft ein Kunde unterschiedliche Produkte von einem Lieferanten ein, so musste dieser in der Vergangenheit oft mit mehreren Vertriebsmitarbeitern zusammenarbeiten. Dieser Zustand kann leicht zu Verwirrungen auf beiden Seiten und nicht zuletzt zu einem »Buchbinder-Wanninger-Effekt« aus dem bekannten Karl-Valentin-Sketch führen. Als Konsequenz bittet der Kunde seinen Lieferanten, ihm eine Schnittstelle – den Key Account Manager – für die Geschäftsbeziehung zur Verfügung zu stellen.

– Cross Selling:
Laut einer Studie von *Sales-Profi*, die bei über 500 Abnehmern von Industriegütern durchgeführt wurde, beziehen nur dreißig Prozent der Kunden mehr als eine Produktkategorie beim jeweiligen Lieferanten, obwohl sechzig bis neunzig Prozent der Kunden bereit sind, weitere Produkte »ihres« Lieferanten zu kaufen. Das bedeutet, dass Cross Selling ein weiteres zusätzliches Geschäftspotenzial darstellt, für das keine aufwändige und kostenintensive Neukundenakquise notwendig ist, sondern eine bestehende Kunden- und Geschäftsbeziehung als Basis genutzt werden kann. Key Account Management unterstützt ein Unternehmen darin, diese »Cross-Selling«-Kundenbeziehung effizient und zielorientiert zu steuern. Ein Negativbeispiel ohne Key Account Management: Der Unternehmensbereich »Schrauben« der fiktiven Firma »Schrauben & Dübel« unterhält sehr gute Geschäftsbeziehungen zu einem wichtigen Kunden. Dieser Kunde fragt beim Geschäftsbereich »Dübel« seines Lieferanten zwanzig Spezialdübel an. Da sich dieses Geschäft für den Geschäftsbereich »Dübel« nicht rechnet, gibt dieser kein Angebot ab und der Auftrag wird bei einem Wettbewerber platziert. Das heißt, in einem ersten Schritt hat die Firma »Schrauben & Dübel« lediglich ein unprofitables Geschäft abge-

lehnt. Gleichzeitig besteht aber die Gefahr, dass der Wettbewerber als Profi im Cross Selling durch diesen ersten Auftrag eine Eintrittstür für ein mögliches zukünftiges Geschäft im Bereich Schrauben gefunden hat. Hinter diesem fiktiven Fall steht auch die Forderung, langfristig von einer Produkt-P&L (Profit & Loss oder auch Gewinn- und Verlustrechnung) zu einer kundenbezogenen P&L zu kommen!

– Die Komplexität des Kunden:
Insbesondere bei Kunden mit komplexen, internationalen Unternehmens- und Entscheidungsstrukturen bedarf es einer koordinierenden Stelle im eigenen Unternehmen, die bezüglich aller notwendigen Informationen stets auf dem Laufenden ist. Ohne dieses gebündelte Wissen über den Kunden kann es zu ineffizienten, unkoordinierten Doppelarbeiten in der Kundenbeziehung, aber auch zu fatalen Fehleinschätzungen bezüglich der Verkaufsstrategie und -taktik für einen konkreten Verkaufsfall kommen.

– Synergieeffekte durch Kooperationen:
Neben der klassischen Lieferanten-Kunden-Beziehung stellt die partnerschaftliche Beziehung zwischen zwei Unternehmen einen weiteren wichtigen Einsatzbereich für Key Account Management dar. Bei diesen partnerschaftlichen Beziehungen suchen beide Unternehmen nach Synergieeffekten zum Beispiel im Entwicklungs- oder Produktionsbereich. Auch hier kann Key Account Management als Schnittstelle für die Unternehmen von Nutzen sein.

## Vilfredo Pareto und die 80/20-Regel

Im Bereich Key Account Management wird immer wieder der Begriff der 80/20-Regel verwendet. Doch was steckt hinter diesem feststehenden Begriff und woher kommt diese Aussage?

Die 80/20-Regel ist auf Vilfredo Pareto, einen italienischen Soziologen und Ökonomen, zurückzuführen. Dieser hat herausgefunden, dass zirka zwanzig Prozent der italienischen Bevölkerung ungefähr achtzig Prozent des Volksvermögens halten. Diese Regel ist bis heute in vielen Bereichen als Daumenregel anwendbar.

Beispiele für die Anwendung der Pareto-Regel:
- Zeitmanagement: mit zwanzig Prozent Aufwand werden achtzig Prozent der Aufgaben erledigt, aber achtzig Prozent Aufwand für zwanzig Prozent der Aufgaben benötigt!
- Weltbevölkerung: zirka achtzig Prozent der Menschen leben in Entwicklungsländern
- Welthandel: zirka 75 Prozent des Welthandels findet unter 25 Prozent der Menschen statt

Im Bereich Marketing und Key Account Management bedeutet die 80/20-Regel, dass achtzig Prozent vom Umsatz eines Unternehmens mit zirka zwanzig Prozent der Kunden erzielt werden. Diese Regel ist sowohl im Industriegüterbereich, wie auch in der Konsumgüterindustrie anwendbar.

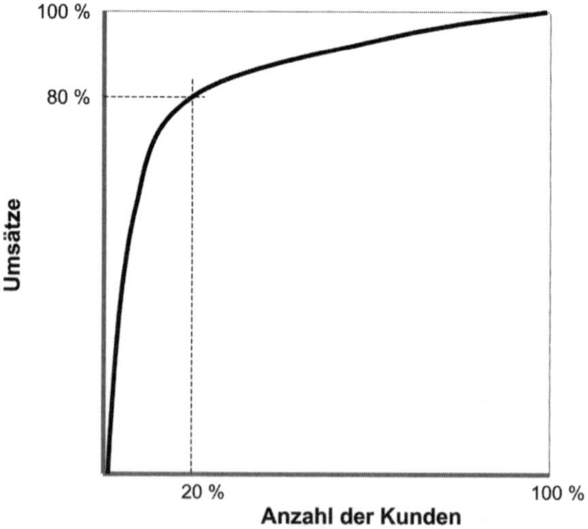


**Abbildung 2.3**: Lorenzkurve oder 80/20-Regel

Der Erfolg eines Unternehmens hängt in diesem Bereich also maßgebend von nur wenigen Einzelkunden oder Einkaufsorganisationen ab, während die Betreuung der großen Masse an Kunden mit sehr viel Aufwand bei geringeren Deckungsbeiträgen verbunden ist. Einige Experten gehen davon aus, dass sich die Kurve noch weiter verschieben könnte, so dass zukünftig von einer 90/10-Regel gesprochen werden müsste.

## Key Account Management im Vergleich zum klassischen Vertrieb

Die folgende Tabelle gibt einen kleinen Überblick über die unterschiedlichen Ansätze im Key Account Management und im klassischen Vertriebsansatz.

| Key Account Management | Klassischer Vertrieb |
|---|---|
| Einzelne nationale oder internationale Kunden stehen im Mittelpunkt. Die Vertriebsstruktur und die dazugehörigen Prozesse sind auf die Kunden ausgerichtet. | Geografische Vertriebsregionen, Vertriebskanäle oder Produktgruppen bilden die Grundlage für die Struktur der Vertriebsorganisation und der dazugehörigen Prozesse. |
| Eine langfristige Geschäftsbeziehung (wiederkehrendes Geschäft) steht im Vordergrund. | Kurzfristige Erfolge (der nächste Abschluss) stehen mehr im Vordergrund als der langfristige Aufbau eines fundierten Beziehungsmanagements. |
| Bottom-up-Geschäft steht im Vordergrund. Die Vertriebsleitung gibt auch hier Ziele bezogen auf einen einzelnen Kunden vor. Der Weg, um diese Ziele zu erreichen (die Strategie), wird dabei aber dem Key Account Manager überlassen. Darüber hinaus wird eine Selbstständigkeit vom Key Account Manager erwartet, da dieser eigenständig neue Geschäftsmöglichkeiten für das gesamte Unternehmen identifizieren muss. | Stark top-down-fokussiertes Geschäft. Das heißt, die Vertriebsleitung gibt die Verkaufsziele und teilweise sogar den Verkaufsweg vor. |
| Der Erfolg des Kunden steht im Vordergrund. Dazu ist ein fundiertes Wissen über den Kunden, seine Bedürfnisse, Prozesse und Ziele notwendig. Stichwort »Consultative Selling«. | Das eigene Produkt steht beim Verkauf im Vordergrund. |
| Um Lösungen für den Kunden erarbeiten zu können, sind Kontakte zu vielen Bereichen und auf allen Ebenen der Kundenorganisation erforderlich. | Sehr häufig ist der Einkauf der einzige Ansprechpartner auf der Kundenseite. |
| Der Key Account Manager muss hohe soziale und analytische Kompetenzen mitbringen. Das Team steht für den Erfolg (Stichwort: Buying Center und Selling Center). | Der Verkäufer kann auch als Einzelkämpfer mit guten verkaufstaktischen Fähigkeiten durchaus erfolgreich sein. |

## Vom Opportunismus zur strategischen Partnerschaft

Wer von Key Account Management spricht, verwendet sehr häufig den Begriff der Partnerschaft. Diese Partnerschaft bezieht sich auf die Geschäftsbeziehung zwischen dem »Lieferanten« auf der einen und dem Kunden auf der anderen Seite. Aber welche grundlegenden Arten von Beziehungen zwischen Lieferant und Kunde sind überhaupt denkbar?

Die Abbildung 2.4 zeigt die gesamte Bandbreite von einer opportunistischen bis hin zu einer strategischen Zusammenarbeit auf. Auf der Seite des Kunden besteht im opportunistischen Bereich meist kein wirkliches Interesse an einer Zusammenarbeit. Trotzdem kommt es durchaus zu regelmäßigen Treffen zwischen dem potenziellen Kunden und dem Lieferanten, ohne dass es jedoch zu einer Zusammenarbeit kommt. Wichtig ist es, sich auch diese Art der Kundenbeziehung vor Augen zu führen, da es sich meist um eine für den Lieferanten kostenintensive (Reise- und Personalkosten), jedoch nicht einträgliche Art der Beziehung handelt. Die Kernfrage für das Unternehmen muss daher lauten: »Sehen wir eine reelle Chance, bei diesem potenziellen Kunden ins Geschäft zu kommen? Wenn ja, dann ist es ein Entwicklungskunde, in den investiert werden muss. Wenn nein, so sind die eingesetzten Ressourcen besser auf andere Projekte zu fokussieren.«

Belz und Mühlmeyer (2001) unterscheiden bei der nächsten großen Gruppe, der Lieferantenbeziehung, zwischen Einmallieferant, qualifizierter Lieferant, Wiederholungslieferant und Vorzugslieferant. Insbesondere in Bezug auf Key Account Management, bei dem die langfristige Beziehung mit wiederkehrendem Geschäft im Vordergrund steht, muss der Status des Vorzugslieferanten das klare Unternehmensziel sein. Gleichzeitig kann diese Klasse der Zusammenarbeit auch die höchste sinnvolle und erreichbare Kategorie sein.

Die Königsklasse der partnerschaftlichen Zusammenarbeit bildet die strategische Partnerschaft. Leider wird mit diesem Begriff, insbesondere im Bereich Key Account Management, sehr häufig leichtfertig umgegangen und das Ziel der strategischen Partnerschaft fast jedem Kunden kommuniziert. Damit wird ein Begriff

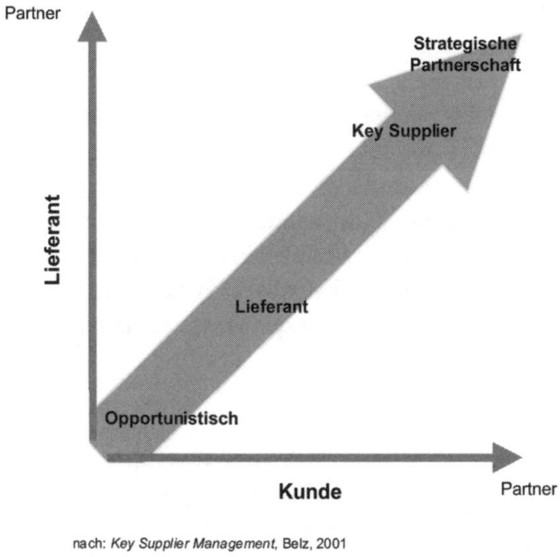


**Abbildung 2.4**: Vom Lieferanten zum strategischen Partner

leicht irreführend verwendet und eine mögliche Erwartungshaltung bei Kunden geweckt, die dann später nicht befriedigt werden kann. Bei einer strategischen Partnerschaft arbeiten beide Partner nicht nur eng zusammen, sondern die Prozesse sind individuell auf die Bedürfnisse des Partners ausgerichtet. Häufig werden zum Beispiel Entwicklungsprojekte gemeinsam betrieben. Dazu ist es notwendig, dass *beide* Seiten sich dem Partner gegenüber sehr weit öffnen und auch Interna preisgeben. Das heißt, hier bedarf es einer klaren Willenserklärung von beiden Partnern, dass diese Art der Zusammenarbeit sinnvoll und gewollt ist sowie aktiv weiterentwickelt wird. Dieses Verzahnen mit einem anderen Unternehmen kann aus unternehmensstrategischer wie auch aus Ressourcensicht mit maximal zwei bis drei Partnern realisiert werden.

## Vom austauschbaren Lieferanten zum Partner

Wie oben beschrieben ist das Ziel des Key Account Managements, von einer reinen Kunden-Lieferanten- hin zu einer Kunden-Partner-Beziehung zu kommen. Daher an dieser Stelle ein kurzer Exkurs zum Thema »Stufen des Verkaufens«. Die Abbildung 2.6 illustriert das 4-Stufen-Modell, wobei auf der untersten Stufe, der Stufe 1, das Produkt mit seinen Leistungsmerkmalen klar im Vordergrund steht. Verhandlungen, die auf dieser Ebene geführt werden, sind meist sehr preissensitiv (»squeeze-out«). Die Produkte sind austauschbar und der Markt ist äußerst wettbewerbsintensiv. Eine tief gehende Kundenkenntnis ist auf dieser Stufe nicht notwendig und die Anzahl der Kontakte auf Kundenseite sind sehr häufig auf den Einkaufsbereich fokussiert. Aber Achtung: Lieferanten, die sich auf dieser Stufe aufhalten, sind leicht austauschbar!

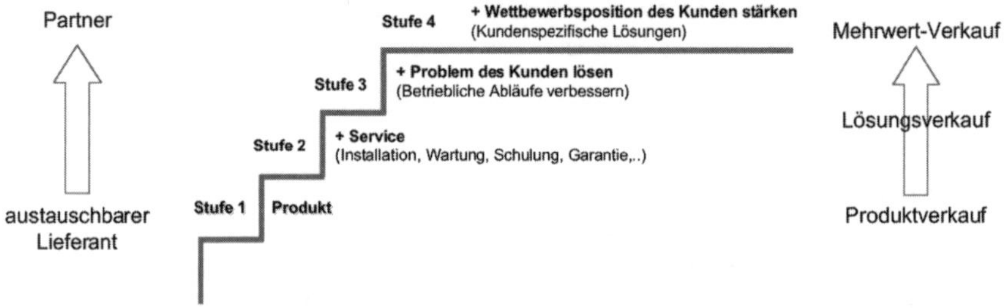


**Abbildung 2.5**: Die vier Stufen des Verkaufens

Auf der Stufe 2 wird das Produkt durch zusätzliche Dienstleistungen »veredelt«. Ziel ist es, dem Kunden einen Mehrwert anzubieten, den er von einigen Wettbewerbern nicht bekommen kann. Das heißt, nicht mehr ein austauschbares, preissensitives Produkt steht im Vordergrund der Gespräche, sondern ein Paket. Auch für das Verkaufen auf der Stufe 2 ist kein tief gehendes Wissen über den Kunden notwendig.

Die Stufen 3 und 4 sind die klassischen Domänen des Key Account Managements. Bei Gesprächen und Verhandlungen stehen das Problem des Kunden und damit eine kundenindividuelle Lösung im Vordergrund. Bei diesen Stufen ist ein fundiertes Wissen über das Geschäft, das Geschäftsmodell und die Prozesse des Kunden notwendig. Die Stufen 3 und 4 unterscheiden sich dadurch, dass auf der Stufe 3 konkret die »interne« Problemlösung beim Kunden im Vordergrund steht, während bei der Stufe 4 die Stärkung der Wettbewerbsposition des Kunden in den Mittelpunkt rückt. Das heißt, für die Stufe 4 ist darüber hinaus noch ein Wissen über den Markt des Kunden notwendig.

Das Verkaufen auf der Stufe 3 und 4 wird auch zukünftig noch klar an Gewicht gewinnen. Die Studie »Vertrieb 2010« von Mercuri International und der Fachhochschule Trier hat ergeben, dass die Beratung in der Wertschöpfungskette und damit verbunden das Verkaufen auf den Stufen 3 und 4 zukünftig noch stark an Bedeutung gewinnen wird (von heute 4,42 auf zukünftig 5 Punkte). Diese Art des Verkaufens, bei dem das Problem des Kunden und nicht das eigene Produkt im Mittelpunkt steht, wird auch als »Consultative Selling« bezeichnet (siehe auch Kapitel 4).

Je näher Sie dem Status eines Partners bei Ihrem Kunden kommen, je größer werden auch die so genannten »Switching Costs«, die Kosten, die ein Kunde aufwenden muss, um seinen Lieferanten zu wechseln.

## Key Supplier Management

Während Key Account Management sich im Allgemeinen mit der Geschäftsbeziehung zu einem Topkunden aus Hersteller- beziehungsweise Lieferantensicht befasst, betrachtet Key Supplier Management diese Beziehung aus der Kundenperspektive. Einem Key Account Manager wird auf Kundenseite ein Key Supplier Manager gegenübergestellt. Damit gibt es also auch eine erkennbare Abhängigkeit eines Kunden von einem Schlüssellieferanten. Anhand der Automobilindustrie lässt sich die beidseitige Abhängigkeit sehr gut darstellen. Wie bereits beschrieben, sinkt die Fertigungstiefe bei den Automobilherstellern zunehmend. Entsprechend übernehmen die Lieferanten mehr Aufgaben in der Wertschöpfungskette und sind wesentlich stärker in die Entwicklung eines neuen Modells eingebunden als früher. Trotzdem ist gerade die Automobilzulieferindustrie von einem starken Wettbewerb mit geringen Verdienstmargen geprägt. Entsprechend hoch ist auch die Anzahl der Insolvenzen, die die Produktion bei den Automobilherstellern erheblich gefährden kann. Im Artikel »Porsche hilft insolventen Lieferanten« (im *Handelsblatt* vom 5. Dezember 2002) sagt Holger Härter, der Finanzchef von Porsche: »Unsere Einkaufsabteilung bekommt fast wöchentlich einen Insolvenzfall auf den Tisch.« Porsche hat daraufhin zwei Mitarbeiter im Einkauf für solche »Problemfälle« abgestellt. Außerdem unterstützt Porsche Not leidende Zulieferunternehmen durch Finanzmittel beziehungsweise Beteiligungen sowie Interimsmanager.

Die Abbildung 2.6 enthält einige typische Merkmale einer Partnerschaft mit Key Account beziehungsweise Key Supplier Management.

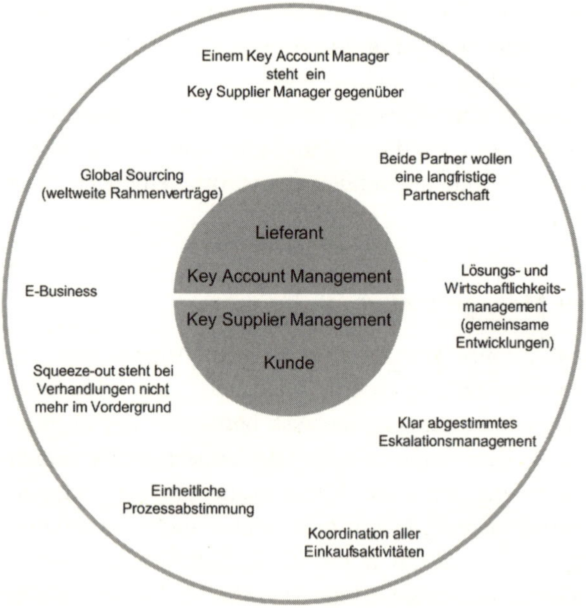


**Abbildung 2.6**: Key Supplier Management

Hinterfragen Sie doch mal Ihren Status bei Ihrem Key-Account-Kunden! Vielleicht gibt es auf der anderen Seite schon einen Key Supplier Manager, mit dem Sie über die Partnerschaft beider Unternehmen offen diskutieren können, da Sie beide auch das gleiche Ziel vor Augen haben – eine langfristige, für beide Seiten Gewinn bringende Partnerschaft.

## Key-Account-Management-Unternehmenskonzept

Dieses Unternehmenskonzept ist das Dokument mit allen Informationen rund um die unternehmensspezifische Implementierung und Realisierung des Key Account Managements. Da es nicht *das* Key Account Management gibt, sondern es sich immer um ein auf das Unternehmen zugeschnittenes Key Account Management handelt, stellt ein einheitliches und unternehmensübergreifendes Verständnis über die Ziele und die Art der Implementierung eine wichtige Grundlage für den Erfolg dar. Die Abbildung 2.7 beinhaltet die wesentlichen Punkte des Unternehmenskonzeptes, die in Kapitel 4 noch ausführlicher diskutiert werden.

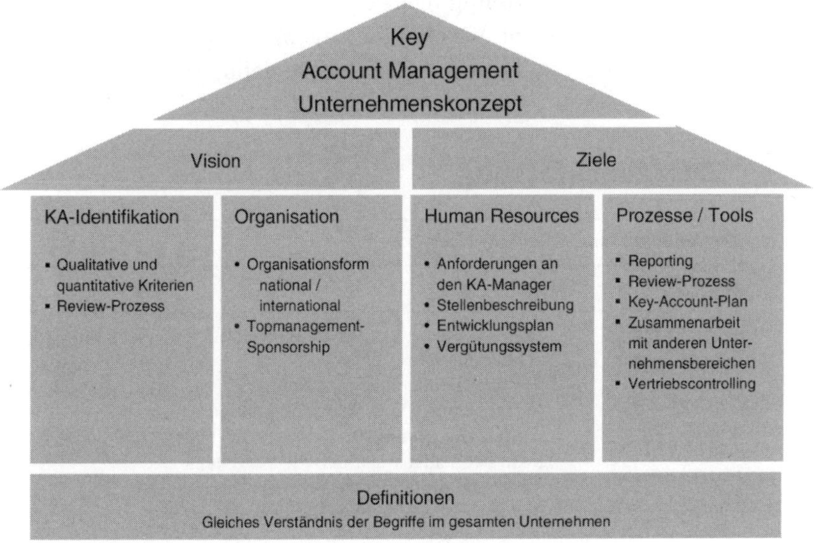


**Abbildung 2.7**: Das Key-Account-Management-Unternehmenskonzept

Die Elemente im Überblick:

- Vision: Wie lautet die Vision des unternehmensspezifischen Key Account Managements?
- Ziele: Welche Ziele werden mit der Implementierung eines Key Account Managements verfolgt?
- Key-Account-Identifikation: Wie und nach welchen objektiven Kriterien erfolgt die Auswahl der Schlüsselkunden?
- Organisation: Wie sieht die KAM-Organisation aus?
- Human Resources: Wie sieht das Anforderungsprofil eines Key Account Managers aus und wie werden diese vergütet?
- Tools und Prozesse: Welche unterstützenden operativen Tools (Werkzeuge) werden eingesetzt? Wie sieht die Zusammenarbeit mit den anderen Abteilungen des Unternehmens aus? Wie wird das Vertriebscontrolling realisiert?
- KAM-Definitionen: Welche Terminologien werden im Unternehmen verwendet und wie sind diese definiert?

## Zusammenfassung

**Key Account Management im Überblick**

| **Bereich** | **Inhalt** | **Notizen** |
|---|---|---|
| KAM als feststehender Begriff | – Key Account heißt wörtlich übersetzt Schlüsselkunde<br>– Schlüsselkunden haben individuelle Anforderungen und Wünsche (maßgeschneiderte Lösung)<br>– KAM beinhaltet systematische Vorgehensweise und professionelles Kundenmanagement zu bedeutenden Kunden | |
| Mehr als direkte Kunden | Schlüsselkunden können sein:<br>– direkte Kunden<br>– indirekte Kunden (Kunden Ihrer Kunden)<br>– komplementäre Lieferanten<br>– Organisationen und Verbände<br>– interne Abteilungen | |
| Accounts | Vom Target zum Global Account :<br>– Begriffe müssen unternehmensintern klar definiert werden (Target, Key, International, Global Account) | |

| Bereich | Inhalt | Notizen |
|---|---|---|
| Gründe für KAM | – Abhängigkeit von wenigen Kunden<br>– Begrenzte Anzahl von adressierbaren Kunden<br>– Firmenübernahmen und -zusammenschlüsse<br>– Wandel der Märkte<br>– Wandel der Geschäftsmodelle des Kunden<br>– Zentralisierung des Einkaufs<br>– KAM als Wunsch des Kunden<br>– Cross-Selling-Potenziale heben<br>– Komplexität des Kunden<br>– Synergieeffekte durch Kooperationen | |
| Vilfredo Pareto | – Italienischer Soziologe und Ökonom, auf den die 80/20-Regel oder Pareto-Prinzip zurückzuführen ist (80% der Umsätze werden mit 20% der Kunden erzielt) | |
| KAM und klassischer Vertrieb | KAM:<br>– Kunden stehen im Mittelpunkt der Organisation, Prozesse und Strukturen<br>– langfristige Geschäftsbeziehung steht im Vordergrund<br>– Consultative Selling – Verkauf über Mehrwerte<br>– multilaterale Kontakte notwendig<br>Vertrieb:<br>– Produkte oder Regionen stehen im Mittelpunkt der Organisation, Prozesse und Strukturen<br>– eher kurzfristig fokussiert<br>– Produkt mit seinen Vorteilen steht im Vordergrund<br>– oft reichen Kontakte zum Einkauf | |
| Opportunismus und strategische Partnerschaft | – Machen Sie sich Ihre Stellung beim Kunden bewusst: von der opportunistischen Geschäftsbeziehung über den Lieferantenstatus hin zum Key Supplier und strategischen Partner<br>– strategische Partnerschaft ist nur mit sehr wenigen Kunden möglich! | |

| Bereich | Inhalt | Notizen |
|---|---|---|
| Vom Lieferanten zum Partner | – Stufe 1: Produkt steht im Vordergrund<br>– Stufe 2: plus Serviceleistungen<br>– Stufe 3: plus Problemlösung des Kunden<br>– Stufe 4: plus Stärkung der Wettbewerbsposition des Kunden<br>Stufe 3 und 4 sind die Domänen des KAM! | |
| Key Supplier Management | – Schlüsselkunde richtet für seine wichtigsten Lieferanten und Partner ein Key Supplier Management ein<br>– der Key Supplier Manager wird zum Gegenstück des Key Account Managers | |
| KAM-Unternehmenskonzept | – enthält alle Information zum unternehmensspezifischen KAM<br>– Bereiche: Vision, Ziele, KA-Identifikation, Organisation, Human Resources, Prozesse und Tools sowie Definitionen | |

# 3
# Key Account Management im 3-Phasen-Modell

Aufbauend auf den Grundlagen des Key Account Managements wird im Folgenden die Einführung und kontinuierliche Weiterentwicklung anhand eines 3-Phasen-Modells beschrieben. Die Detailinformationen zu diesen drei Phasen folgen anschließend in den Kapiteln 4 bis 6.

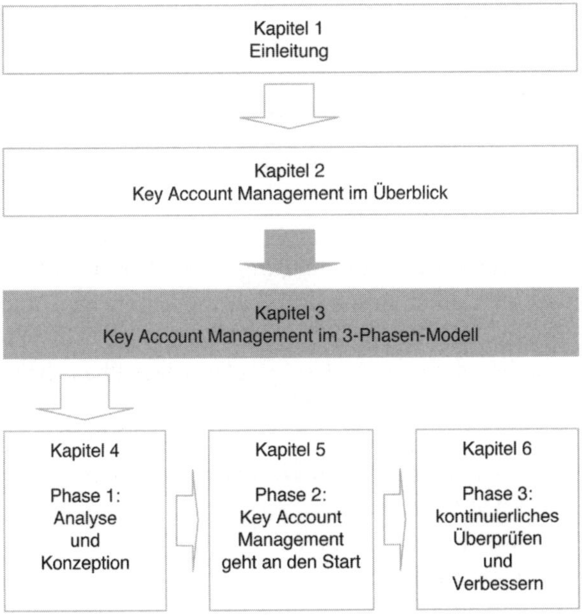


**Abbildung 3.1**: Struktur Kapitel 3

Das 3-Phasen-Modell für Key Account Management unterscheidet zwischen der Analyse und Konzeption, der anschließenden offiziellen Einführung sowie der Phase der kontinuierlichen Überprüfung und Verbesserung.

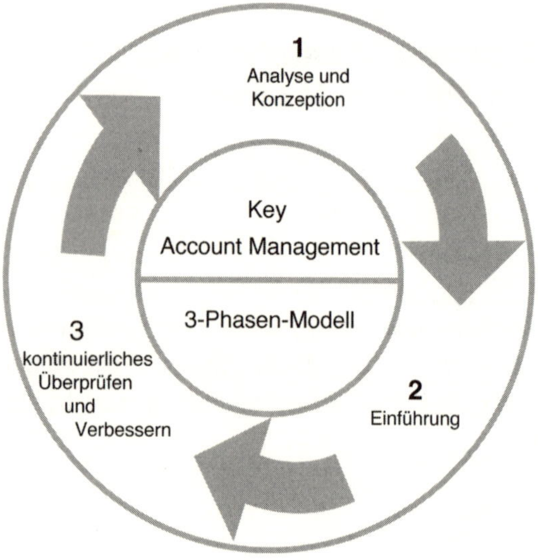


**Abbildung 3.2**: Key Account Management im 3-Phasen-Modell

Phase 1 – Analyse und Konzeption:

In dieser Phase werden die Veränderungen am Markt und im eigenen Unternehmen einer Bestandsaufnahme unterzogen und das unternehmensspezifische Key Account Management entsprechend dieser Vorgaben definiert und aufgesetzt. Diese Phase beinhaltet:

- Baustein 1: Identifikation der Key Accounts von morgen
- Baustein 2: Die KAM-Organisation
- Baustein 3: Der Key Account Manager
- Baustein 4: Prozesse und Tools
- Baustein 5: Die Balanced Scorecard im KAM

Phase 2 – Einführung:

Nachdem in der Phase 1 das KAM-Programm konzeptionell ausgearbeitet wurde, folgt jetzt die Einführung und Umsetzung im eigenen Unternehmen sowie in der Schnittstelle zu den Schlüsselkunden.

Phase 3 – kontinuierliches Überprüfen und Verbessern:
Für jeden identifizierten Schlüsselkunden wird das Kundenmanagement in Form von Key Account Management kontinuierlich den kundenspezifischen Anforderungen entsprechend angepasst. Zudem werden neue Geschäftsmöglichkeiten identifiziert und strategisch bearbeitet. Weiterhin findet auf regelmäßiger Basis ein »Key Account Plan Review« statt, in dem die Gesamtsituation des Kunden sowie die eigenen Ziele und Strategien überprüft werden.

Nach der dritten Phase, die auf Kundenebene durchlaufen wird, folgt im Kreislauf anschließend wieder die Phase 1, in der das implementierte Key Account Management auf Unternehmensebene den Veränderungen am Markt und im Unternehmen angepasst wird. Als Beispiele seien hier die Auswahl der Schlüsselkunden sowie organisatorische Anpassungen genannt. Diese Anpassungen werden im Anschluss daran wieder in der Phase 2 im Unternehmen eingeführt und so weiter.

## Projektplan zur Einführung von Key Account Management

Die Abbildung 3.3 zeigt exemplarisch einen Projektplan zur Einführung von Key Account Management in einem Unternehmen. Die Einführung erfolgt in diesem Beispiel in 180 Tagen. Nach einem Jahr erfolgt eine Gesamtüberprüfung und gegebenenfalls Anpassung des KAM-Programms.

Dieser Projektplan kann als Basis für Ihre individuelle Unternehmenseinführung verwendet werden, wobei sich die benötigten Zeiträume für die einzelnen Teilphasen von Unternehmen zu Unternehmen stark unterscheiden. Insbesondere bei größeren Unternehmen kann die Organisationsentwicklung mehr Zeit in Anspruch nehmen. Im Bereich Personal hängt der benötigte Zeitraum davon ab, ob Sie neue Mitarbeiter extern rekrutieren müssen. Für den Baustein 4 (Tools und Prozesse) können acht Wochen ausreichen, um Basisprozesse und Tools aufzusetzen. Eine komplette Einführung einer Balanced Scorecard (Baustein 5) benötigt allerdings wesentlich mehr Zeit.

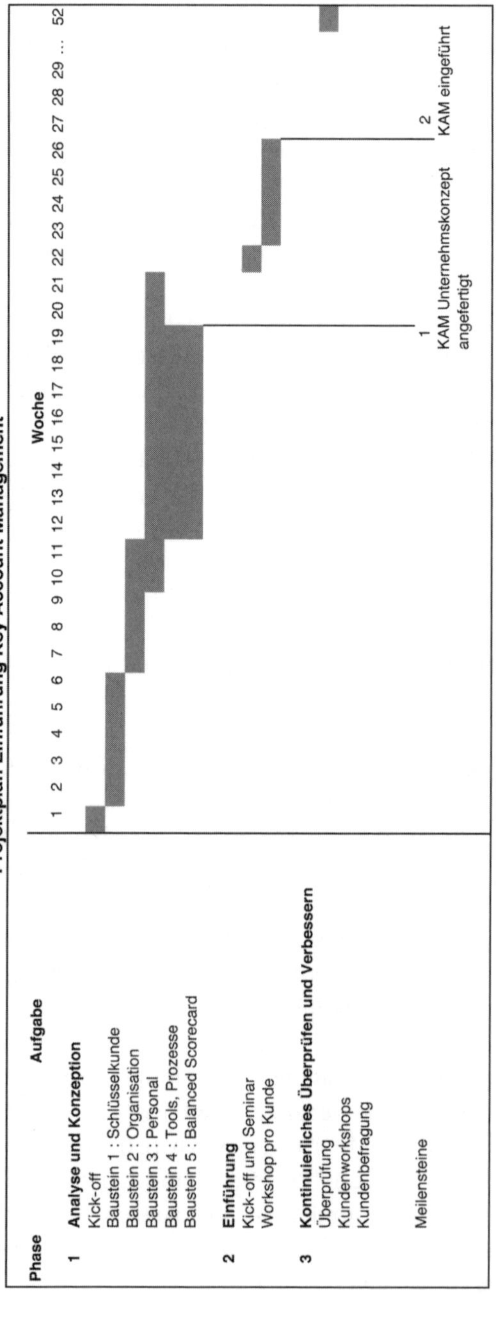


**Abbildung 3.3**: Projektplan »Einführung Key Account Management«

Im Folgenden werden die Hauptbestandteile der einzelnen Phasen hinsichtlich der Ziele und benötigten Zeiten kurz beschrieben.

## Analyse und Konzeption

| **Projekt-Kick-off** | |
|---|---|
| **Ziele** | **Dauer** |
| – Gleiches Verständnis der Ist-Situation am Markt und des eigenen Unternehmens erarbeiten.<br>– Unternehmensspezifisches Ziel für Key Account Management festlegen (was soll mit Key Account Management erreicht werden?)<br>– Projektplan zur Umsetzung beschließen. | 1-2 Tage |

| **Baustein 1 – Identifikation der Key Accounts von morgen** | |
|---|---|
| **Ziele** | **Dauer** |
| – Potenzielle Schlüsselkunden von morgen anhand von objektiven (qualitativen und quantitativen) Kriterien und Maßstäben ermitteln. Die Visualisierung der Ergebnisse erfolgt mittels der Portfoliodarstellung. | 4-6 Wochen |

| **Baustein 2 – Die KAM-Organisation** | |
|---|---|
| **Ziele** | **Dauer** |
| – Erarbeiten der KAM-Organisationsstrukturen und Einbindung in die bestehende Unternehmensorganisation.<br>– Zusammenstellen des Key-Account-Teams pro Schlüsselkunde.<br>– Gegebenenfalls Topmanagement-Sponsoring initiieren. | 4-6 Wochen |

| **Baustein 3 – Der Key Account Manager** | |
|---|---|
| **Ziele** | **Dauer** |
| – Aufgaben des Key Account Managers festlegen.<br>– Erarbeiten des Anforderungsprofils eines Key Account Managers.<br>– Definition eines variablen Vergütungssystems (Führen mit Zielen). | zirka 12 Wochen |

| Baustein 4 – Prozesse und Tools | |
|---|---|
| **Ziele** | **Dauer** |
| – Aufsetzen des KAM-Vertriebsprozesses.<br>– Notwendige Tools wie zum Beispiel Key-Account-Plan identifizieren und einheitliche Standards im Unternehmen festlegen. | |

| Baustein 5 – Balanced Scorecard | |
|---|---|
| **Ziele** | **Dauer** |
| – Steuerungssystem für das Vertriebs- und KAM-Controlling konzeptionieren. | mind. 8 Wochen |

Alle Arbeitsergebnisse der Analyse- und Konzeptionsphase werden im KAM-Unternehmenskonzept festgehalten. Durch die Anfertigung dieses Konzeptpapiers wird dann der Meilenstein 1 erreicht und die operative Umsetzung kann beginnen.

## Das Key Account Management geht an den Start

| Kick-off des KAM-Programms | |
|---|---|
| **Ziele** | **Dauer** |
| – Mitarbeiter im Key Account Management informieren (Organisation, Ziele, Strategien, Vergütung ...).<br>– Teambildung unter den Mitarbeiter fördern. | 1-2 Tage |

| KAM-Einführungsseminar | |
|---|---|
| **Ziele** | **Dauer** |
| – Vermitteln von Grundlagen des Key Account Managements.<br>– Wissen über das unternehmensspezifische Key Account Management mit den entsprechenden Prozessen und Tools vermitteln. | 2-3 Tage |

| Analyse- und Strategieworkshop pro Schlüsselkunde | |
|---|---|
| **Ziele** | **Dauer** |
| – Analyse der Schlüsselkunden nach dem 4-Schalen-Modell.<br>– Identifizieren von möglichen Geschäftsgelegenheiten.<br>– Kontaktmatrix erarbeiten (Beziehungsmanagement).<br>– Erste Version vom Key-Account-Plan erarbeiten. | 2 Tage |

Nach der Durchführung der jeweiligen Analyse- und Strategieworkshops pro Schlüsselkunde wird der Meilenstein 2 erreicht und die Einführung des Key Account Managements ist offiziell abgeschlossen. Jetzt folgt die operative Umsetzung. Eine der ersten Aufgaben wird die professionelle Einführung des Key Account Managers beim Schlüsselkunden darstellen (siehe Kapitel 5).

#### Kontinuierliches Überprüfen und Verbessern

| Key Account Review | |
|---|---|
| **Ziele** | **Dauer** |
| – Festhalten des Erreichten, Überprüfen der Ziele und gegebenenfalls Anpassen der Ziele und Strategien pro Schlüsselkunde.<br>– Key-Account-Status der einzelnen Kunden überprüfen und gegebenenfalls den Status einzelner Kunden anpassen.<br>– Überprüfen des gesamten KAM-Programms. Identifizieren von Verbesserungspotenzialen und Initiieren entsprechender Aktionen. | 1 Tag (pro Jahr) |

In der Phase 3 wird auch der Kunde verstärkt in die eigene Planung und Strategieentwicklung einbezogen. Dazu gehören das Durchführen von Kundenworkshops, um den eigenen Key-Account-Plan aktiv mit dem Schlüsselkunden durchzusprechen, genauso wie das Durchführen von Kundenbefragungen (siehe Kapitel 6).

## Zusammenfassung

| Key Account Management im 3-Phasen-Modell | | |
|---|---|---|
| **Bereich** | **Inhalt** | **Notizen** |
| 3-Phasen-Modell | – Ist ein zyklisches Modell mit den Phasen Analyse und Konzeption, Einführung sowie kontinuierliches Überprüfen und Verbessern.<br>– Phase 1: Analyse und Konzeption beinhaltet die Erarbeitung eines KAM-Programms für ein Unternehmen mit Schlüsselkundenidentifikation, Aufbau einer Organisation, Anforderungsprofil eines Key-Account-Managers, variables Vergütungssystem sowie den KAM-Prozess mit den entsprechenden Tools und dem Controllingsystem.<br>– Phase 2: Einführung und offizieller Start des KAM-Programms mit Kick-off-Veranstaltung, Einführungsseminar und Workshops.<br>– Phase 3: Kontinuierliches Überprüfen und Verbessern mit internen und externen Maßnahmen zur kontinuierlichen Weiterentwicklung des KAM-Programms.<br>– Der Projektplan gibt den Ablauf der Phasen mit den Einzelschritten wieder. Eine Einführung kann in zirka 180 Tagen erfolgen. | |

# 4
# Phase 1 – Analyse und Konzeption

In der Phase 1 wird das unternehmensspezifische Key Account Management in einem Team entwickelt und festgelegt, entsprechend den individuellen Anforderungen des Unternehmens und unter Berücksichtigung der Parameter des Marktes. Wie bereits beschrieben unterliegen die Märkte einem ständigen Wandel. Daher muss sich ein Unternehmen auch kontinuierlich den neuen Herausforderungen stellen und die eigene Ausrichtung entsprechend anpassen. Aus diesem Grund ist die Phase 1 nicht nur für

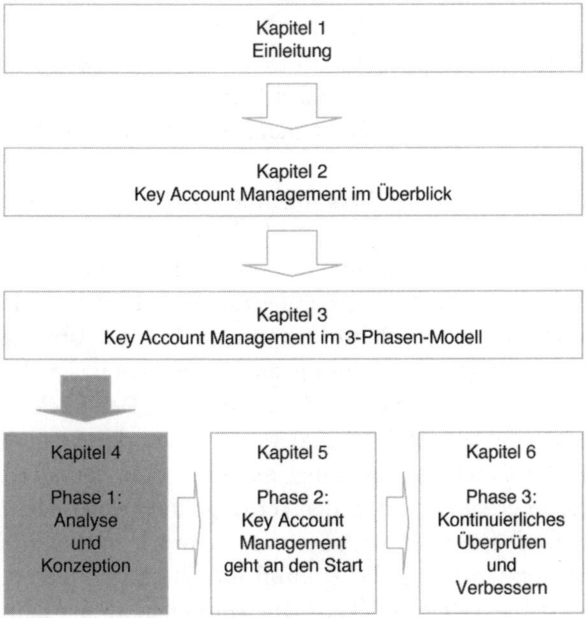


**Abbildung 4.1**: Struktur – Kapitel 4

die Einführung eines Key Account Managements relevant, sondern die Ergebnisse müssen vielmehr einer kontinuierlichen Überprüfung unterzogen werden.

Dieses Buch soll Sie auch dazu anregen, zwei grundlegende Arbeitsweisen bei all Ihren Analysen und Entscheidungen mit heranzuziehen:

1. Vom »Nur-Bauchgefühl« zur »objektiven Analyse mit Bauchgefühl«:

Viele Unternehmer und Manager treffen heute noch ihre Entscheidungen aus dem Bauch heraus. Um eine Entscheidung jedoch fundiert treffen zu können, sollte dem Bauchgefühl eine fundierte objektive Analyse und Betrachtung vorangestellt sein. Zum Beispiel: Sie sind Marketingleiter einer Luxus-Automobilmarke und der Geschäftsführer stellt Ihnen folgende Frage: »Nach unserer erfolgreichen Produkteinführung in den USA sollten wir jetzt den nächsten Markt mit entsprechenden Marketingaktionen vorbereiten. Sollten wir zuerst in Deutschland oder Indien investieren?« Die meisten Seminarteilnehmer antworten auf diese Frage mit »Deutschland natürlich«. Diese Bauchentscheidung kann für das Unternehmen richtig sein. Berücksichtigt man allerdings, dass alleine in Bombay mehr US-Dollar-Millionäre leben als in ganz Deutschland, so kann es für das Unternehmen durchaus attraktiver sein, sich mit dem Produkt zuerst auf den Markt Indien zu konzentrieren.

2. Vom Blick »nur« in die Vergangenheit zum Blick in die Zukunft:

Insbesondere bei der Identifikation der Topkunden berücksichtigen viele Unternehmen nur vergangenheitsorientierte Werte wie etwa den Umsatz der letzten Jahre mit einem Kunden. Um die Gefahr dieser einseitigen Betrachtung zu verdeutlichen, ist der Vergleich mit dem Fahren eines PKWs angebracht. Der Blick in den Rückspiegel (siehe Abbildung 4.2) verrät Ihnen die Qualität und Quantität der Geschäftsbeziehung, die Sie gerade heute mit einem Kunden unterhalten und in der Vergangenheit unterhalten haben. Die Zukunft erkennen wir aber nur, wenn wir nach vorne aus der Windschutzscheibe in die Zukunft (Marktveränderungen, Geschäftspotenzial et cetera) blicken. Die Kombination aus dem Blick nach vorne und dem Blick in den Rückspiegel ermöglicht fundierte Geschäftsentscheidungen und bildet die Grundlage für eine »sichere« Fahrt in die Zukunft. Durch diesen Blick in die Zukunft wird aus einer reaktiven Unternehmenshaltung eine aktive und gestalterische.

**Abbildung 4.2**: Fahren mit dem Rückspiegel oder die Erfolge der Vergangenheit

Die Abbildung 4.3 enthält die elementaren Bausteine für ein Key Account Management in einem Unternehmen. Das Fundament bilden die KAM-Grundlagen mit der Antwort auf die Kernfrage »Was ist Key Account Management überhaupt?« Die unternehmensspezifische Antwort fließt in das Konzept in Form von Basisdefinitionen der verwendeten Terminologien ein.

Die fünf Bausteine Identifikation der Key Accounts, die Organisation, der Key Account Manager sowie die Tools, Prozesse und das Controlling werden in diesem Kapitel im Detail diskutiert. Das wichtigste Element bei allen Betrachtungen ist es jedoch, den Kunden stets im Mittelpunkt zu sehen.

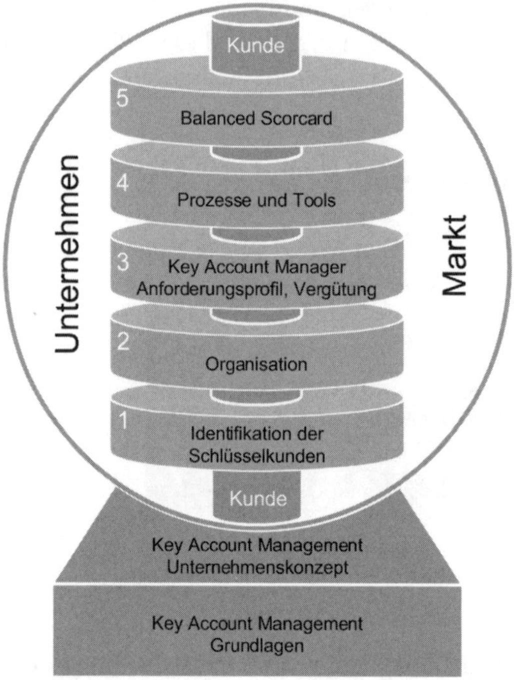


**Abbildung 4.3**: Die fünf Bausteine eines erfolgreichen Key Account Managements

## Die Kick-off-Veranstaltung

Nachdem die Vertriebs- oder Unternehmensführung die Einführung des Key Account Managements in Erwägung gezogen beziehungsweise beschlossen hat, gilt es jetzt in einem schlagkräftigen Team das unternehmensspezifische Key Account Management zu erarbeiten. Den Auftakt zu dieser Analyse- und Konzeptionsphase bildet der Kick-off-Workshop.

### Die Teilnehmer

Im Kick-off-Workshop kommt das Team, welches das Key Account Management für das Unternehmen aufsetzen wird, das erste Mal zusammen. Aufgrund der Bedeutung des Key Account

Managements obliegt die Projektleitung im Allgemeinen dem heutigen Vertriebsleiter beziehungsweise in kleineren Unternehmen direkt der Geschäftsführung. Das Team sollte dabei möglichst klein, effizient, schlagkräftig und mit folgenden Kompetenzen besetzt sein:

- Personalabteilung: Insbesondere für die Fragen rund um die Themen Organisation, Personal, Entwicklungsprogramm, Vergütung und Arbeitsrecht sollte die Personalabteilung frühzeitig eingebunden werden.
- Controlling: Für die Bereiche Vertriebs- und Unternehmensplanung sowie zur späteren Messung der Zielerreichung der einzelnen Key Account Manager spielt das Controlling eine entscheidende Rolle. Insbesondere für den Baustein 1 (Identifikation der Key Accounts) kann dieser Bereich durch die Bereitstellung einer Reihe von Geschäftskennzahlen (Umsatz mit einzelnen Kunden, Deckungsbeitrag usw.) sehr hilfreich sein. Eingebunden werden sollte dieser Bereich dann weiterhin im Baustein 5 bei der Konzeption einer Balanced Scorecard.
- Marketing: Das Marketingmanagement beziehungsweise auch der Bereich Geschäftsentwicklung (Business Development) wird insbesondere für den Baustein 1 (Identifikation der Key Accounts) bei der Marktsegmentierung und Marktentwicklung benötigt.
- Vertriebsleitung: Wie bereits oben erwähnt, führt der nationale oder internationale Vertriebsleiter zumeist den Einführungsprozess des Key Account Managements an. Es ist ratsam, dass dieser Vertriebsleiter einige regionale Vertriebsleiter von Beginn an einbindet, die in der Lage sind, konstruktiv an der Gestaltung von Key Account Management mitzuwirken. Die Einführung eines Key Account Managements bringt fast immer Verschiebungen im Machtgefüge, insbesondere zwischen dem existierenden Regionalvertrieb und der neuen KAM-Struktur, mit sich. Werden die »Regionalfürsten« frühzeitig in die Konzeption eingebunden, werden sie die Veränderungen auch mittragen.

Die Einführung von Key Account Management bringt, wie alle Veränderungen, eine gewisse Unruhe im Unternehmen mit sich.

Daher ist sehr wichtig, das Team zu einer entsprechenden Verschwiegenheit zu verpflichten, um das Kursieren von Halbwahrheiten und Gerüchten im Unternehmen möglichst zu unterbinden. Wann und in welcher Form die Organe der Arbeitnehmervertretung mit in diesen Prozess einbezogen werden sollten, ist von Unternehmen zu Unternehmen unterschiedlich. Generell lässt sich aber feststellen, dass die Arbeitnehmervertretung zumindest frühzeitig informiert (zum Beispiel im Rahmen des Kick-off-Workshops) und spätestens im Rahmen der Organisations- und Personalanpassungen involviert werden sollte.

### Die Agendapunkte und Ziele

Das Ziel der Kick-off-Veranstaltung ist es, alle Projektteammitglieder auf einen gemeinsamen Wissensstand zu bringen, ein gleiches Verständnis über die Situation des Unternehmens sowie das Ziel für die Einführung von Key Account Management zu erarbeiten. Darüber hinaus gilt es, den Projektplan abzustimmen und die notwendigen Aktionen festzulegen.

Vorschlag für die Tagesordnungspunkte des Kick-off-Workshops für das Key Account Management:

| Punkt | Inhalt |
|---|---|
| 1 | Begrüßung |
| 2 | Aktuelle Situation des Unternehmens, Veränderungen am Markt |
| 3 | Einführung Key Account Management – was wollen wir erreichen? |
| 4 | Was wird das Key Account Management für die Schlüsselkunden bedeuten? |
| 5 | Der Projektplan |
| 6 | Aktionsplan für die Einzelprojekte<br>Identifikation der Key Accounts<br>Organisation<br>Personal<br>Prozesse, Tools und Controlling |
| 7 | Abschlussdiskussion |

Zu Punkt 1: Begrüßung

Der Vertriebsleiter (beziehungsweise derjenige, der für den Einführungsprozess verantwortlich ist) begrüßt alle Teilnehmer und stellt das Ziel sowie die Tagesordnungspunkte vor. Sollten sich nicht alle Teilnehmer persönlich kennen, so ist eine kurze Vorstellungsrunde ratsam.

Zu Punkt 2: Aktuelle Situation des Unternehmens, Veränderungen am Markt

Im Team muss ein gleiches Verständnis darüber geschaffen werden, warum die Einführung von Key Account Management gerade jetzt im Unternehmen in Erwägung gezogen wird. Welche Veränderungen am Markt beziehungsweise im Unternehmen unterstützen die Einführung oder machen diese zwingend erforderlich?

| **Welche Gründe bewegen Sie dazu, gerade jetzt Key Account Management einzuführen?** |
|---|
| |

Zu Punkt 3: Einführung Key Account Management – was wollen wir erreichen?

Der römische Politiker und Dichter Seneca hat einmal gesagt: »Wer den Hafen nicht kennt, für den ist kein Wind ein günstiger.« Genauso verhält es sich auch mit der Einführung von Key Account Management. Nur wer weiß, welches Ziel er mit der Einführung des Key Account Managements verfolgt, ist auch in der Lage, dieses Ziel konsequent zu verfolgen.

Das Ziel ist dabei sehr unternehmensspezifisch! Dazu ein paar Beispiele:

- Wurden bisher Hotels als Einzelkunden angesprochen, so soll zukünftig die Geschäftsbeziehung über Rahmenverträge mit den Hotelketten ausgebaut werden. Das heißt, im Fokus stehen hier der Ausbau von bestehenden Geschäftsbeziehungen und die strategische Bearbeitung dieser Kunden über das zentrale Einkaufsmanagement.

- Wurden Kunden bisher nur national betreut, so soll jetzt für internationale und/oder global aktive Kunden eine entsprechende KAM-Organisation aufgesetzt werden.
- Der Vertrieb ist heute den einzelnen Produktdivisionen unterstellt. Da das Cross-Selling-Potenzial ausgeschöpft werden soll, wird ein produktunabhängiges, kundenbezogenes KAM eingeführt.
- Als Unternehmensstrategie wurde beschlossen, sich zukünftig nur noch auf die großen Topkunden zu konzentrieren und die breite Zahl von Kunden über Großhändler zu bedienen. Key Account Management wird hier für die Topkunden und Großhändler eingeführt.
- Das Key Account Management soll eingeführt werden, um die Kundenzufriedenheit zu erhöhen und damit die Kundenbindung zu stärken.
- Mit Partnern, die nicht zwangsläufig Kunden sein müssen, sollen Entwicklungspartnerschaften eingegangen werden. Das Key-Account-Team wird die Schnittstelle zu diesem Partner bilden.
- Die Veränderungen am Markt, zum Beispiel die Bildung von Einkaufsorganisationen, macht eine andere Art der Kundenbetreuung notwendig.
- Das Wissen über den sich ständig verändernden Kunden soll zukünftig zentral in einer Organisationseinheit für alle Unternehmensbereiche verfügbar gemacht werden. Das Key-Account-Team stellt diesen Wissenspool dar.
- Zusätzliches Geschäft soll durch die Gewinnung von neuen Großkunden generiert werden. Beispiel: Die Firma Quam hatte eine der sechs UMTS-Lizenzen in Deutschland erworben. Da das Unternehmen zuvor noch nicht am deutschen Markt vertreten war, musste eine KAM-Struktur aufgesetzt werden, die potenzielle Topkunden identifiziert und für das eigene Unternehmen gewinnt.
- Das Wachstumspotenzial bei dem Geschäft mit bestehenden Kunden soll optimal ausgeschöpft werden. Dazu wird eine KAM-Struktur aufgesetzt, die sich auf bestehende Topkunden konzentriert und neue Projekte bei diesen Accounts identifiziert und akquiriert.

| **Welches Ziel verfolgen Sie mit der Einführung von Key Account Management?** |
|---|
| |

Zu Punkt 4: Was wird das Key Account Management für die Schlüsselkunden bedeuten?

Stellen Sie sich vor, Sie haben einen Kunden identifiziert, der ab heute den Titel Key Account bekommt, und Sie gehen stolz zu diesem Kunden, um ihm seinen neuen, besonderen Status mitzuteilen. Was antworten Sie diesem Kunde auf die absolut berechtigte Frage: »Was bedeutet dieser besondere Status für mich? Welche Dienstleistungen, Vorzugsbehandlungen oder Ähnliches erhalte ich jetzt? Wie kann ich meine eigene Wettbewerbsposition durch Ihr Key Account Management steigern?«

| **Welche Vorteile bzw. Dienstleistungen werden Sie Ihren zukünftigen Key Accounts gewähren, die ein »normaler« Kunde nicht bekommt?** |
|---|
| |
| **Wie erhöht Ihr Key Account Management die Wettbewerbsposition Ihres Kunden?** |
| |

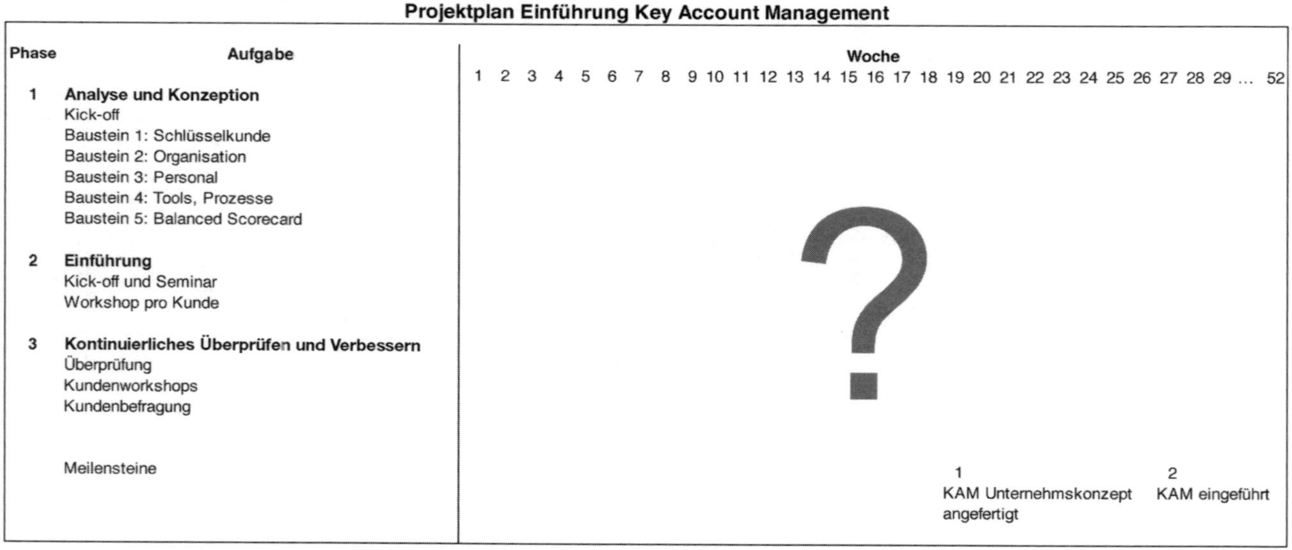


**Abbildung 4.4**: Unternehmensspezifischer Projektplan

Zu Punkt 5: Der Projektplan

Wie bereits im dritten Kapitel erörtert, kann Key Account Management in einem 3-Phasen-Modell abgebildet werden. Bei der Einführung eines Key Account Managements liegt der Schwerpunkt klar auf der Phase 1 (Analyse und Konzeption) und Phase 2 (Einführung), die entsprechend im unternehmensspezifischen Projektplan abgebildet werden müssen. Aus der Phase 3 sollte der erste Termin für die Überprüfung ebenfalls Bestandteil der Projektplanung sein. Die Detaillierung des Projektplans hängt stark von den spezifischen Gegebenheiten im Unternehmen ab. Müssen zum Beispiel Key Account Manager neu am Markt rekrutiert werden, so kann diese Aktion einen einzelnen Projektschritt darstellen.

Zu Punkt 6: Aktionsplan für die Einzelprojekte

Für die definierten Einzelschritte, wie zum Beispiel die Identifikation der Key Accounts, die Erarbeitung einer schlagkräftigen KAM-Organisation, das Aufsetzen aller Tools, Prozesse und mehr, sollten bereits in der Kick-off-Veranstaltung die ersten Arbeitspakete klar definiert und vergeben werden. Bitte beachten Sie, dass Aktionspläne grundsätzlich aus drei Elementen bestehen:

- Element 1: Was ist genau zu tun? Grenzen Sie den Aktionspunkt so gut wie möglich ein und formulieren Sie diesen in einer klaren und eindeutigen Art und Weise. Wer hat nicht schon den Fall erlebt, dass er nach vier Wochen in ein Protokoll gesehen hat und nur noch die Hälfte nachvollziehen konnte?
- Element 2: Wer ist für den Aktionspunkt verantwortlich? Bitte vermeiden Sie es, Aktionspunkte an anonyme Abteilungen (Beispiel »Marketing«) sowie an Personen zu vergeben, die nicht am Gespräch teilgenommen und sich somit auch nicht selbst zu diesem Aktionspunkt bekannt haben.
- Element 3: Bis wann ist der Aktionspunkt zu erledigen? Ohne Zeitangabe warten Sie meist vergebens auf Antwort auf die vergebenen Aktionspunkte.

| Aktionspunkte | | | | | |
|---|---|---|---|---|---|
| Nummer | Aktionspunkt | Verantwortlich | Termin | Erledigt | Bemerkung |
| 1 | | | | ☐ | |
| 2 | | | | ☐ | |
| 3 | | | | ☐ | |

Übernehmen Sie die Ergebnisse in Ihr KAM-Unternehmenskonzept.

## Exkurs – Von MOST und SMARTen Zielen

In Kick-off- und Workshop-Veranstaltungen werden sehr häufig Begriffe wie »unsere Vision«, »die Strategie« und »unsere Ziele« verwendet. Dabei wird wie selbstverständlich mit diesen Begriffen jongliert, ohne deren Bedeutung oder die Zusammenhänge zwischen diesen Begriffen zu kennen. Daher an dieser Stelle ein kurzer Exkurs zur Definition der Begriffe sowie deren logischer Gebrauchsfolge.

Wie so oft kommt aus der angelsächsischen Managementlehre ein schönes Kunstwort, um sich die Abfolge der Fachbegriffe leicht merken zu können.

### M O S T: Mission, Objectives, Strategy, Tactics

Die Grundlage aller Geschäftsaktivitäten stellt die Mission beziehungsweise Vision dar. Auf dieser Ebene können beide Begriffe durchaus gleichwertig verwendet werden. Im Gegensatz zur Vision ist die Mission bereits spezifischer auf das Produkt beziehungsweise die Lösungen gefasst. Zum Beispiel:

- Vision: »Wir wollen für unseren Kunden ein Partner rund um den Globus sein.«
- Mission: »Wir wollen die Division A des Kunden mit unseren Lösungen aus dem Bereich xy bedienen.«

Die Vision beziehungsweise Mission ist langfristig ausgerichtet und darf dementsprechend nicht »ständig« angepasst werden. Die große langfristige Vision/Mission wird durch konkrete Ziele – die Objectives – untermauert. Ein gutes Ziel zeichnet sich dadurch aus, dass es den so genannten SMART-Regeln folgt.

### S M A R T: Specific, Measurable, Achievable, Relevant, Timed

Anhand eines konkreten Beispiels soll eine »schlechte« Zielformulierung in eine gute umgesetzt werden. Eine schlechte Vorgabe wäre: »Wir wollen unseren Marktanteil erhöhen!« Die Umsetzung mit SMART-Kriterien wäre:

**Specific**/Spezifisch: Ein Ziel muss konkret, spezifisch und eindeutig formuliert werden. Was soll bei wem in welchem Bereich erreicht werden? »Wir wollen unseren Marktanteil *im Bereich Dübel beim Kunden Mayer & Söhne* erhöhen!«

**Measurable**/Messbar: Eine Zielvorgabe muss messbar und damit überprüfbar sein. »Wir wollen unseren Marktanteil im Bereich Dübel *von fünf Prozent auf zehn Prozent* beim Kunden Mayer & Söhne erhöhen!«

**Achievable**/Erreichbar: Ziele müssen erreichbar sein. Ziele, die nicht erreichbar sind, führen zu demotivierten Mitarbeitern und stellen eine Verschwendung von Ressourcen dar. Hier bedarf es keiner Umformulierung, sondern mehr einer Überprüfung der Zielvorgabe. Kann der Marktanteil überhaupt von fünf Prozent auf zehn Prozent erhöht werden? Es kann zum Beispiel der Fall sein, dass der Kunde Mayer & Söhne durch langfristige Verträge an einen Wettbewerber gebunden ist und somit keine zusätzlichen Bestellungen bei Ihnen platzieren kann. Eine andere Möglichkeit ist, dass überhaupt nicht mehr von Ihrem speziellen Dübelprodukt beim Kunden nachgefragt werden kann.

**Relevant**/Relevant: Ziele müssen für Ihr Team, Ihr Unternehmen relevant sein. Das gesteckte Ziel muss sinnvoll gestaltet sein und zu Ihren Gesamtgeschäftszielen passen.

**Timed**/Terminierbar: Jedes Ziel braucht eine Zeitvorgabe. Bis wann soll das Ziel erreicht werden? »Wir wollen unseren Marktanteil im Bereich Dübel von *heute* fünf Prozent auf zehn Prozent im *Dezember 2005* beim Kunden Mayer & Söhne erhöhen!«

Zum Vergleich hier noch einmal das ursprünglich formulierte Ziel: »Wir wollen unseren Marktanteil erhöhen!« Aus einem schwammigen Satz ist ein klar formuliertes und überprüfbares Ziel geworden. Die **Strategy**/Strategie beschreibt den Weg, wie Sie das oben definierte Ziel erreichen wollen. Beachten Sie daher, dass Sie immer zuerst Ihre Ziele definiert haben müssen, bevor Sie sich Gedanken über die Strategie machen können! Ohne Ziel keine Strategie! Aufbauend auf das obige Beispiel könnte die Strategie zum Beispiel lauten: »Die heute lokal begrenzte Belieferung von Mayer & Söhne mit Dübeln wird auf alle Niederlassungen von Mayer & Söhne im gesamten Bundesgebiet ausgedehnt.«

Die kurzfristigen Aktionen – **Tactics** – beschreiben die Maßnahmen, die zur Umsetzung der Strategie durchgeführt werden. Zum Beispiel: »Der Key Account Manager wird dem Kunden Mayer & Söhne bis zum 01.02.2005 einen Rahmenvertrag für die Belieferung aller Mayer & Söhne-Niederlassungen in Deutschland unterbreiten.« Für die Tactics können Sie an dieser Stelle auch wieder auf die Vorlage für Aktionspläne zurückgreifen.

## Zusammenfassung

**Die Kick-off-Veranstaltung**

| **Bereich** | **Inhalt** | **Notizen** |
|---|---|---|
| Kick-off | – Start der Analyse und Konzeptionsphase. Einführung erfolgt zumeist von der Vertriebsleitung, die im Kick-off alle involvierten Bereiche informiert.<br><br>Kernfragen:<br>– Welche Veränderungen am Markt zwingen Sie, heute Key Account Management einzuführen?<br>– Welches Ziel verfolgen Sie mit der Einführung von Key Account Management?<br>– Welche Vorteile, Dienstleistungen werden Sie Ihren zukünftigen Key Accounts gewähren, die ein »normaler« Kunde nicht bekommt?<br>– Wie erhöht Ihr Key Account Management die Wettbewerbsposition Ihres Kunden?<br><br>Projektplan:<br>Unternehmensspezifischer Projektplan zur Einführung von Key Account Management | |

| Bereich | Inhalt | Notizen |
| --- | --- | --- |
| | im Unternehmen wird erarbeitet und soweit möglich die ersten Aktionen im Team vergeben.<br>Ein guter Aktionsplan besteht aus den drei Elementen: WER macht WAS bis WANN?<br><br>MOST und SMARTE Ziele:<br>– Die langfristige Mission ist Grundlage für relevante Ziele (Objectives). Strategie gibt den Weg an, wie ein Ziel erreicht werden soll. Ohne Ziel gibt es keine Strategie! Tactics sind kurzfristige Maßnahmen, um die Strategie in die Tat umzusetzen.<br>– SMARTE Ziele sind spezifisch, messbar, erreichbar, relevant und haben eine klare Zeitangabe. | |

## Baustein 1 – Die Identifikation der Key Accounts von morgen

Die Identifikation der Schlüsselkunden ist eine der wichtigsten, aber zugleich auch die schwerste Aufgabe im Key Account Management. Sich stärker auf die Potenzialträger von morgen zu fokussieren heißt mehr eigene Unternehmensressourcen auf die Key-Account-Kunden zu konzentrieren. Da Unternehmensressourcen nicht in einem unendlichen Maße vorhanden sind, können nicht alle »lieb gewonnenen« Kunden zu Key-Account-Kunden klassifiziert werden. Eine objektive Analyse wird daher in fast allen Fällen auch zu einem »Loslassen« von Kunden führen müssen!

Abbildung 4.5 beschreibt den Prozess zur objektiven Ermittlung der Key-Account-Kunden. Der Schritt 0: »Welches Ziel verfolgen Sie mit Key Account Management?« wurde bereits im Kick-off-Workshop erarbeitet. Da der Prozess zur Identifikation der Key Accounts auch bei einem etablierten Key Account Management einer kontinuierlichen Überprüfung unterliegt, muss dieser Schritt 0 ein fester Bestandteil dieses Prozesses sein. Insbesondere bei einer späteren, kontinuierlichen Überprüfung gilt es auch, das unternehmensspezifische Ziel, welches mit dem Key Account Management verfolgt wird, objektiv neu zu hinterfragen und gegebenenfalls anzupassen.

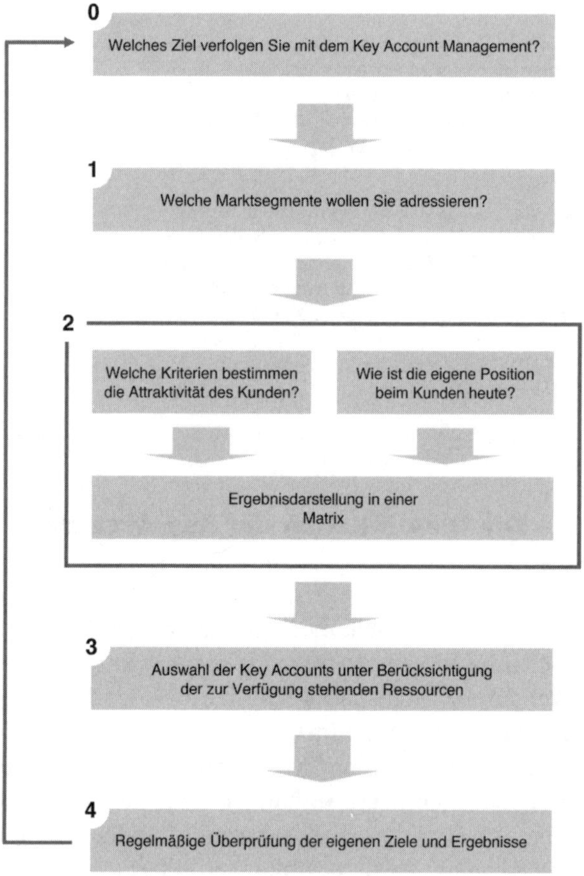


**Abbildung 4.5**: Identifikation der Key Accounts von morgen

Basierend auf den Zielvorgaben gilt es im Schritt 1, »Marktsegmente« zu identifizieren, welche mit Key Account Management adressiert werden sollen . Pro Marktsegment werden anschließend die Kriterien bestimmt, die die Attraktivität des Kunden für das Unternehmen am besten widerspiegeln. In Kombination mit der eigenen Position bei den jeweiligen Kunden können dann die potenziellen Key Accounts visuell dargestellt werden. Im Schritt 3 gilt es, die Key Accounts unter Berücksichtigung der zur Verfügung stehenden Ressourcen zu identifizieren. Der Schritt 4

»Regelmäßige Überprüfung« kommt im Allgemeinen erst zu einem späteren Zeitpunkt. Können allerdings aufgrund der Zieldefinition, der Marktsegmentierung oder Kriterienfestlegung keine Schlüsselkunden eindeutig definiert werden, so muss diese Überprüfung sofort durchgeführt werden.

### Schritt 1 – Marktsegmentierung und Kundengruppen

Ziel der Marktsegmentierung ist es, abgrenzbare Märkte oder Kundengruppen klar zu identifizieren, die Sie bereits heute adressieren beziehungsweise zukünftig neu adressieren wollen. Im klassischen Marketing erfolgt die Marktsegmentierung nach geografischen oder produktorientierten Kriterien. Im Bereich Key Account Management gilt es, diese klassische Marktsegmentierung um die Komponenten der Kundenstrukturen zu ergänzen. Hierzu empfehlen sich folgende Arbeitsgänge:

#### 1. Produktbezogenes oder -übergreifendes Key Account Management?

Soll das Key Account Management auf bestimmte Produktbereiche fokussiert sein oder produktunabhängig implementiert werden? In einem Unternehmen mit einem diversifizierten Produktportfolio kann es durchaus sinnvoll sein, Key Account Management nur für einen oder einige bestimmte Produktbereiche einzuführen. Dies gilt immer dann, wenn sich die Kundensegmente pro Produktbereich stark voneinander unterscheiden und Cross-Selling-Potenziale nicht existieren. Sieht sich ein Kunde heute mit mehr als einem Vertriebskontakt in Ihrem Unternehmen konfrontiert, so ist die produktunabhängige Einführung klar zu favorisieren.

| **Wie wollen Sie Key Account Management in Ihrem Unternehmen einführen?** | |
|---|---|
| ☐ Fokussierung auf bestimmte Produktbereiche<br>Um welche Produktbereiche handelt es sich? | ☐ Produktübergreifende Einführung |

## 2. Bestimmung der geografischen Ausbreitung

Soll das Key Account Management für einen geografisch abgegrenzten Markt eingeführt oder international/global definiert werden? Für Unternehmen, die sich auf den nationalen Markt fokussieren, ist diese Frage klar beantwortet. Bei Unternehmen mit einer internationalen Struktur und international aufgestellten Kunden ist die Beantwortung hingegen von großer Tragweite. Wenn Sie Key Account Management in einem Unternehmen neu einführen, ist es dringend ratsam, sich auf einen geografischen Markt – zumeist den Heimatmarkt – zu fokussieren. Tun Sie dies, so sind die Erfolgsaussichten wesentlich größer, als wenn Sie alles in einem Schritt versuchen. Den Erfolg und die Erfahrungen aus der KAM-Einführung können Sie so Stück für Stück auf andere Märkte beziehungsweise auf die internationale Ebene übertragen.

Wichtig ist dabei der Unterschied zwischen Export und internationaler Ausrichtung. Unter Export wird der Verkauf von Waren aus dem eigenen Land an einen Kunden in einem anderen Land verstanden. Die oben genannten Begriffe international und global beziehen sich hingegen auf die Aktivitäten der Kunden und der Geschäftsbeziehung des Unternehmens zu diesen Kunden. In diesem Fall verfügt ein Unternehmen zumeist über eigene Gesellschaften oder Vertriebsbüros in den verschiedenen Ländern. Die Einführung eines Key Account Managements bringt hier die besondere Herausforderung mit sich, dass internationale KAM-Teams gebildet werden müssen! Die Einführung ist daher um einiges komplexer im Vergleich zu einer fokussierten Einführung in einem begrenzten Markt.

| **Wollen Sie Key Account Management auf einen geografischen Bereich fokussieren oder international/global aufstellen?** | |
|---|---|
| ☐ regional | Region: |
| ☐ national | Land: |
| ☐ international | international (Länder oder Kontinent): |
| ☐ global | |

### 3. Bestimmung der Kundengruppen

In welche Kundengruppen kann Ihr Geschäft segmentiert werden? Dies sind zum Beispiel:

- große Einzelkunden: Hierbei handelt es sich um große Kunden, die mit Ihnen bereits heute eine direkte Geschäftsbeziehung unterhalten oder ein hohes Geschäftspotenzial aufweisen. Eine weitere Aufteilung dieser Kundengruppe pro Produktsegment – beziehungsweise geografischen Markt – kann durchaus sinnvoll sein. Bei diesen Kunden werden die Verträge im Allgemeinen mit der Geschäftszentrale vereinbart, die Lieferung erfolgt ebenfalls an die Zentrale.
- Kettenkunden: Hierbei handelt es sich um Kunden, die zum Beispiel über ein Filialnetz verfügen. Rahmenverträge werden zumeist mit der Zentrale abgeschlossen, wohingegen die Abrufe aus diesen Verträgen in den Filialen erzeugt werden.
- internationale oder globale Kunden: Diese Kunden haben sich international oder global aufgestellt. Unter Umständen macht es sogar Sinn, zwischen diesen beiden Gruppen noch einmal zu unterscheiden.
- Einkaufsorganisationen: Hierbei haben sich eine Reihe von Kunden zu einer Einkaufsorganisation zusammengeschlossen. In den meisten Fällen handelt diese Einkaufsorganisation Rahmenverträge mit mehreren Unternehmen für eine Produktgruppe aus. Daher müssen die hinter der Einkaufsorganisation liegenden Unternehmen nach wie vor dezidiert betreut und bedient werden. Die große Chance von Einkaufsorganisationen liegt im Multiplikatoreneffekt. Mit dem Abschluss eines Rahmenvertrages können Sie so »leichter« neue Kunden akquirieren.
- Großhändler: Auch Großhändler stellen für viele herstellende Unternehmen wichtige einzelne Topkunden dar.
- Verbände: Neben den klassischen direkten Kunden, die bei Ihrem Unternehmen Produkte und Lösungen einkaufen, gibt es am Markt eine Reihe von Einfluss nehmenden Organisationen wie zum Beispiel die Verbände.
- indirekte Kunde: Unter indirekten Kunden werden wichtige Topkunden verstanden, die bei Ihren Kunden Ihre Lösungen

und Produkte einkaufen. Die Firma Cisco verkauft beispielsweise ihre Produkte und Lösungen primär über so genannte zertifizierte Business-Partner. Für wichtige Endkunden betreibt Cisco jedoch ein eigenständiges Key Account Management mit der Aufgabe, beim Endkunden Lobby-Arbeit für die eigenen Lösungen und Produkte zu leisten. Kommt es zum Auftrag, wird der Endkunde an den Business-Partner übergeben.

### 4. Bestimmung der Kundengruppen für das Key Account Management

Für welche der identifizierten Kundengruppen soll Key Account Management eingeführt werden? Insbesondere bei der Einführung gilt: weniger ist mehr! Fokussieren Sie sich lieber auf einen dezidierten Bereich und übertragen Sie in einem zweiten Schritt die Erfolge des Key Account Managements auf die anderen Kundengruppen.

| In welche Kundengruppen kann Ihr Geschäft heute und morgen segmentiert werden? | Wollen Sie Key Account Management für diese Kundengruppe einführen/anwenden? | |
|---|---|---|
| ______________ | ☐ ja | ☐ nein |
| ______________ | ☐ ja | ☐ nein |
| ______________ | ☐ ja | ☐ nein |
| ______________ | ☐ ja | ☐ nein |
| ______________ | ☐ ja | ☐ nein |

Bitte übertragen Sie alle Ihre unternehmensspezifischen Ergebnisse in das KAM-Konzept.

## Schritt 2 – Portfolioanalyse: Die Attraktivität des Kunden und die eigene Position

Es wurde bereits festgelegt, auf welche geografischen Regionen oder Länder, welche Produktbereiche und welche Kundengruppen

Key Account Management angewendet werden soll. Im zweiten Schritt werden jetzt pro Kundengruppe die möglichen Key-Account-Kunden identifiziert. Das Ergebnis der Analyse wird in einer Matrixdarstellung visualisiert. Die Abbildung 4.6 zeigt diese Portfoliodarstellung, die auch unter dem Namen BCG(Boston Consulting Group)-Matrix bekannt ist. In der Matrix wird die Attraktivität des Kunden der eigenen Position gegenüber dem stärksten Wettbewerber beim Kunden gegenübergestellt.

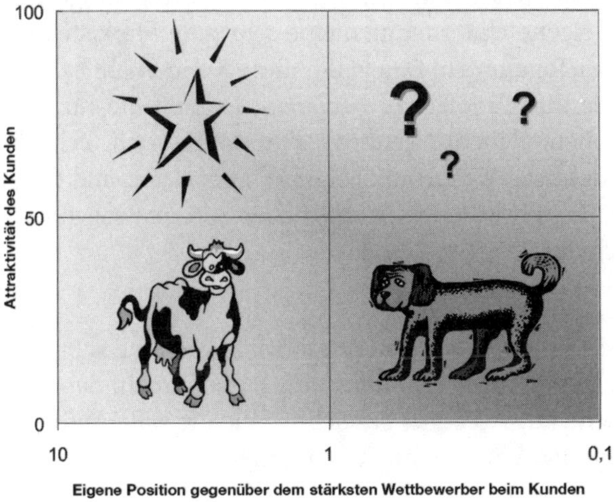


**Abbildung 4.6**: Portfolioanalyse/BCG-Matrix

In der oben gewählten Darstellung wird die Attraktivität des Kunden in einer linearen Punkteskala von 0 bis maximal 100 aufgetragen. Je höher die Punktzahl, je attraktiver ist der Kunde für das eigene Unternehmen. Die eigene Position gegenüber dem stärksten Wettbewerber wird in einer logarithmischen Skala von 10 bis 0,1 angegeben. Bei dem Wert »1« hat das eigene Unternehmen einen gleich großen Marktanteil beim Kunden wie der stärkste Wettbewerber. Je kleiner die Bewertung auf der x-Achse ist, je kleiner ist der Marktanteil, den das eigene Unternehmen gegenüber dem stärksten Wettbewerber aufzubieten hat. Das Ergebnis lässt sich in vier Quadranten aufteilen:

– Poor Dogs oder auch »Opportunistic Accounts«:
Diese Kunden zeichnen sich durch eine geringe Attraktivität und eine schwache Stellung des eigenen Unternehmens bei diesen Kunden aus. Aufgrund der geringen Attraktivität sollten die begrenzten Ressourcen des eigenen Unternehmens nur bedingt (»opportunistisch«) auf eine Geschäftsbeziehung mit diesen Kunden eingesetzt werden.

– Cash Cows oder auch »Maintenance Accounts«:
Die Attraktivität dieser Kunden wird zwar gering eingestuft, jedoch hat das eigene Unternehmen eine sehr gute Marktstellung innerhalb dieses Topkunden. Das heißt, diese Kunden gilt es auch weiterhin seriös und fundiert zu bedienen. Es sind die Kunden, von denen Sie heute leben! Allerdings sind es klassisch nicht die Kunden, die ein hohes Wachstumspotenzial aufweisen, und daher muss sich ein Unternehmen nach möglichen Alternativen für die Zukunft umschauen.

– Stars oder auch »Key Accounts«:
Diese Kunden weisen eine hohe Attraktivität und eine sehr gute Position des eigenen Unternehmens auf. Diese Topkunden werden als klassische Key Accounts bezeichnet, die die volle Aufmerksamkeit des eigenen Unternehmens verdienen!

– Questions Marks oder auch »Key Development Accounts«:
Einer hohen Attraktivität dieser Kunden steht eine schwache eigene Geschäftsposition gegenüber dem stärksten Wettbewerber entgegen. Diese Kunden gilt es sich noch einmal im Detail anzusehen und festzulegen, ob diese das Potenzial zu einem Key Account haben. In diesem Fall handelt es sich um einen »Key Development Account« oder auch »Target Account«. Für diese Kunden müssen eine Kundenentwicklungsstrategie erarbeitet und entsprechende Ressourcen bereitgestellt werden. Im »Negativfall« wird dieser Kunde zu einem »Poor Dog« und ist entsprechend opportunistisch zu behandeln.

Bitte beachten Sie, dass Sie die Identifizierung der möglichen Key-Account-Kunden pro Kundengruppe durchführen müssen, da sich die Kriterien zur Bestimmung der Attraktivität des Kunden teilweise unterscheiden werden.

### Die Attraktivität des Kunden

Die Attraktivität eines Kunden für Ihr Unternehmen wird anhand von noch zu bestimmenden Kriterien ermittelt. Laut der Studie von Mercuri International und der Universität St. Gallen nutzt die Mehrzahl von Unternehmen heute nach wie vor den Umsatz mit dem Kunden (Ist und Potenzial) als Hauptkriterium zur Bestimmung der Attraktivität. Sie sollten jedoch Ihre Analyse nicht nur auf den Umsatz als Kriterium beschränken, sondern auch andere quantitative wie auch qualitative Kriterien hinzuziehen.

Beispiele für quantitative Kriterien sind:

– der Ist-Umsatz mit dem Kunden:
Nach der 80/20-Regel sicherlich das klassische Kriterium, da wichtige Topkunden im Allgemeinen auch viel Umsatz mit dem eigenen Unternehmen generieren. Aber Achtung: Vergleichen Sie doch bitte mal Ihren Umsatz mit den größten Kunden vor fünf Jahren mit dem Umsatz in diesem Jahr. Sind die Kunden noch alle die gleichen oder sind neue Kunden hinzugekommen beziehungsweise alte Kunden von der Topliste verschwunden? Wenn sich die Liste der Topkunden in den vergangenen fünf Jahren verändert hat, spricht dieses klar für eine zusätzliche Berücksichtigung von weiteren, mehr zukunftsorientierten Kriterien als nur der heutige Ist-Umsatz mit dem Kunden.

– das Umsatzpotenzial/zukünftige Investitionsvolumen:
Mit dem Umsatzpotenzial beziehungsweise dem zukünftigen Investitionsvolumen Ihres Kunden wird der Blick von der Vergangenheit in die Zukunft gerichtet. Wie hoch ist das Geschäftspotenzial, das Sie bei einem Topkunden in der Zukunft sehen? Bitte beachten Sie, dass nur das adressierbare Potenzial in die Bewertung einfließen darf. Das heißt, Ihre Produkte und Lösungen müssen auf die Bedarfe des Kunden passen. Der Kunde muss überhaupt die Möglichkeit haben, sich für Sie als Lieferanten entscheiden zu können. Es nützt zum Beispiel nichts, wenn Sie Produkte und Lösungen anbieten können, die Ihr Kunde benötigt, er jedoch durch langfristige Verträge an einen anderen Wettbewerber gebun-

den ist. Peter Cheverton hat Key Account Management mit »Managing the future« definiert. Es muss hierbei eine Balance zwischen den eigenen Geschäftszielen (wo will Ihr Unternehmen morgen stehen?), den Geschäftsgelegenheiten, die es am Markt gibt und den Ihnen zur Verfügung stehenden Ressourcen im eigenen Unternehmen finden. Bezogen auf das Kriterium Investitionsvolumen lässt sich hieraus ein wichtiger Schluss ziehen. Es nützt nichts, wenn Sie potenzielle Kunden mit einem großen Investitionsvolumen identifizieren, aber die sich daraus ergebenden Geschäftsgelegenheiten gar nicht bewerkstelligen können, da Ihre eigenen Ressourcen dazu nicht ausreichen.

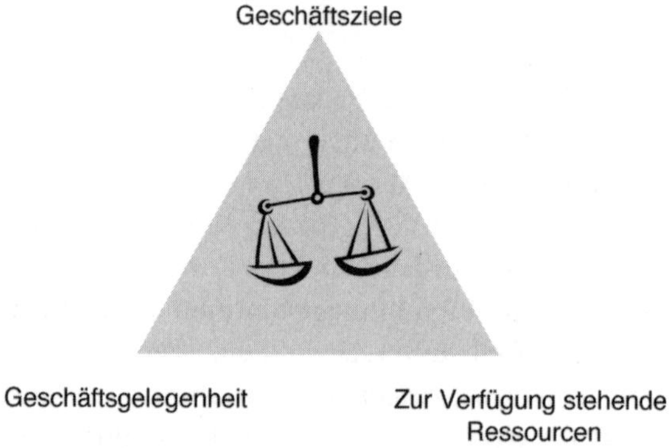


Quelle: Peter Cheverton

**Abbildung 4.7**: Das KAM-Dreieck (nach Peter Cheverton)

– die Unternehmenskennziffern:

Um die Attraktivität eines Kunden zu bestimmen, können auch Unternehmenskennziffern wie zum Beispiel der Umsatz, EBIT (DA) oder die Verschuldung verwendet werden. In einem Seminar hat ein Key Account Manager für öffentliche Kommunen und Bundesländer beispielsweise die Verschuldung als ein Kriterium herangezogen, um die für ihn attraktiven Bundesländer zu identifizieren. Seine Interpretation war, dass ein Bundesland mit einer geringen Schuldenlast mehr investieren kann und freier in seiner Investitionsentscheidung ist.

– der Deckungsbeitrag:

Der Deckungsbeitrag wird leider noch viel zu wenig als Kriterium herangezogen. Das ist so, weil der Deckungsbeitrag pro Kunde meist nicht bekannt ist. Für größere Projekte wird eine Gewinn- und Verlustrechnung durchgeführt, wobei die Berechnung für einen Kunden über einen definierten Zeitraum über alle Projekte hinweg nicht vorhanden ist. Der meist verwendete Deckungsbeitrag ist der Deckungsbeitrag I, der sich aus dem Erlös abzüglich der direkt zuzuordnenden variablen Kosten berechnet.

Berechnung der Deckungsbeiträge (nach Uwe Götze, 2000):

Nettoerlös je Produktart
– variable Kosten
= Deckungsbeitrag I
– Erzeugnisfixkosten
= Deckungsbeitrag II
– Erzeugnisgruppenfixkosten
= Deckungsbeitrag III
– Bereichsfixkosten
= Deckungsbeitrag IV
– Unternehmensfixkosten
= Betriebsergebnis

– das Cross-Selling-Potenzial:

Vielleicht haben Sie bisher mit einem Kunden vornehmlich eine Geschäftsbeziehung bezogen auf eine Produktgruppe unterhalten. In diesem Kunden kann ein verstecktes Cross-Selling-Potenzial liegen, welches es zu bewerten und zu adressieren gilt.

– der Customer Lifetime Value (CLV):

Customer Lifetime Value gibt die kumulierten und diskontierten Deckungsbeiträge über die gesamte Kundenlebenszeit an und ist damit – sofern verfügbar – ein sehr gutes, quantitatives Kriterium.

Beispiele für qualitative Kriterien sind:

– die Zahlungsmoral/-fähigkeit:

Alleine 2003 mussten über 39000 Unternehmen in Deutschland Insolvenz anmelden. Nicht selten lag der Grund in der schlechten Zahlungsmoral der Kunden begründet. Umso wichtiger scheint es, dieses Kriterium mit in die Bewertung einzubeziehen.

– die Early-Adopters:
Für die Einführung eines neuen Produktes oder eines neuen Unternehmens am Markt bedarf es so genannter »Early-Adopters«. Early-Adopters sind Kunden, die bereit sind, ein neues Produkt beziehungsweise einen neuen Lieferanten als Partner »auszuprobieren« und die bewusst immer das Neueste haben wollen. Daher kann auch dieses Kriterium für einige Unternehmen ein sehr sinnvolles, qualitatives Kriterium sein.

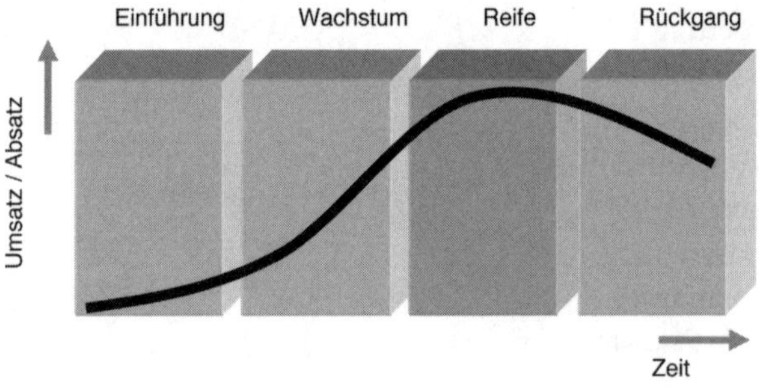


**Abbildung 4.8**: Der Produktlebenszyklus (nach Kotler, 1992)

– die Multiplikatoren:
Verbände und Einkaufsorganisationen sind klassische Multiplikatoren. Das heißt, Sie adressieren in einem ersten Schritt einen dieser Multiplikatoren und erreichen damit mittelbar einen sehr großen Kundenkreis. Insbesondere für Unternehmen mit sehr begrenzten Ressourcen ist es wichtig, mit möglichst geringem vertrieblichen Aufwand einen möglichst großen Kundenkreis ansprechen zu können. Kunden mit Multiplikatoreneffekt können in diesem Fall sehr hilfreich sein.

– national versus international:
Angenommen, Ihr Unternehmen fokussiert sich auf den nationalen Markt. Trifft Ihr Unternehmen nun auf einen potenziellen

Kunden mit internationalen Strukturen und einer Bevorzugung für international aufgestellte Lieferanten, so hätten Sie nur eine geringe Chance auf Erfolg. In einem anderen Fall wollen Sie vielleicht Ihr Key Account Management in einem ersten Schritt bewusst auf international ausgerichtete Kunden fokussieren. In beiden Fällen kann das Kriterium international oder national hilfreich sein, Ihre potenziellen Key-Account-Kunden zu identifizieren.

– das Key-Account-Ranking beim Wettbewerb:
In den letzten Jahren hat sich der Telekommunikationsmarkt radikalen Veränderungen unterwerfen müssen. Ausnahmslos alle Zulieferfirmen wie Siemens, Alcatel oder Lucent mussten erheblich Personal abbauen. In dieser Zeit hat zum Beispiel die Firma Lucent ihre Ressourcen auf einige wenige Topkunden konzentriert (ein klassischer Key-Account-Management-Ansatz!). Für Wettbewerber von Lucent gab es somit eine gute Chance, genau die Kunden für sich zu gewinnen, die nicht mehr auf der Topkunden-Liste von Lucent standen. Ein Kriterium wie »Position des Kunden im Ranking des schärfsten Wettbewerbers« konnte hilfreich sein, um potenzielle Topkunden für das eigene Unternehmen zu identifizieren.

– die Imageträger/Referenzkunden:
Unternehmen können trotz geringem Umsatzpotenzial vom Markt als Imageträger oder Schlüsselreferenz eingeschätzt werden. Ist Ihr Unternehmen bei so einem Imageträger gelistet und beliefert diesen Kunden mit Produkten und Lösungen, so öffnet Ihnen diese Referenz weitere Türen bei anderen Kunden. Dieses Kriterium ist insbesondere wieder dann von besonderem Interesse, wenn Sie ein neues Produkt beziehungsweise ein neues Unternehmen am Markt platzieren wollen.

– die indirekten Geschäftsbeziehungen:
Die Firma Quam, die in Deutschland eine UMTS-Lizenz erworben hatte, gehörte zum Telefonica-Konzern in Spanien. Das Unternehmen war in Deutschland absolut neu und konnte dementsprechend keine Kundenbasis aufweisen. Für so ein Unternehmen kann es von Vorteil sein, ungewöhnlichere Kriterien zu identifizieren, wie zum Beispiel: Handelt es sich bei dem potenziellen Kunden um ein

spanisches Unternehmen (Spanier kaufen von spanischen Firmen)? Gibt es Geschäftsbeziehungen der Muttergesellschaft Telefonica zu Unternehmen in Spanien, die wiederum zu deutschen Unternehmen gehören (Beispiel SEAT zu Volkswagen)? In diesem Fall könnten die bestehenden Geschäftsbeziehungen von Vorteil sein beziehungsweise die Rahmenverträge vielleicht direkt auf die neuen potenziellen Kunden in Deutschland übertragen werden.

### 5. Die Bestimmung der Kriterien

Bitte bestimmen Sie im Team die für Sie passenden qualitativen und quantitativen Kriterien, die zur Identifizierung der Key-Account-Kunden herangezogen werden könnten. Da die Kriterien pro Kundengruppe unterschiedlich sein können, muss dieser Arbeitsschritt für jede Kundengruppe separat durchgeführt werden. Für alle Kriterien muss dabei ein fester zeitlicher Bezugspunkt definiert werden. Beispielsweise wird für den Ist-Umsatz der Gesamtumsatz mit dem Kunden aus dem letzten vollendeten Geschäftsjahr verwendet. Und: Für das potenzielle Umsatzvolumen wird ein Investitionshorizont von heute plus zwei Jahren angesetzt.

| **Wie lauten Ihre möglichen Kriterien pro Kundengruppe?** | **Bemerkungen zu den einzelnen Kriterien (z. B. Ist-Umsatz gilt für das Jahr 2004, Potenzial wird für die Jahre 2005 und 2006 gesehen)** |
|---|---|
| Kundengruppe 1: ______________ | |
| Kriterium 1: | |
| Kriterium 2: | |
| ... | |
| Kundengruppe 2: ______________ | |
| Kriterium 1: | |
| Kriterium 2: | |
| ... | |

## 6. Reduktion der Kriterien auf maximal sechs

Um die Analyse zur Identifikation der Schlüsselkunden nicht zu komplex zu gestalten, wird jetzt eine Auswahl aus den zuvor erarbeiteten Kriterien bestimmt. Es ist ratsam, sich dabei auf bis zu sechs Kriterien zu beschränken. Im Folgenden wird jetzt Schritt für Schritt die Tabelle zur Bestimmung der Attraktivität des Kunden in einer Kundengruppe erarbeitet. Sie sollten diesen Prozess einmal gedanklich durchspielen, bevor die Berechnung mit Hilfe einer Excel-Tabelle automatisiert wird.

| **Attraktivität des Kunden** | | | | |
|---|---|---|---|---|
| Kundengruppe: | | | Kundenname: | |
| Kriterium | | | | |
| 1 | | | | |
| 2 | | | | |
| 3 | | | | |
| 4 | | | | |
| 5 | | | | |
| 6 | | | | |
| | | | | |

## 7. Die Gewichtung der Kriterien

Die identifizierten Kriterien müssen jetzt entsprechend der Bedeutung für Ihr Unternehmen gewichtet werden. Die Bedeutung hängt dabei stark von Ihrer Zielsetzung und den individuellen Gegebenheiten Ihres Unternehmens ab. In der Spalte Gewichtung wird dazu in der entsprechenden Zeile eines Kriteriums ein Wert zwischen 0 und 100 Prozent eingetragen. Wichtig ist dabei, dass die Summe aller Gewichtungen 100 Prozent ergeben muss. Die folgende Tabelle enthält beispielhaft die Gewichtung der Kriterien für ein junges Unternehmen mit kleiner Marktpräsenz, das sich auf internationale Topkunden fokussieren will:

| **Attraktivität des Kunden** | | | | |
|---|---|---|---|---|
| Kundengruppe: | Große Einzelkunden | | Kundenname: | Mayer & Söhne |
| Kriterium | Gewichtung | | | |
| 1 Ist-Umsatz | 5 | | | |
| 2 Umsatzpotenzial | 70 | | | |
| 3 International | 25 | | | |
| 4 | | | | |
| 5 | | | | |
| 6 | | | | |
| | 100 | | | |

Da das Unternehmen noch jung ist und über wenige Referenzen verfügt, kann es auf kein großes Bestandsgeschäft zurückgreifen. Aus diesem Grund hat das Unternehmen die Gewichtung für den Ist-Umsatz mit den Kunden auf einen kleinen Wert (5 Prozent) gesetzt. Der Ist-Umsatz soll aber trotz der noch kleinen Marktpräsenz berücksichtigt werden, da das Geschäft mit bestehenden Kunden im Allgemeinen leichter ausgebaut werden kann. Das Kriterium Umsatzpotenzial stellt mit 70 Prozent das wesentliche Kriterium mit der starken Ausrichtung auf zukünftiges Geschäft. Das Kriterium International wird mit 25 Prozent eingebracht, da sich das Unternehmen auf internationale Topkunden fokussieren will.

Ein bereits am Markt etabliertes Unternehmen hat sich ebenfalls für die drei Kriterien Ist-Umsatz, Umsatzpotenzial und internationale Ausrichtung entschieden. Da es aber bereits über eine gute fundierte Geschäftsbasis verfügt, gewichtet es den Ist-Umsatz wesentlich stärker als das obige noch junge Unternehmen. Zusätzlich berücksichtigt es noch den heutigen Deckungsbeitrag.

| Attraktivität des Kunden | | | | |
|---|---|---|---|---|
| Kundengruppe: | Große Einzelkunden | | Kunden-name: | Mayer & Söhne |
| Kriterium | Gewichtung | | | |
| 1 Ist-Umsatz | 30 | | | |
| 2 Umsatzpotenzial | 35 | | | |
| 3 International | 25 | | | |
| 4 Deckungsbeitrag | 10 | | | |
| 5 | | | | |
| 6 | | | | |
| | 100 | | | |

## 8. Wert pro Kriterium

Im achten Arbeitsschritt werden die Werte pro Kunde und Kriterium ermittelt. Die Arbeitstabelle wächst dabei um die Spalte 3 »Wert«. Der Wert besitzt keine feste Einheit, wie zum Beispiel Euro, Stück oder Prozent, sondern kann hier durchaus individuell pro Kriterium festgelegt werden. Wichtig an dieser Stelle ist nur, dass die gleiche Einheit pro Kriterium für alle Kunden in einer Kundengruppe verwendet wird. Das folgende Beispiel zeigt die Vervollständigung der Tabelle aus dem obigen Beispiel.

| Attraktivität des Kunden | | | | |
|---|---|---|---|---|
| Kundengruppe: | Große Einzelkunden | | Kunden-name: | Mayer & Söhne |
| Kriterium | Gewichtung | Wert | | |
| 1 Ist-Umsatz | 30 | 150000 Euro | | |
| 2 Umsatzpotenzial | 35 | 200000 Euro | | |
| 3 International | 25 | ja | | |
| 4 Deckungsbeitrag | 10 | 28% | | |
| 5 | | | | |
| 6 | | | | |
| | 100 | | | |

## 9. Bewertung pro Wert und Kriterium

Der im achten Arbeitsschritt ermittelte Wert pro Kriterium kann ohne einen weiteren Bewertungsschritt nicht in eine normierte Auswertung eingebracht werden. Aus diesem Grund ist es wichtig, pro Kriterium mögliche Werte und Wertebereiche zu gewichten. Die Bewertung liegt in dem Zahlenbereich 0 bis 100, wobei 0 der schlechteste und 100 der beste Wert ist. Die Praxis zeigt, dass es sinnvoll ist, sich auf maximal vier Bewertungsschritte zu »beschränken«.

Beispiel Deckungsbeitrag: Sie verwenden den Deckungsbeitrag I als Kriterium zur Bestimmung der Kundenattraktivität. Bei einem sehr profitablen Geschäft liegt ihr unternehmensspezifischer Deckungsbeitrag I bei über 35 Prozent. Bei einem Deckungsbeitrag von unter zehn Prozent sprechen Sie bereits von einem »schlechten« Geschäft. Aus diesen Gegebenheiten heraus könnte die Bewertung wie folgt angesetzt werden:

| **Deckungsbeitrag** | **Bewertung** |
|---|---|
| kleiner 10% | 0 |
| kleiner 35% | 50 |
| größer 35% | 100 |

Das oben aufgeführte Beispiel könnte daher wie folgt fortgeführt werden.

| **Attraktivität des Kunden** | | | | |
|---|---|---|---|---|
| Kundengruppe: | Große Einzelkunden | | Kunden-name: | Mayer & Söhne |
| Kriterium | Gewichtung | Wert | Bewertung | |
| 1 Ist-Umsatz | 30 | 150000 Euro | 25 | |
| 2 Umsatzpotenzial | 35 | 200000 Euro | 50 | |
| 3 International | 25 | Ja | 100 | |
| 4 Deckungsbeitrag | 10 | 28% | 50 | |
| 5 | | | | |
| 6 | | | | |
| | 100 | | | |

### 10. Gewichtetes Ergebnis pro Kriterium

Nachdem die Bewertung für die einzelnen Kriterien erfolgt ist, können diese jetzt entsprechend gewichtet werden.

$$\text{Gewichtetes Ergebnis} = \frac{\text{Gewichtung} * \text{Bewertung}}{100}$$

Beispiel Deckungsbeitrag aus der oben aufgeführten Tabelle:

- Der Deckungsbeitrag wurde mit 10 gewichtet.
- Der Deckungsbeitrag bei diesem Kunden wurde mit 28 Prozent angegeben.
- Die Bewertung lag entsprechend bei 50.

$$\text{Gewichtetes Ergebnis} = \frac{10 \text{ x } 50}{100} = 5$$

Die Summe aus allen gewichteten Ergebnissen bildet den Wert »Attraktivität des Kunden«. Bitte beachten Sie, dass dieser Wert nie größer als 100 sein kann.

| **Attraktivität des Kunden** | | | | |
|---|---|---|---|---|
| Kundengruppe: | Große Einzelkunden | | Kunden-name: | Mayer & Söhne |
| Kriterium | Gewichtung | Wert | Bewertung | Gewichtet |
| 1 Ist-Umsatz | 30 | 150000 Euro | 50 | 15 |
| 2 Umsatzpotenzial | 35 | 200000 Euro | 50 | 17,5 |
| 3 International | 25 | Ja | 100 | 25 |
| 4 Deckungsbeitrag | 10 | 28% | 50 | 5 |
| 5 | | | | |
| 6 | | | | |
| | 100 | | | 62,5 |

### 11. Die Position des eigenen Unternehmens bei Kunden

Wie in Abbildung 4.6 gezeigt, wird für die Portfolioanalyse neben der Attraktivität des Kunden auch die »eigene Position beim Kunden« zur Key-Account-Klassifizierung benötigt. In dem folgenden – sehr einfach gehaltenen – Ansatz wird die eigene Position als Quotient vom eigenen Umsatz zum Umsatz des stärksten Wettbewerbers beim Kunden ermittelt.

$$\text{Eigene Position} = \frac{\text{Eigener Umsatz beim Kunden}}{\text{Umsatz des stärksten Wettbewerbers beim Kunden}}$$

In dem oben genannten Beispiel wurde der aktuelle Umsatz mit dem Kunden Mayer & Söhne mit 150 000 Euro angegeben. Nehmen wir einmal an, dass Ihr stärkster Wettbewerber bei diesem Kunden im gleichen Zeitraum vergleichbare Waren für 80 000 Euro an diesen Kunden verkauft hat.

$$\text{Eigene Position} = \frac{150\,000 \text{ Euro}}{80\,000 \text{ Euro}} = 1{,}88 \text{ Euro}$$

Wie in Abbildung 4.6 zu sehen ist, wird die Achse in einer logarithmischen Skalierung aufgetragen. Das heißt, der Wert 1 spiegelt ein gleich großes Geschäft von Ihnen und Ihrem stärksten Wettbewerber beim Kunden wider. Der rechte Achsenwert 0,1 zeigt, dass Ihr Unternehmen so gut wie keinen oder gar keinen Marktanteil beim Kunden aufweist. Das heißt, es handelt sich um einen Neukunden oder einen verlorenen Kunden. Der Wert 10 spiegelt eine klare Dominanz Ihres Unternehmens bei diesem Kunden wider. Für das oben aufgeführte Beispiel lässt sich das Ergebnis der Analyse nun visuell mittels der Portfolio-Darstellung beziehungsweise der BCG-Matrix präsentieren.

Der Kunde Mayer & Söhne ist ein echter Key Account, der sich durch eine hohe Attraktivität sowie eine gute und fundierte bestehende Geschäftsbeziehung auszeichnet. Der oben aufgeführte Prozess zur Bestimmung der eigenen Position basiert rein auf den Werten »eigener Umsatz« und »Umsatz des stärksten Wettbewerbers« beim Kunden. Im Gegensatz zu diesem Ansatz verwendet Cheverton die Kriterien eines Kunden zur Bewertung der Lieferan-

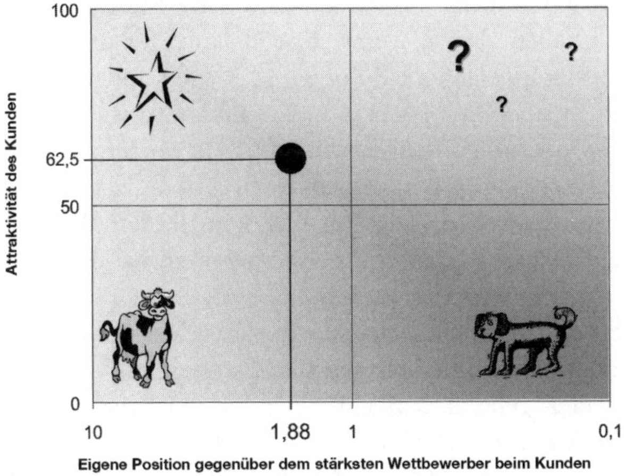


**Abbildung 4.9**: Ergebnis der Kundenanalyse am Beispiel Mayer & Söhne

ten. Das heißt, Cheverton betrachtet die eigene Position noch stärker aus der Brille des Kunden heraus. Ich halte diesen Ansatz für sehr gut. Allerdings verfügen viele Unternehmen leider nicht über diese tief gehende Kundenkenntnis, so dass diese die Kriterien nicht kennen und bewerten können. Insbesondere Unternehmen, die neue Kunden akquirieren wollen, bleiben diese Daten sehr oft verschlossen. Verfügen sie aber bereits über eine stabile Beziehung zu ihren Topkunden, so lohnt sich die Frage nach den Bewertungskriterien allemal!

Eine auf Excel basierte, automatisierte Version zur Bestimmung der Key Accounts steht Ihnen als Download zur Verfügung.

### Schritt 3 – Auswahl der Key Accounts

Bei der Auswahl der Schlüsselkunden, ausgehend von der Portfolio-Analyse, gilt es drei Dinge zu berücksichtigen:

Hat die Portfolio-Analyse ein Ergebnisbild erbracht, das eine Differenzierung der Kunden nach Key-Account-, potenziellen Key-Account-Kunden, Cash Cows und andere überhaupt zulässt? Es kann vorkommen, dass beispielsweise Kriterien herangezogen wurden, die im Nachhinein betrachtet keine Differenzierung der Kunden erlaubt haben, da die Werte (zum Beispiel für das Kriterium nationale oder internationale Kunden) für alle Kunden gleich waren. Es kann ebenfalls sein, dass fast alle Kunden vorwiegend in einem der vier Quadranten der Portfolio-Analyse wiederzufinden sind, da die Bewertungen pro Kriterium nicht differenziert genug vorgenommen wurden. In diesem Fall wird zum fünften Arbeitsschritt zurückgesprungen und die Analyse noch einmal durchgeführt.

Wie sind die Kunden im Quadranten »Question Marks« letztlich einzustufen? Die Kunden, die in diesem Feld stehen, müssen jetzt noch einmal tiefer gehend betrachtet werden. »Fragezeichen«-Kunden zeichnen sich durch eine hohe Attraktivität, gepaart mit einer schwachen eigenen Marktposition bei diesen Kunden aus. Das heißt, es muss untersucht werden, inwieweit jeder dieser Kunden zu einem Key-Account-Kunden entwickelt werden kann, indem der Marktanteil bei diesem Kunden kontinuierlich und stetig erhöht wird. Diese Kunden werden Target Accounts oder auch Entwicklungskunden genannt. Ist diese Entwicklung hin zu einem echten Schlüsselkunden aus Ihrer Sicht nicht realistisch, so sollten die eigenen limitierten Unternehmensressourcen besser auf andere Kunden konzentriert werden.

Wie viele eigene Unternehmensressourcen stehen Ihnen für das Key Account Management zur Verfügung? Auch wenn Key Account Management immer eine Investition in die Zukunft darstellt, so stehen Ressourcen nicht in beliebiger und unbegrenzter Höhe zur Verfügung. Wichtig ist an dieser Stelle, sich mit den gegebenen Ressourcen auf die relevanten Potenzialträger zu fokussieren, anstatt zu versuchen, alle identifizierten Key-Account-Kunden ein »bisschen« zu adressieren. Bitte bedenken Sie auch, dass für die identifizierten Schlüsselkunden und insbesondere für die identifizierten Target Accounts unter Umständen auch mehr Ressourcen in anderen Unternehmensbereichen, wie zum Beispiel Marketing, Projektmanagement, Business Development und andere, benötigt werden. Das heißt, Ihre Ressourcenanalyse muss alle involvierten Unternehmensbereiche berücksichtigen.

Insbesondere bei großen, komplexen und »lebensnotwendigen« Schlüsselkunden fokussiert sich in den meisten Unternehmen ein

Key Account Manager auf diesen Kunden. Im Durchschnitt verantwortet ein Key Account Manager vier bis sechs Schlüsselkunden.

Bitte halten Sie die festgelegten Key-Account-Kunden in Ihrem KAM-Konzept fest.

Sie haben in diesem Baustein 1 eine Marktsegmentierung vorgenommen und daraus abgeleitet die Potenzialträger von morgen identifiziert. Jetzt ist es wichtig, die objektiven Ergebnisse der Geschäftsführung zu präsentieren. Ziel ist es dabei, die Geschäftsführung für die Ergebnisse zu gewinnen und bereits an dieser Stelle für die notwendigen zusätzlichen Ressourcen zu werben. Bereiten Sie die Präsentation sehr sorgfältig vor, da es immer wieder zu Diskussionen kommt, warum denn nicht der eine oder andere lieb gewonnene Kunde ein Key Account geworden ist. Im Unternehmen hat jeder eine persönliche Kundenklassifizierung vor Augen, die allerdings meist wenig rational ist.

### Schritt 4 – Regelmäßige Überprüfung der Ziele und Ergebnisse

Wie bereits in der Einführung und im Kapitel 2 erwähnt wurde, unterliegen Märkte einem ständigen Wandel und entsprechend gibt es auch auf der Kundenseite Neuausrichtungen, neue Spieler am Markt oder auch das »Wegsterben« von bestehenden Kundenbeziehungen. Es ist daher unerlässlich, regelmäßig die Identifikation der Schlüsselkunden zu überprüfen und neu zu bewerten. In der Regel sollte eine Überprüfung jährlich oder spätestens alle zwei Jahre erfolgen.

### Zusammenfassung

**Baustein 1 – Identifikation der Key Accounts von morgen**

| Bereich | Inhalt | Notizen |
|---|---|---|
| Allgemein | Die Identifikation der zukünftigen Schlüsselkunden ist eine der wichtigsten, aber zugleich auch die schwerste Aufgabe im KAM, da das Fokussieren der begrenzten Ressourcen auf die Potenzialträger auch immer mit einem Loslassen von bestehenden Kundenbeziehungen einhergeht. | |

| Bereich | Inhalt | Notizen |
|---|---|---|
| Phase 0 | Kernfrage: Welches Ziel verfolgen Sie mit KAM? | |
| Phase 1 | Marktsegmentierung und Kundengruppen:<br>1.: Soll KAM produktbezogen oder produktunabhängig eingeführt werden?<br>2.: Wollen Sie Key Account Management auf einen geografischen Bereich fokussieren?<br>3.: In welche Kundengruppen kann Ihr Geschäft heute und morgen segmentiert werden?<br>4.: Für welche Kundengruppen wollen Sie KAM einführen? | |
| Phase 2 | Die Portfolioanalyse (BCG-Matrix) gibt die Attraktivität einzelner Kunden in Abhängigkeit von der eigenen Stellung im Kundenunternehmen visuell wieder. 4 Quadranten:<br>Star = Key Account; Poor Dog = Opportunistic Account; Cash Cow = Maintenance Account; Question Mark = Key Development Accounts oder auch Entwicklung zu einem Opportunistic Account.<br>5.: Bestimmen möglicher Kriterien für die Attraktivität eines Kunden pro Kundengruppe<br>6.: Reduzieren der Anzahl der Kriterien auf maximal sechs<br>7.: Gewichten der Kriterien<br>8.: Ermitteln der Werte pro Kriterium<br>9.: Bewerten der Werte pro Kriterium<br>10.: Berechnen des gewichteten Ergebnisses pro Kriterium<br>11.: Eigene Position beim Kunden gegenüber dem stärksten Wettbewerber bestimmen | |
| Phase 3 | Endgültige Key Accounts unter Berücksichtigung der zur Verfügung stehenden Ressourcen auswählen | |
| Phase 4 | Durchführen von regelmäßigen (alle ein bis zwei Jahre) Reviews<br>Die Ergebnisse unbedingt der Geschäftsführung präsentieren, damit diese hinter den Entscheidungen und den möglichen Konsequenzen für heutige und zukünftige Geschäftsbeziehungen steht. | |

## Baustein 2 – Die Key-Account-Management-Organisation

Nachdem im Baustein 1 die Schlüsselkunden identifiziert wurden, soll nun im Baustein 2 eine auf diese Kunden ausgerichtete KAM-Organisation entwickelt werden. Das folgende Kapitel enthält eine Reihe von unterschiedlichen Organisationsvorschlägen sowie Tipps zum Aufbau von Key-Account-Teams. Gestatten Sie mir an dieser Stelle gleich den Hinweis, dass es die allumfassende Organisation nicht gibt. Jede Organisationsform hat ihre spezifischen Vor- und Nachteile, Eigenarten und Schwächen. Es wird entsprechend auch immer wieder Mitarbeiter geben, die sich destruktiv und negativ über die aktuelle Organisationsform äußern. Mit diesem Fakt müssen Sie leben, wie bei jeder anderen Organisationsentwicklung auch, oder sich rechtzeitig von diesen Mitarbeitern trennen. Am Ende kommt es darauf an, möglichst viele der involvierten Mitarbeiter und Bereiche von der Notwendigkeit und der Idee des Key Account Managements zu begeistern und zu überzeugen. Nicht die Organisation darf im Mittelpunkt stehen, sondern der Schlüsselkunde und die erfolgreiche Zusammenarbeit im Team auf Basis gleicher Ziele. Bitte beachten Sie, dass die Einführung von Key Account Management fast immer mit einem Machtverlust von bestehenden Funktionen beziehungsweise etablierten Personen verbunden ist. Binden Sie diese Menschen daher möglichst früh in die Organisationsentwicklung mit ein.

### Institutionelles und funktionelles Key Account Management

Bei der Organisationsentwicklung werden Ihnen die beiden Begriffe institutionelles und funktionelles Key Account Management immer wieder begegnen. Ein institutionelles Key Account Management zeichnet sich durch eine eigenständige, separate Organisationseinheit aus, die für die Geschäftsbeziehung zu den Schlüsselkunden verantwortlich ist. Bei einem funktionellen Key Account Management hingegen wird die Aufgabe des Key Account Managers in Personalunion von einer anderen Funktion mit wahrgenommen. Im Falle des funktionellen Key Account Managements ist daher meist der Geschäftsführer oder Vertriebsleiter neben seiner Hauptaufgabe auch für die Geschäftsbeziehung mit den Key-Account-Kunden verantwortlich. Im Gegensatz zum funktionellen Key Account Management beschreibt das funktionale Key Account Management die operativen Arbeitsmethoden, eingesetzten Tools und Prozesse.

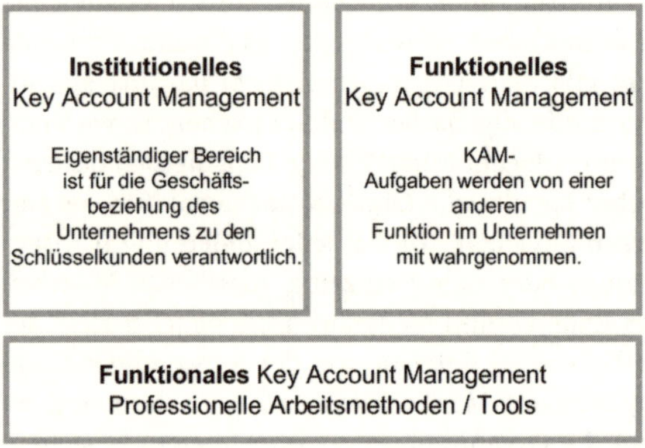


**Abbildung 4.10**: Institutionelles und funktionelles Key Account Management

Laut der Studie »Status Key Account Management in Europa« von Mercuri International und der Universität St. Gallen haben 57,5 Prozent der befragten Unternehmen in Deutschland eine eigenständige KAM-Organisation. Sie setzen damit auf ein institutionelles Key Account Management. Entsprechend hoch ist auch die Anzahl der Vollzeit-Key-Account-Manager mit 72 Prozent angegeben. 60 Prozent der deutschen KAM-Programme sind international ausgeprägt.

Welche Form der KAM-Organisation für Ihr Unternehmen genau die passende ist, hängt vor einer Reihe unterschiedlichster Faktoren ab, die im Wesentlichen bereits im Baustein 1 erarbeitet wurden. Hier ein paar Beispiele:

– Die Größe Ihres Unternehmens:
Insbesondere bei kleineren Unternehmen werden die wichtigsten Schlüsselkunden direkt von der Geschäftsführung betreut. Der

Aufbau einer dezidierten funktionellen KAM-Organisation kommt meist aus Kostengründen gar nicht in Frage. Darüber hinaus erwarten die Topkunden eine direkte Betreuung vom »Chef« beziehungsweise Eigentümer des Lieferantenunternehmens.

– Die Anzahl der Schlüsselkunden:
Mit der Anzahl der Schlüsselkunden steigt auch die Anzahl der benötigten Key Account Manager. Eine Eins-zu-eins-Beziehung zwischen Schlüsselkunde und Key Account Manager wird sich dabei nur für umsatzstarke Kunden abbilden lassen. Bearbeitet ein Key Account Manager mehr als einen Schlüsselkunden, so sollten seine Kunden nicht in einer direkten Wettbewerbssituation zueinander stehen. Anderenfalls ist stark in Frage zu stellen, inwieweit eine Vertrauensbeziehung zwischen Key Account Manager und Schlüsselkunden überhaupt gestaltet werden kann. Insbesondere im Industriegüterbereich mit komplexen Produkten und Lösungen sowie großen Investitionsentscheidungen ist diese Vertrauensbasis die Grundlage einer soliden partnerschaftlichen Geschäftsbeziehung. Diese kann nicht entstehen, wenn bei einem Kunden ständig die Angst im Hinterkopf schwebt, dass jedes gesprochene Wort sofort vom Key Account Manager zum nächsten Wettbewerber getragen wird.

– Cross-Selling-Ansatz im Gegensatz zum eigenständigen Produktansatz:
Größere Unternehmen, die aus einer Reihe von Produktdivisionen bestehen, die wiederum voneinander unabhängige Märkte adressieren, werden das Key Account Management in der jeweiligen Produktdivision ansiedeln. Für den Fall, dass sich überschneidende Märkte adressiert werden, wird das Key Account Management eher übergreifend über die Produktdivisionen etabliert werden, um die Cross-Selling-Potenziale besser identifizieren und adressieren zu können.

– Nationale bis globale Kunden:
Nicht zuletzt die Kundenstruktur selbst wird einen entscheidenden Einfluss auf die Einbettung vom Key Account Management in die bestehende Organisation nehmen. Werden vornehmlich natio-

nal aktive Kunden adressiert, so wird das Key Account Management eher innerhalb der nationalen Vertriebsorganisation zu finden sein. Werden international oder gar global aktive Kunden angesprochen, so wird die Organisation voraussichtlich parallel zur nationalen und internationalen Vertriebsstruktur aufgebaut werden.

– Die Struktur des Kunden:
Auch die Organisation und Struktur des jeweiligen Schlüsselkunden hat einen Einfluss auf die Gestaltung der KAM-Organisation. Für Kunden mit einer zentralen Einkaufsmacht wird ein kleines, lokal angesiedeltes, schlagkräftiges Key-Account-Team optimal die Bedürfnisse des Kunden und des eigenen Unternehmens abdecken können. Bei einem Kunden, bei dem zwar Rahmenverträge mit der Zentrale ausgehandelt werden, die Einkaufsentscheidung und damit verbunden die Auswahl des Lieferanten aber mehr in den Filialen, Tochterunternehmen oder Beteiligungen liegt, verlangt es nach einem breiter aufgesetzten Team. In diesem Fall gibt es einen dezidierten Key Account Manager, der von entsprechend lokal angesiedelten Regionalvertriebsmitarbeitern unterstützt wird. In einigen Fällen gibt es auch eine komplett eigenständige – institutionelle – Organisation mit regionalen Account Managern, die fachlich und disziplinarisch dem Key Account Manager unterstellt sind. Im Baumarktbereich zum Beispiel sind Kunden wie Praktiker und Toom zentral geführte Unternehmen, wohingegen bei Obi und Hagebau die Filialen eine große eigenständige Entscheidungskompetenz besitzen.

### Key Account Management – eine Frage der Hierarchie?

Ein weiterer wichtiger Aspekt bei der Entwicklung einer KAM-Organisation ist die Frage nach der hierarchischen Anbindung der Mitarbeiter. Wird ein Kunde in den Key-Account-Status gehoben, so wird diesem Kunden klar signalisiert: »Du bist etwas Besonderes für unser Unternehmen!« Diese Aussage muss durch die Einbettung des Key Account Managements in die eigene Organisation entsprechend untermauert werden. Je tiefer ein Key Account Manager in der Hierarchie eingeordnet ist, desto weniger Wertschätzung wird dem Kunden gegenüber gezeigt. Ein »niedriger« Key Account Manager hat weniger Einfluss im eigenen Unternehmen und kann somit auch weniger im Sinne des Schlüsselkunden bewegen. Dr. Pius Küng & Partner hat zu diesem Thema eine Umfrage »Wo ist in Ihrem Unternehmen das Key Account Management angegliedert?« durchgeführt (Quelle: Küng/Schillig/Tocano). Das Ergebnis zeigt, dass 37,5 Prozent der Unternehmen das Key Account Management direkt der Geschäftsleitung unterstellt haben. Eine genauere Untersuchung hat gezeigt, dass bei rund der Hälfte dieser 37,5 Prozent die Geschäftsführung selbst das Key Account Management in Personalunion verantwortet. Dieses Modell kommt insbesondere bei kleineren Unternehmen zum Tragen. Je ein Viertel der Befragten haben das Key Account Management dem Verkaufsleiter beziehungsweise dem Marketingleiter untergeordnet. Da in vielen Unternehmen der Bereich Vertrieb und Marketing in einer Organisationseinheit gebündelt ist, ist bei zirka der Hälfte der Unternehmen das KAM-Programm der Funktion Leiter Vertrieb und Marketing unterstellt. Weitere 12,5 Prozent haben das Key Account Management in eigenständige Produktdivisionen eingegliedert.

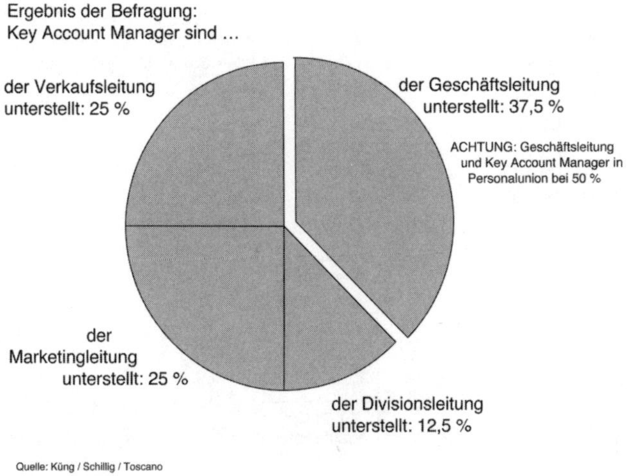


**Abbildung 4.11**: Die hierarchische Ansiedlung eines Key Account Managements

### Mögliche Organisationsmodelle

Die Ausgestaltung der KAM-Organisation ist sehr unternehmensspezifisch und hängt stark von den Marktgegebenheiten sowie der Struktur der Kunden ab. Dennoch lassen sich einige Grundmodelle für die Einbettung eines Key Account Managements in eine bestehende Unternehmensorganisation herausstellen. Beispielhaft werden im Folgenden sechs unterschiedliche Implementierungen mit ihren spezifischen Vor- und Nachteilen näher betrachtet. Es handelt sich dabei um zwei Beispiele für ein funktionelles Key Account Management, bei dem zum einen der Key Account Manager in der Regionalvertriebsorganisation eingebettet wird und zum anderen der Vertriebsleiter die Funktion des Key Account Managers in Personalunion übernimmt. Als Beispiele für ein institutionelles Key Account Management werden zwei national sowie eine international ausgerichtet Organisation aufgeführt. Als Beispiel der »anderen Art« wird auch die Imple-

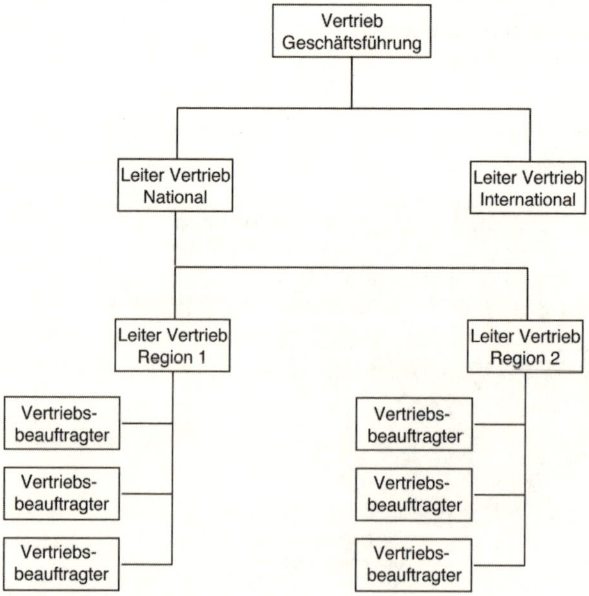


**Abbildung 4.12**: Die bestehende Vertriebsorganisation

mentierung von Key Account Management im Produktbereich diskutiert. Um die Betrachtung nicht zu komplex zu gestalten, wird in den Beispielen nur die Vertriebsorganisation herangezogen. Mögliche weitere Organisationseinheiten unterhalb der Vertriebsleitung, wie zum Beispiel das Marketing, die Presseabteilung und andere, spielen für die Organisationsentwicklung an dieser Stelle eine untergeordnete Rolle. Als bestehende Vertriebsorganisation wird das klassische Organisationsmodell wie in Abbildung 4.12 angenommen. Der Vertriebsleiter ist für den nationalen wie auch internationalen Vertrieb verantwortlich und ist Teil der Geschäftsführung oder berichtet direkt an die Geschäftsführung. Unterhalb des Vertriebsleiters gibt es einen nationalen und einen internationalen Vertriebsleiter, die mit ihren Teams für die jeweilige Geschäftsregion verantwortlich sind. Klassisch sind diese Teams dann noch in einzelne Regionen beziehungsweise Länder im internationalen Bereich unterteilt.

### Beispiel 1: Der Key Account Manager in der Regionalvertriebsorganisation

Bei dieser Organisationsform wird der Key Account Manager in die Regionalvertriebsstruktur des Unternehmens eingebunden und berichtet in dieser Funktion an den regionalen Vertriebsleiter. Es gibt also keine eigenständige, institutionelle KAM-Organisation.

Vorteile:

- Diese Organisationsform wird intern den geringsten Widerstand zur Folge haben, da sie keine strukturellen Veränderungen der Organisation mit sich bringt. Die entsprechende Qualifikation vorausgesetzt, kann ein regionaler Vertriebsmitarbeiter zum Key Account Manager entwickelt werden und muss dabei seinen Arbeitsplatz nicht wechseln.
- Die Umsetzung der »neuen« Organisation kann entsprechend schnell erfolgen.
- Es gibt auch keine Kommunikations- und Reibungsverluste zwischen Key Account Management und Regionalvertrieb, da beide Bereiche in einer Linienorganisation sind.

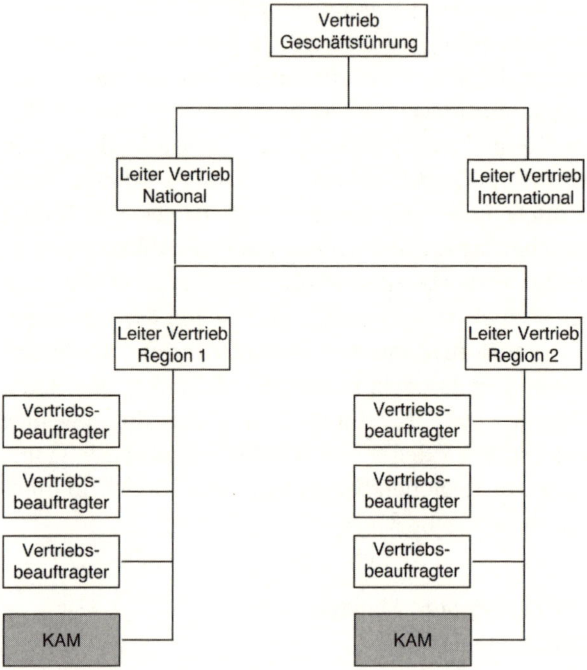


**Abbildung 4.13**: Key Account Manager in der Regionalvertriebsorganisation

Nachteile:

- Dem Key-Account-Kunden gegenüber wird hierarchisch keinerlei Wertschätzung gezeigt. Der Kunde ist ein Schlüsselkunde und sehr wichtig für das eigene Unternehmen und wird dennoch von einem Vertriebsmitarbeiter auf der »untersten« Hierarchiestufe betreut.
- Diese Organisationsform eignet sich nur für Kunden, die regional tätig sind.

Fazit: Wenn Ihre Kunden regional fokussiert sind und keinerlei Wert auf die hierarchische Position Ihres Key Account Managers legen, kann diese schnell umsetzbare Organisationsform für Ihr Unternehmen genau richtig sein. Bitte beachten Sie aber das Ungleichgewicht zwischen der Stellung des Kunden einerseits und des Key Account Managers andererseits wie auch die Rolle des regionalen und nationalen Vertriebsleiters und gegebenenfalls der Geschäftsführung für die Betreuung dieses Schlüsselkunden.

### Beispiel 2: Vertriebsleiter ist Key Account Manager in Personalunion

In diesem zweiten Beispiel für ein funktionelles KAM-Programm übernehmen die regionalen und nationalen Vertriebsleiter die Betreuung der Schlüsselkunden in Personalunion. Die regionalen Vertriebsleiter übernehmen dabei klassisch die Verantwortung für die Kundenbeziehung zu wichtigen, regional fokussierten Kunden, während der nationale Vertriebsleiter die nationalen Schlüsselkunden bedient.

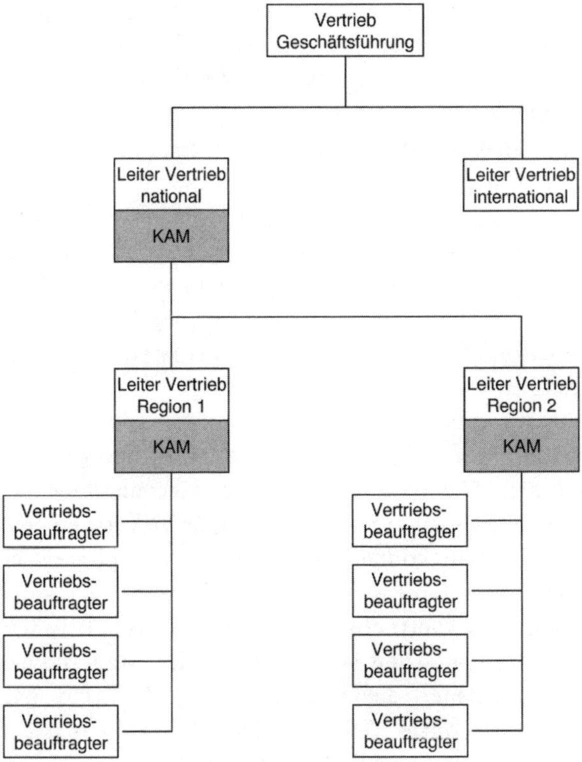


**Abbildung 4.14**: Vertriebsleiter ist Key Account Manager in Personalunion

Vorteile:

- Die Wertigkeit ist für die Schlüsselkunden klar ersichtlich. Je wichtiger ein Kunde für das eigene Unternehmen ist beziehungsweise je weiter ausgedehnt er geografisch aktiv ist, desto weiter oben in der Hierarchie sitzt der verantwortliche Key Account Manager.
- Das Modell eignet sich besonders zur »schnellen« Einführung einer KAM-Organisation, ohne neues Personal einstellen zu müssen.
- Es gibt keine Kommunikationsverluste zwischen dem Flächenvertrieb und der Funktion des Key Account Managements.

Nachteile:

- Die Organisation lässt sich nur dort einsetzen, wo die Zahl der Key-Account-Kunden pro leitende Funktion begrenzt ist. Sobald ein zweiter Key Account Manager zum Beispiel in einer Region benötigt wird, kann dieser nicht mehr eindeutig in der Organisation abgebildet werden.
- Key Account Manager und regionale Vertriebsmitarbeiter greifen im operativen Geschäft häufig auf dieselben Unternehmensressourcen, zum Beispiel im Marketing oder in der Fertigung, zurück. Kommt es hier zu einer Konfliktsituation, da beide Parteien diese Ressourcen zeitgleich benötigen, so fehlt eine Eskalationsstufe im Unternehmen, da der Key Account Manager gleichzeitig der disziplinarische Vorgesetzte des Vertriebsbeauftragten ist.
- Insbesondere für größere, national oder international aktive Schlüsselkunden werden so genannte virtuelle Key-Account-Teams aufgesetzt. Der verantwortliche Key Account Manager führt fachlich dieses Team, in dem auch regionale Vertriebsmitarbeiter vertreten sein können, während die disziplinarische Verantwortung in der Linie bleibt. Dadurch kann es dazu kommen, dass regionale Vertriebsmitarbeiter im virtuellen Key-Account-Team des nationalen Vertriebschefs sind, während der regionale Vertriebsleiter die disziplinarische Führung hat. Damit wird der regionale Vertriebsmitarbeiter zum »Diener zweier Herren«, die in einer direkten disziplinarischen Verbindung zueinander stehen. Das ist für den regionalen Vertriebs-

mitarbeiter emotional nicht einfach, auf Dauer sind Konflikte unvermeidbar.
- Es besteht eine große Gefahr, dass die Doppelfunktion des regionalen und nationalen Vertriebsleiters zu einer Überlastung führt. Dadurch wird sich der Manager entweder mehr auf seine »Teamführungsfunktion« oder seine Funktion als Key Account Manager fokussieren.

Fazit: Dieses Modell zeichnet sich dadurch aus, dass es kurzfristig umgesetzt werden kann und besonders für kleinere Unternehmen geeignet ist. Insbesondere in diesen Unternehmen werden die wichtigsten Kunden meist auch ohne offizielles Key Account Management direkt vom Vertriebsleiter persönlich betreut. Die wichtigen Kunden sprechen mit demjenigen, der etwas zu sagen hat! Beachten Sie aber auch die Grenzen dieses Modells, die in der maximalen Anzahl der Key Manager pro Region sowie in der Problematik der Teamführung liegen.

### Beispiel 3: Nationale Key Account Manager

Im Beispiel 3 wird ein institutionelles Key Account Management im Unternehmen etabliert. Dezidierte Key Account Manager werden im nationalen Bereich direkt unterhalb vom nationalen Vertriebsleiter angesiedelt.

Vorteile:
- Der Key Account Manager ist hierarchisch weit oben in der Organisation positioniert. Dadurch wird dem Kunden klar seine Bedeutung für das Unternehmen signalisiert. Aufgrund der hierarchischen Position wird es dem Key Account Manager auch eher gelingen, Wünsche und Belange des Schlüsselkunden im eigenen Unternehmen mit dem entsprechenden Nachdruck durchzusetzen.
- Der Key Account Manager kann sich ganz auf seine Aufgabe als Schnittstelle zum Kunden konzentrieren.

Nachteile:
- Insbesondere bei größeren, national aufgestellten Kunden wird der Key Account Manager in einem virtuellen Team auch auf

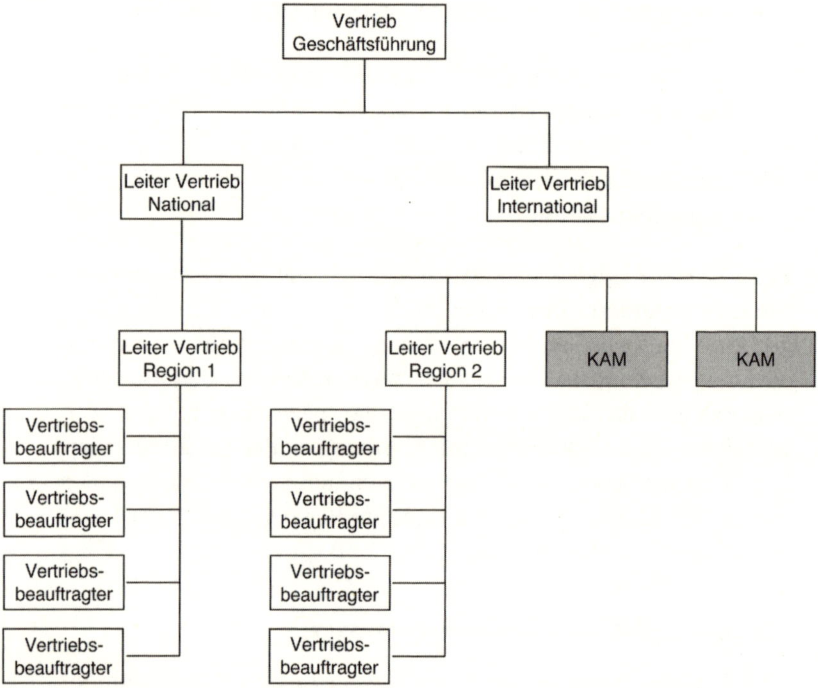


**Abbildung 4.15**: Nationale Key Account Manager

regionale Vertriebsmitarbeiter zur Betreuung von lokalen Kundeneinheiten zurückgreifen. Diese entstehende Matrixorganisation führt logischerweise zu Spannungen zwischen Key Account Manager und regionalem Vertriebsleiter.

- Bei einer größeren Anzahl von Key Account Managern sind zu viele Personen direkt dem nationalen Vertriebsleiter unterstellt. Dadurch kommt es zu einer möglichen Überlastung des nationalen Vertriebsleiters sowie zu oft ineffizienten regelmäßigen Vertriebsrunden.

Fazit: Wenn Sie einige wenige, auf nationaler Ebene aktive Schlüsselkunden haben, kann dieses Modell für Sie sehr interessant sein.

### Beispiel 4: Nationales Key-Account-Management-Team

Das Beispiel 4 unterscheidet sich vom Beispiel 3 durch die Bündelung der Key Account Manager auf nationaler Ebene. Der nationale Vertriebsleiter hat nur noch den Leiter Key Account Management als direkten Ansprechpartner für die wichtigen Schlüsselkunden. Der Leiter Key Account Management wiederum führt die einzelnen Key Account Manager sowie mögliche eigene unterstützende Funktionen wie zum Beispiel das Großkundenmarketing.

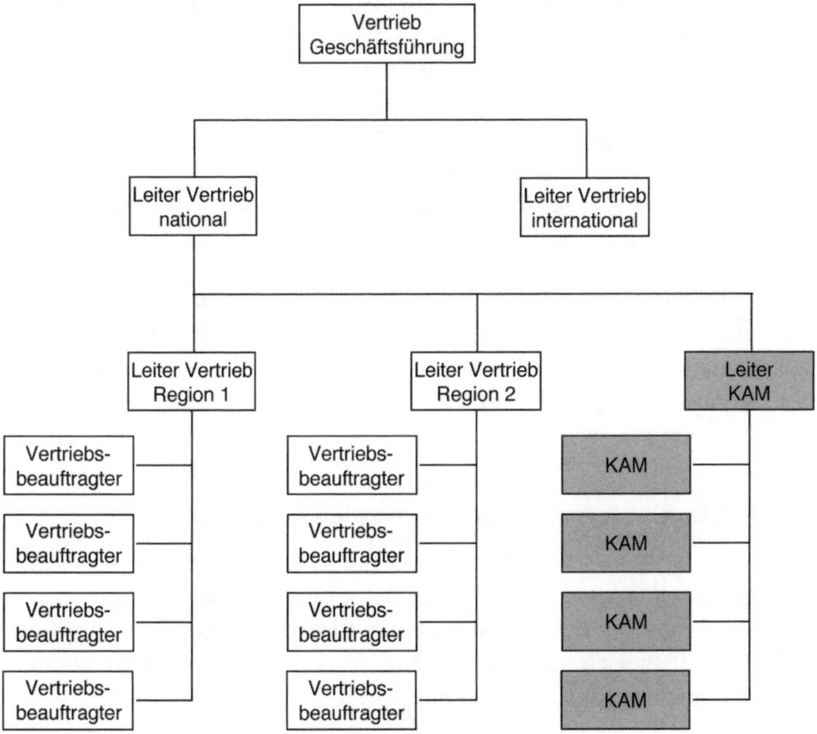


**Abbildung 4.16**: Nationales Key-Account-Management-Team

Vorteile:

- Es gibt eine klare Trennung zwischen dem Flächenvertrieb und der KAM-Organisation.
- Die dezidierte KAM-Organisation zeigt dem Endkunden eine hohe Wertschätzung.

- Das KAM-Team kann flexibel den Marktanforderungen entsprechend aufgebaut werden, ohne dass sich die Anzahl der direkten Mitarbeiter für den nationalen Vertriebsleiter erhöht.

Nachteile:
- Wird ein Kunde, der zuvor in der Regionalvertriebsstruktur betreut wurde, jetzt zum Key Account erklärt, wechseln unter Umständen die ihm bekannten Gesichter und werden durch den neuen Key Account Manager und Leiter des Key Account Managements ersetzt. Dieses könnte zu einem Bruch in der kontinuierlichen Geschäftsbeziehung führen.
- Diese Organisationsform bedeutet, dass entweder zusätzliche Mitarbeiter zur Betreuung der Schlüsselkunden eingestellt oder regionale Vertriebsbeauftragte mit hohem Entwicklungspotenzial in die neue Organisation wechseln werden müssen. Daher ist dieses Modell im Vergleich zu einer funktionellen Implementierung immer mit Mehrkosten verbunden!

Fazit: Dieses Modell eignet sich besonders für größere Unternehmen mit einer Reihe von national aufgestellten Topkunden. Aufgrund der eigenständigen KAM-Einheit, der damit verbundenen Organisationsgröße und der entsprechenden Kosten ist diese Organisationslösung eher für größere Unternehmen interessant.

### Beispiel 5: Internationales Key-Account-Management-Team

Im Beispiel 5 wird das Key Account Management direkt dem Vertriebsleiter beziehungsweise der Geschäftsführung unterstellt. Der Leiter Key Account Management ist mit seinem Team für die Geschäftsbeziehung zu den national wie auch international aufgestellten Schlüsselkunden verantwortlich.

Vorteile:
- Die hierarchische Anbindung an den Vertriebsleiter oder an die Geschäftsführung zeigt dem Kunden seine hohe Wertschätzung.
- Aufgrund der hierarchischen Stellung wird das Key-Account-Team Wünsche und Anforderungen des Kunden gut im eigenen Unternehmen platzieren und vorantreiben können.

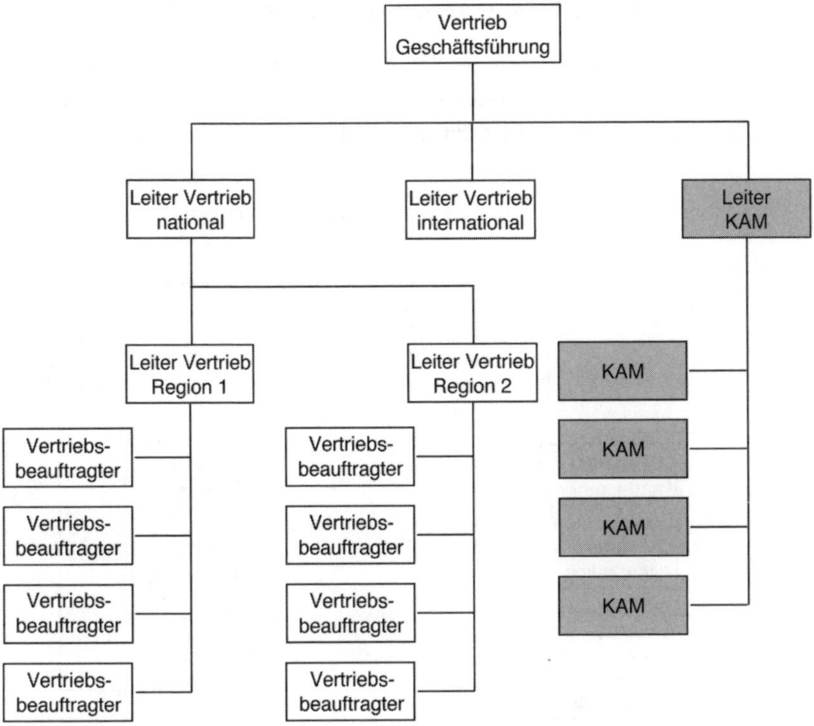


**Abbildung 4.17**: Internationales Key-Account-Management-Team

Nachteile:

- Wird ein Kunde, der zuvor in der Regionalvertriebsstruktur betreut wurde, jetzt zum Key Account erklärt, könnte es ebenso wie bei Beispiel 4 zu einem Bruch in der kontinuierlichen Geschäftsbeziehung führen.
- Diese Organisationsform bedeutet, dass entweder zusätzliche Mitarbeiter zur Betreuung der Schlüsselkunden eingestellt oder regionale Vertriebsbeauftragte mit hohem Entwicklungspotenzial in die neue Organisation werden wechseln müssen, was zu Mehrkosten führt!

Fazit: Diese Organisationsform ist insbesondere für größere Unternehmen mit nationalen und internationalen Key-Account-Kunden geeignet.

**Beispiel 6: Key Account Management im Produktbereich**

Im Beispiel 6 werden die Key Account Manager in die Vertriebsstrukturen der verschiedenen Unternehmensbereiche integriert. Der gesamte Vertrieb ist damit produktorientiert aufgestellt.

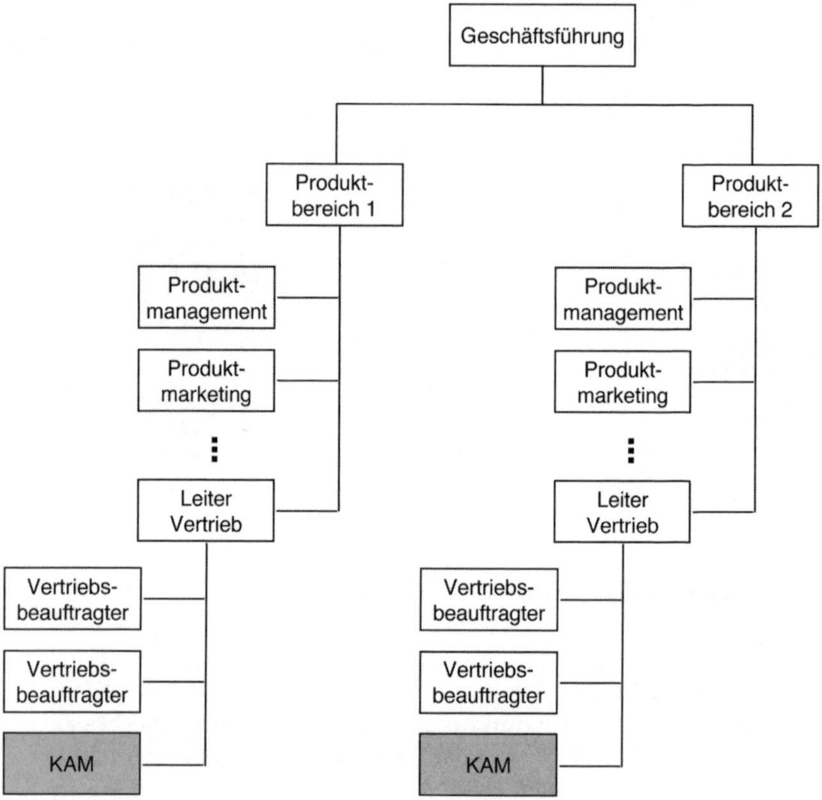


**Abbildung 4.18**: Key Account Management im Produktbereich

Vorteile:

- Key Account Manager in einem spezifischen Produktbereich verfügen über ein entsprechend gutes und tief gehendes Wissen über die Produkte und Lösungen ihres Unternehmensbereiches.
- Kommunikationsverluste halten sich in Grenzen, da das Key Account Management wie auch der Vertrieb direkt in einer Organisation zusammengefasst sind.

Nachteile:
- Mögliche Cross-Selling-Potenziale beim Kunden werden nicht ausgeschöpft.

Fazit: Verfügt ein Unternehmen über Cross-Selling-Potenzial bei seinen Schlüsselkunden, ist von dieser Organisationsform eher abzuraten. Theoretisch ist es möglich, dass der Key Account Manager mit dem größten Geschäftsvolumen bei einem Kunden auch die Gesamtverantwortung für mögliche Cross Sellings übernimmt. Allerdings setzt dieses eine exzellente Teamfähigkeit und ein entsprechendes unterstützendes Bonussystem voraus. Aber Achtung: Der Mensch verkauft die Produkte und Lösungen, die er am besten kennt! Sind die Kunden wie auch die eigenen Geschäftsbereiche allerdings so unterschiedlich, dass keine derartigen Potenziale ausgeschöpft werden können, so ist die Organisationsform für ein Unternehmen durchaus bedenkenswert.

### Umsetzung auf Ihr Unternehmen

Nach dieser Einführung in verschiedene grundlegende Organisationsmodelle erfolgt jetzt die Umsetzung auf Ihr Unternehmen. Um Ihre unternehmensspezifischen Bedürfnisse bestmöglich abbilden zu können, können Sie die folgenden vier Arbeitsschritte bei der Erarbeitung Ihres Organisationsmodells unterstützen:
1. Ist-Zustand: Aufzeigen der heutigen Vertriebsorganisation
2. Fragenkatalog zur Ermittlung von zwei Alternativmodellen
3. Bewertung der beiden Topmodelle in ihren Stärken und Schwächen
4. Entscheidung für eine adaptierte Organisationsform
5. Geografischer Aufbau der Organisation

Zu 1.: Ist-Zustand – Aufzeigen der heutigen Vertriebsorganisation

| Wie sieht Ihre Vertriebsorganisation heute aus? |
|---|
| |

Zu 2.: Fragenkatalog zur Ermittlung von zwei Alternativmodellen

| | **Welche Aussagen treffen auf Ihre unternehmensspezifische Situation am besten zu?** | 1 – KAM in der Regionalorg. | 2 – Vertriebsleiter als KAM | 3 – Nationale KAM | 4 – Nationales KAM-Team | 5 – Internationales KAM | 6 – KAM im Produktbereich |
|---|---|---|---|---|---|---|---|
| ☐ | Ihre Kunden sind regional fokussiert aufgestellt und legen keinen großen Wert auf die hierarchische Stellung des Key Account Managers. | ■ | | | | | |
| ☐ | Ihre Schlüsselkunden werden bereits heute von den Vertriebsleitern in Personalunion mit betreut. Sie möchten an dieser bestehenden Beziehung nichts ändern. | | ■ | | | | |
| ☐ | Ihr Schlüsselkunden sind national aufgestellt und die Anzahl der Kunden ist sehr begrenzt. | | | ■ | | | |

| | Welche Aussagen treffen auf Ihre unternehmensspezifische Situation am besten zu? | 1 – KAM in der Regionalorg. | 2 – Vertriebsleiter als KAM | 3 – Nationale KAM | 4 – Nationales KAM-Team | 5 – Internationales KAM | 6 – KAM im Produktbereich |
|---|---|---|---|---|---|---|---|
| ☐ | Ihre Schlüsselkunden sind national aufgestellt und Sie benötigen eine Reihe von Key Account Managern zur Betreuung diesen Kunden. | | | | ■ | | |
| ☐ | Ihr KAM-Programm soll international ausgerichtet sein. | | | | | ■ | |
| ☐ | Sie haben mehrere Produktdivisionen und wollen Cross-Selling-Potenziale bei Ihren Kunden ausschöpfen. | ■ | ■ | ■ | ■ | ■ | |
| ☐ | Sie haben mehrere Produktdivisionen mit einer eigenen Vertriebsorganisation. Diese Divisionen adressieren völlig unterschiedliche und voneinander unabhängige Kundenmärkte. Cross-Selling-Potenziale existieren nicht. | | | | | | ■ |
| ☐ | Ihre Kunden legen darauf Wert, von einem hierarchisch weiter oben angesiedelten Manager betreut zu werden. | | ■ | ■ | ■ | ■ | |

Zu 3.: Bewertung der beiden Topmodelle in ihren Stärken und Schwächen

| **Welche beiden Modelle sind am ehesten für Sie geeignet?** | |
|---|---|
| Modell 1: ______________________________ | |
| Abbild der Organisation | Stärken |
| | –<br>–<br>– |
| | Schwächen |
| | –<br>–<br>– |
| Modell 2: ______________________________ | |
| Abbild der Organisation | Stärken |
| | –<br>–<br>– |
| | Schwächen |
| | –<br>–<br>– |

## Zu 4.: Entscheidung für eine adaptierte Organisationsform

| **Wie sieht Ihre neue Key-Account-Management- und Vertriebsorganisation aus? (mit Namen und Kundenzuordnung)** |
| --- |
| |
| **Warum haben Sie sich für diese Organisationsform entschieden?** |
| |

Zu 5.: Geografischer Aufbau der Organisation

Neben der bereits behandelten Frage nach der organisatorischen Einbindung eines Key Account Managements in die Strukturen Ihres Unternehmens muss auch noch die Frage nach der räumlichen, der geografischen Einbindung erfolgen. Einerseits kann der Key Account Manager in der eigenen Firmenzentrale sein Büro haben. Andererseits kann aber gerade ein Büro in der Nähe zum Schlüsselkunden die Kontakte zu diesem wesentlich intensivieren und sich damit geschäftsfördernd auswirken. Wie bei der Zusammenstellung der Key-Account-Teams gilt auch hier, dass die Umsetzung kundenspezifisch erfolgen kann. Bei einigen Kunden kann es sinnvoll sein, sein Büro »beim Kunden« zu haben, während es für andere Kunden »ausreicht«, den Key Account Manager in der Firmenzentrale zu platzieren. Mischformen sind also möglich!

Hier einige Gründe, die Sie bei der Entscheidungsfindung unterstützen können:

| **Key Account Manager in der eigenen Firmenzentrale** | **Key Account Manager in der Nähe des Kunden** |
|---|---|
| – Kann der Kunde schnell und unkompliziert erreicht werden, macht ein separates Büro in Kundennähe meist aus kaufmännischer Sicht keinen Sinn. Beispielhaft sei hier der Aktionsradius von zwei Stunden mit dem Firmenwagen angegeben.<br>– Verantwortet der Key Account Manager mehrere Schlüsselkunden, die räumlich nicht eng beieinander angesiedelt sind, so kann ebenfalls die eigene Firmenzentrale als neutraler Aufsatzpunkt sinnvoll sein.<br>– Insbesondere bei komplexen Industriegütern braucht der Key Account Manager oft eine sehr intensive Anbindung an andere Unternehmensbereiche wie das Produktmanagement, Serviceeinheiten und so weiter. Er kann daher in der Firmenzentrale mehr für den Kunden bewegen. | – Liegen die eigene Firmenzentrale und die zu betreuenden Stellen auf Kundenseite räumlich zu weit auseinander, so ist aus kaufmännischer Sicht eine Ansiedlung des Key Account Managers in einem Regionalbüro oder sogar beim Kunden selbst näher zu analysieren.<br>– Aufgrund der räumlichen Nähe zum Kunden kann der Key Account Manager mehr Zeit mit dem Kunden verbringen. Idealerweise kann er auch Einrichtungen des Kunden wie zum Beispiel die Kantine mit benutzen. Er wird wesentlich mehr »Flurfunknachrichten« mitnehmen können und näher am Kundengeschehen sein. Aufgrund der räumlichen Nähe wird er auch eher persönliche Kontakte zu Mitarbeitern auf Kundenseite aufbauen können. Er liest die Lokalpresse und kann sich auch in lokalen Vereinen einbringen und daher noch leichter eine persönliche, gemeinsame Basis mit seinen Kunden finden. |

### Die Umsetzung in Ihrem Unternehmen:

| **Wo wollen Sie Ihre Key Account Manager beziehungsweise Teams geografisch anbinden?** | | |
|---|---|---|
| Alle Key Account Manager sollen in der Firmenzentrale angesiedelt werden: | | ☐ ja ☐ nein |
| Wenn nein, | | |
| Name Key Account Manager | Name Schlüsselkunde | Standort |
| | | |
| | | |
| | | |
| | | |
| | | |

## Das Key-Account-Team

Die organisatorische Einbettung des Key Account Managers in die bestehende Unternehmensorganisation wurde bereits diskutiert. Allerdings ist der Key Account Manager als »One-Man-Show« eher die Ausnahme. Vielmehr wird die Geschäftsbeziehung zu einem Schlüsselkunden vom Key Account Manager mit der Unterstützung eines Key-Account-Teams, das heißt einem auf den Kunden zugeschnittenen Team, verantwortet.

Für den Einsatz eines solchen Teams spricht eine Reihe von Gründen. Sind die Schlüsselkunden national beziehungsweise international aufgestellt und verfügen sie über mehrere verteilte Standorte, so ist die Betreuung aller Niederlassungen durch einen einzelnen Key Account Manager weder aus zeitlichen noch aus betriebswirtschaftlichen Gesichtspunkten sinnvoll. Insbesondere bei komplexen Industriegütern wie auch bei großen Umsatzvolumen erwarten die Kunden ein definiertes Team mit klaren Ansprechpartnern. Dazu können auch Funktionen wie Projektmanagement, Vertragsmanagement und so weiter gehören. Ein weiterer Grund kann schlicht in der Komplexität der Kundenstruktur oder -organisation liegen. Insbesondere bei großen Kundenorganisationen, bei denen viele Bereiche angesprochen werden müssen, wird die Betreuung einzelner organisatorischer Einheiten durchaus bestimmten Teammitgliedern übertragen.

Insbesondere im Key Account Management wird der Begriff des »virtuellen Teams« sehr häufig verwendet. Ein virtuelles Team wird dabei für ein dezidiertes Projekt oder für einen bestimmten Kunden aufgesetzt. Die Besonderheit des virtuellen Teams liegt darin, dass es zwar fachlich dem Key Account Manager unterstellt ist, jedoch die disziplinarische Führungsverantwortung in der Linienorganisation bleibt. Der Key Account Manager muss hier über eine hohe soziale Kompetenz verfügen und es verstehen, seine Teammitglieder für seinen Kunden immer wieder neu zu motivieren. Neben diesem virtuellen Team gibt es selbstverständlich auch noch die Möglichkeit, Teammitglieder nicht nur fachlich, sondern auch disziplinarisch dem Key Account Manager zu unterstellen. In diesem letzten Fall handelt es sich dann um die vollständige funktionelle KAM-Organisation. Die Mischung aus beiden Teamarten ist auch möglich und umsetzbar. Die Abbildung 4.19 zeigt ein Beispiel, wie verschiedene Key Account Manager auf Teammitglieder aus unterschiedlichen Unternehmensbereichen, zum Beispiel Produkt- oder Servicebereichen, sowie auf Mitarbeiter der regionalen Vertriebsorganisation zugreifen. Dadurch entsteht eine klassische Matrixorganisation, die sowohl auf nationaler wie auch auf internationaler Ebene umgesetzt werden kann.

Mit Key Account Management stellen Sie den Kunden in den Mittelpunkt. Daher müssen nicht nur die Prozesse, sondern auch die Organisation auf den Kunden ausgerichtet werden. Das Key-Account-Team reflektiert daher zu einem gewissen Grad auch die Organisationsstruktur des Schlüsselkunden. Der Key Account Manager hat sein Büro zum Beispiel sehr nah an der Zentrale seines Kunden. In seinem Team bilden Mitglieder aus der Regionalvertriebsorganisation sowie aus internationalen Vertriebseinheiten die geografische Organisation des Kunden ab. Einzelne Teammitglieder übernehmen darüber hinaus die Verantwortung für mögliche einzelne Bereiche, Tochterunternehmen oder Produkt- beziehungsweise Kundendivisionen des Schlüsselkunden. Die KAM-Organisation folgt damit der Kundenorganisation. Dehnt sich der Kunde in neue geografische Märkte oder neue Unternehmens-

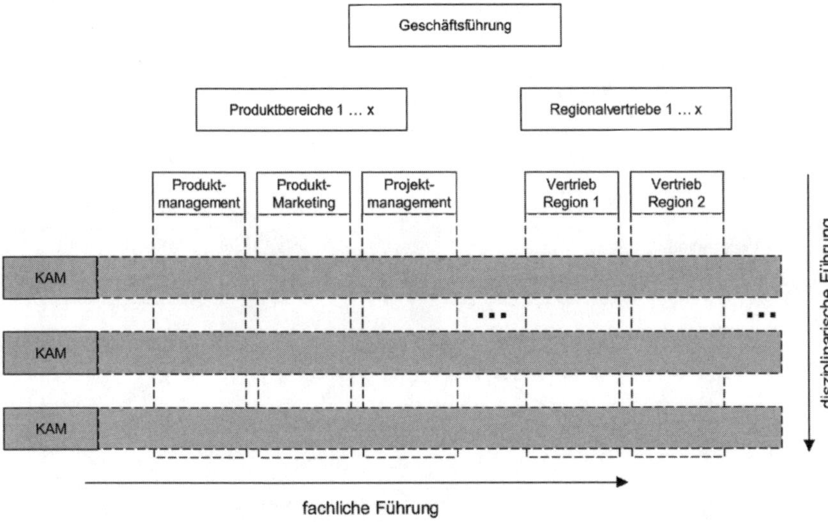


**Abbildung 4.19**: Key-Account-Team in der Matrixorganisation

bereiche aus, so wird im eigenen Unternehmen überprüft, inwieweit diese Organisationsänderung auch sinnvoll in der eigenen KAM-Organisation reflektiert werden kann.

Der Key Account Manager als Teamplayer übernimmt damit auch eine neue und wichtige Aufgabe in der Gestaltung der Geschäftsbeziehung zum Schlüsselkunden. Er wird zum »Netzwerker« und steuert geschickt das Beziehungsgeflecht. Aus einem punktuellen Kontakt zwischen Verkäufer und Einkäufer wird ein horizontales Netzwerk zwischen den beiden Partnerunternehmen. Angefangen auf der Geschäftsführungsebene über das Produktmanagement bis hin zu den Serviceeinheiten entstehen stabile, fundamentale Beziehungen zueinander. Der Key Account Manager steuert dabei die Geschäftsbeziehungen und -kontakte mit dem Ziel, eine stabile Partnerschaft zu entwickeln. Aus »One face to the customer« wird jetzt »One message to the customer«, indem der Key Account Manager ein konsistentes und sich ergänzendes Auftreten aller Mitarbeiter sicherstellt. Gibt es auf der Kundenseite einen Key Supplier Manager, so unterstützt dieser den Key Account Manager auf der Lieferantenseite beim Aufbau dieser Beziehungen.

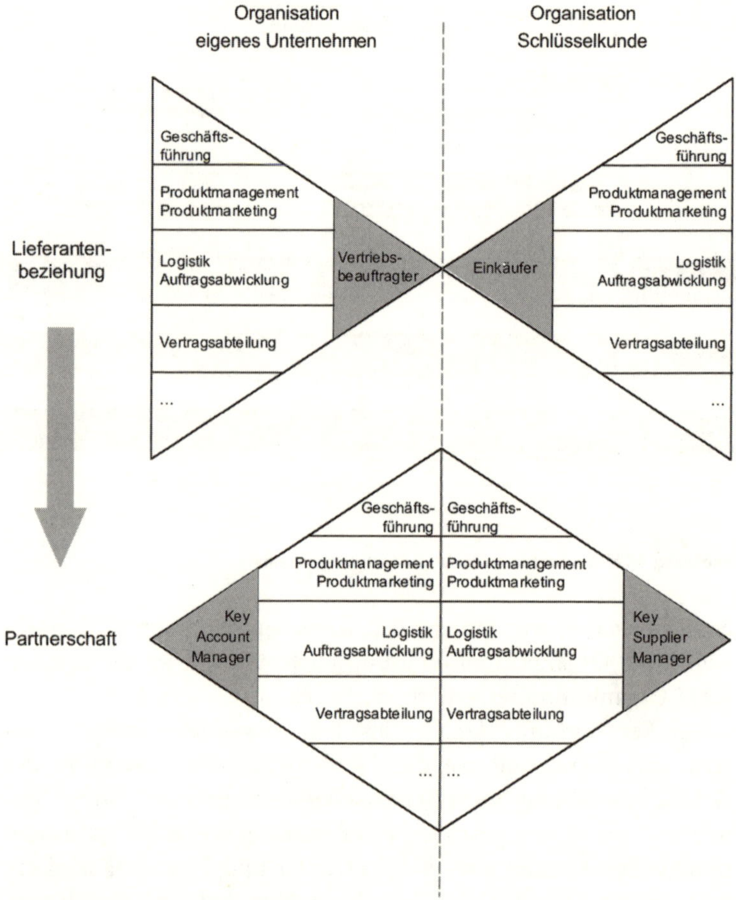


**Abbildung 4.20**: Der Key Account Manager als Netzwerker

## Zusammensetzung der Key-Account-Teams

Die Zusammensetzung der kundenspezifischen Key-Account-Teams ist sehr unternehmens- und marktabhängig. Alle Funktionen, die sehr produktnah orientiert sind, sollten auch weiterhin separat bleiben. Dazu zählen Bereiche wie die Produktion, die Logistik, Callcenter-Einheiten und andere. Funktionen, die in einem direkten Kontakt zum Kunden stehen, sollten hingegen auf eine mögliche Einbindung in das Team untersucht werden. Dazu zählen in erster Linie die regionalen Vertriebsmitarbeiter und kundenspezifische Projektmanager. Daneben kann es aber sinnvoll sein, Mitarbeiter aus dem Bereich Marketing und Geschäftsentwicklung (Business Development) sowie andere unterstützende Innendienstkräfte ebenfalls mit in das Team einzubeziehen. Werden die Angebote zum großen Teil im Key-Account-Team erstellt, so sind auch hierfür geeignete Mitarbeiter in das Team aufzunehmen.

Die folgende Tabelle ist ein Hilfsmittel, um die Unternehmensressourcen in den unterschiedlichen Unternehmenseinheiten objektiv und sinnvoll in Ihrem Unternehmen zu organisieren.

| **Funktion** | **Integration ins Key Account Management** | | **Eigenständige Organisation** | |
|---|---|---|---|---|
| | Für einen dezidierten Kunden | Für alle Kunden übergreifend | Integration ins virtuelle Key-Account-Team | Zugriff auf die Ressourcen nur bei Bedarf |
| Regionale Vertriebsstruktur | ☐ | ☐ | ☐ | ☐ |
| Projektmanagement | ☐ | ☐ | ☐ | ☐ |
| Angebotsfunktionen | ☐ | ☐ | ☐ | ☐ |
| Marketing/Geschäftsentwicklung | ☐ | ☐ | ☐ | ☐ |
| | ☐ | ☐ | ☐ | ☐ |
| | ☐ | ☐ | ☐ | ☐ |
| | ☐ | ☐ | ☐ | ☐ |
| | ☐ | ☐ | ☐ | ☐ |
| | ☐ | ☐ | ☐ | ☐ |

### Die große Herausforderung von Key-Account-Teams

Insbesondere virtuelle, geografisch verteilt aufgestellte Teams stehen vor drei großen Herausforderungen:

1. Sicherstellen eines kontinuierlichen Informationsflusses:
Das Team und dabei insbesondere der Key Account Manager müssen sowohl technisch wie auch gedanklich die Voraussetzun-

gen schaffen, einen kontinuierlichen Informationsaustausch zu gewährleisten. Was wurde mit der Zentrale neu besprochen? Wo stehen wir bezüglich der wichtigsten Projekte? Was ist in den Regionen passiert, das in der Zentrale beim Kunden angesprochen werden muss? Bitte beachten Sie an dieser Stelle auch interkulturelle Besonderheiten. Zum Beispiel neigen Account Manager im osteuropäischen Ausland dazu, Informationen möglichst lange für sich zu behalten.

2. Den Teamgedanken zu behalten/zu gestalten:
Der Begriff Team wird sehr häufig verwendet. Ein Blick auf die derzeitige deutsche Fußballnationalmannschaft zeigt jedoch, dass es nicht damit getan ist, die besten Spieler kurzfristig zusammenzustellen. Vielmehr zeichnet ein Team aus, dass man sich gegenseitig vertraut, sich kennt und die Informationen (Bälle) blind und zielführend zuspielt.

3. Kohärente Zielvereinbarung:
Die meisten Teammitglieder im Vertrieb und Key Account Management genießen eine zielorientierte Vergütung, das heißt, die Menschen werden mit Zielen geführt. Insbesondere bei virtuellen Teams, bei denen nicht alle Mitglieder den gleichen disziplinarischen Vorgesetzten haben, ist eine kohärente Zielvereinbarung unabdingbar. Die Ziele der Teammitglieder sollten sich dabei sinnvoll ergänzen. Elektronische Medien wie ein Intranet, E-Mails oder auch CRM-Systeme sind hervorragende Plattformen, um Informationen innerhalb eines Teams schnell und effizient auszutauschen. Daneben sollte aber der persönliche Kontakt und Austausch von Informationen im Team nicht vernachlässigt werden. Regelmäßige Teamtreffen (Meetings) können nicht nur die Teamfähigkeit untereinander stärken, sondern dienen auch hervorragend zum Austausch von »Flurfunk«-Nachrichten. Um diese Treffen zu einem dauerhaften Erfolg werden zu lassen, sollten einige Basisregeln klar eingehalten werden:
– Geben Sie eine klare Agenda vor und verteilen Sie sie vor dem Termin an alle Teilnehmer, damit diese sich vorbereiten können.
– Ein gutes Meeting zeichnet sich durch eine gute Moderation aus. Begrenzen Sie die Redezeit eines jeden Teilnehmers, damit am Ende auch wirklich etwas Brauchbares herauskommt.

– Gestalten Sie die Meetings so kurz wie möglich. Wir alle neigen dazu, nach einer gewissen Zeit abzuschalten!
– Jeder Teilnehmer muss aus dem Meeting etwas für sich persönlich mitnehmen können. Nur dann wird jeder einzelne Teilnehmer den Termin als einen guten und erfolgreichen Termin ansehen.

### Topmanagement-Sponsoring

Beim Topmanagement-Sponsoring übernimmt jemand aus der Geschäftsführung eine Art Patenfunktion für einen oder mehrere Schlüsselkunden. Gegenüber dem Kunden stellt er auf der Hierarchiestufe der Geschäftsführung einen eindeutigen Ansprechpartner dar. Dieses Instrument kann auch hervorragend eingesetzt werden, um dem Kunden gegenüber eine klare Wertschätzung zu zeigen. Die Hauptaufgaben des Paten lassen sich in zwei Hauptbereiche einteilen:

Nach extern gerichtete Aufgaben:
- Der Pate führt auf seiner Ebene regelmäßig Gespräche mit dem Kunden. Er wird dabei Bestandteil der operativen Vertriebs- und Kundenbindungsstrategie.
- Mindestens einmal jährlich führt er zusammen mit dem Key Account Manager ein Jahresgespräch beim Kunden durch. In diesem Gespräch wird der Geschäftsverlauf der letzten zwölf Monate aufgearbeitet. Was wurde gemeinsam erreicht? Wo gab es Probleme? Neben diesem Rückblick gilt das Hauptaugenmerk der Zukunft. Was soll gemeinsam in den nächsten zwölf Monaten und längerfristig erreicht werden? Gibt es eine verbindliche Vorhersage des Kunden bezüglich seiner Bedarfs- und Abnahmemengen? Der dritte Punkt auf der Tagesordnung ist dann zumeist für strategische Themen und für den allgemeinen Austausch von Informationen reserviert.

Nach intern gerichtete Aufgaben:
- Neben der externen Rolle übernimmt der Pate auch eine aktiv nach innen gerichtete Rolle als Ansprechpartner für das Key-Account-Team. Er übernimmt damit auch intern die Patenschaft für diesen Kunden und unterstützt den Key Account Manager

aktiv dabei, notwendige Veränderungen im Produkt- oder Prozessbereich anzustoßen.

– Daneben führt er selbst das jährliche Account Review durch beziehungsweise nimmt an diesem Review teil, falls es ein größeres Review-Komitee im Unternehmen gibt. Bei diesem Account Review werden die wichtigsten Änderungen im Markt, beim Kunden und in der Geschäftsbeziehung analysiert sowie die Vertriebsstrategie und größere Maßnahmen zur Kundenbindung verabschiedet.

## Zusammenfassung

**Baustein 2 – Die Key-Account-Management-Organisation**

| Bereich | Inhalt | Notizen |
|---|---|---|
| Funktionelles/institutionelles KAM | – Beim institutionellen KAM gibt es einen eigenständigen Organisationsbereich, der die Geschäftsbeziehungen zu den Schlüsselkunden verantwortet.<br>– Beim funktionellen KAM wird die Aufgabe von einer anderen Funktion in Personalunion mit wahrgenommen. Klassisch handelt es sich um die Vertriebsleiter selbst oder Vertreter aus der Geschäftsführung. Insbesondere bei kleineren Unternehmen ist das funktionelle Key Account Management weit verbreitet. | |
| Key-Account-Team | – In den wenigsten Fällen wird der KA-Manager als »One-Man-Show« erfolgreich sein können.<br>– Im Allgemeinen wird ein individuelles KA-Team pro Schlüsselkunde zusammengestellt.<br>– Unterscheidung zwischen Mitarbeitern, die fachlich und disziplinarisch an den Key Account Manager berichten, und Mitarbeitern, die ihm »nur« fachlich unterstellt sind. In diesem Zusammenhang wird auch vom virtuellen Key-Account-Team gesprochen, das in einer Matrixorganisation mit den Unternehmensbereichen verwoben ist. | |
| Topmanagement-Sponsoring | – Ein Mitglied der Geschäftsführung übernimmt die »Patenschaft« für einen oder mehrere Schlüsselkunden.<br>– Aufgaben beinhalten regelmäßige Besuche beim Kunden wie auch die Unterstützung des KA-Managers im eigenen Unternehmen. | |

## Baustein 3 – Der Key Account Manager: Anforderungen und Vergütung

Nachdem die unternehmensspezifischen Ziele für die KAM-Einführung definiert, die Schlüsselkunden identifiziert und eine kundenorientierte Organisationsform aufgesetzt wurde, werden im Baustein 3 die Anforderungen an die Key Account Manager und das zielorientierte Vergütungssystem erarbeitet.

Insbesondere im Bereich Key Account Management sind die Anforderungen an die Mitarbeiter sehr hoch. Die Key Account Manager repräsentieren das Unternehmen nach außen, entsprechend können überdurchschnittliche Fähigkeiten im Kontakt zum Schlüsselkunden auch überproportionale Ergebnisse mit sich bringen. Schlecht ausgebildete Mitarbeiter mit weniger ausgeprägten Fähigkeiten können, genauso wie ein ständiger Wechsel der Ansprechpartner, für den Kunden zu immensen betriebswirtschaftlichen Schäden bis hin zur Gefährdung der eigenen Firmenexistenz führen. Umso wichtiger ist es, sich die Zeit für die Erarbeitung eines Anforderungsprofils für Ihre Key Account Manager zu nehmen und dieses auch anschließend zielführend umzusetzen. Dabei gilt es nicht vorrangig, den perfekten Mitarbeiter am Markt zu finden, der alle Anforderungen mit Bravour erfüllt. Vielmehr ist es wichtig, die Stärken und Schwächen eines jeden einzelnen Mitarbeiters klar zu identifizieren und ein persönliches Entwicklungsprogramm aufzusetzen.

Bereits im zweiten Kapitel wurde festgehalten, dass Key Account Management ein langfristiger Ansatz ist. Dabei ist die Kontinuität in den persönlichen Beziehungen äußerst wichtig und muss in der Personal- und Karriereplanung mit berücksichtigt werden. Aus diesem Grund ist auch klar davon abzuraten, so genannte »High Potentials« für eine kurze Zeit von ein bis zwei Jahren in einem Unternehmen auf die Position eines Key Account Managers zu setzen. Langfristige und stabile Beziehungen zum Kunden müssen hier Vorrang vor persönlichen Karriereplanungen haben.

### Die Rollen und Aufgaben

Die Tätigkeiten eines Key Account Managers lassen sich in drei grundlegende Rollen einteilen. In der Rolle des Teammanagers ist der Key Account Manager als Führungskraft für sein Account-Team verantwortlich und kümmert sich entsprechend um seine Mitarbeiter, deren Weiterentwicklung, Zielvereinbarungen und vieles mehr. In der Rolle des Businessmanagers ist er verantwortlich für Geschäftsplanung (Pipeline Management) mit seinem Kunden. Als Vertriebsmanager steht er selbst beim Kunden, um Präsentationen durchzuführen und Verkaufsabschlüsse zu realisieren.

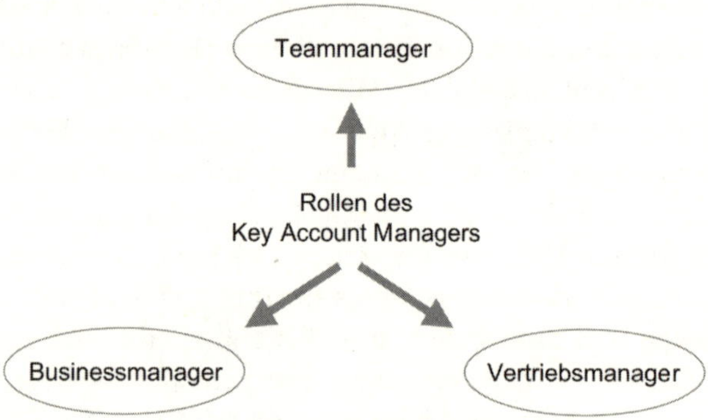


**Abbildung 4.21**: Die Rollen des Key Account Managers

Die folgende Auflistung enthält eine Reihe klassischer Aufgaben eines Key Account Managers. Die Liste basiert auf einer Analyse von weit über hundert deutschen Stellenausschreibungen und soll Ihnen als Unterstützung dienen, Ihre unternehmensspezifischen Aufgaben identifizieren und definieren zu können:

- Erstellung von Angeboten
- Angebotspräsentationen
- Akquise von Neukunden
- Kundenentwicklung
- strategische Planung
- Verhandlung von Rahmenverträgen
- Identifikation von Cross-Selling-Potenzialen
- Analyse von Kundenanforderungen

- Erstellung von Marktanalysen
- Ausbau von bestehenden Geschäftsbeziehungen
- Akquisition von Neuprojekten bei Bestandskunden
- Erstellung von Key-Account-Plänen

Es ist sehr auffällig, dass viele Unternehmen Vertriebsmitarbeiter mit dem Titel »Key Account Manager« suchen, ohne dass diese sich den wichtigen Schlüsselkunden widmen sollen. Sehr häufig wird die Akquisition von Neukunden in einem bestimmten geografischen Raum als Hauptaufgabe genannt. Dieses Beispiel zeigt einmal mehr, dass der Begriff Key Account Management in keiner Weise eindeutig genutzt wird.

Die Strategic Account Management Association (SAMA) hat im Frühjahr 2004 wieder eine weltweite Befragung von (Key) Account Managern zum Thema »Compensation Practices« durchgeführt. Eine der gestellten Fragen bezog sich dabei auch auf die Arbeitsschwerpunkte der Key/Strategic Account Manager. Aus den 334 auswertbaren Antworten ergibt sich, dass (Key) Account Manager mehr als 38 Prozent ihrer Zeit direkt mit Aktivitäten beim Kunden verbringen. Fast neun Prozent ihrer Zeit wenden (Key) Account Manager für Gespräche und die Zusammenarbeit mit Spezialisten aus dem eigenen Unternehmen auf.

### Umsetzung auf Ihr Unternehmen

| **Welche Aufgaben hat der Key Account Manager in Ihrem Unternehmen?** |
| --- |
| –<br>–<br>–<br>–<br>–<br>–<br>– |

## Das Kompetenzrad des Key Account Managers

Die Studie »Vertrieb 2010« von Mercuri International und der FH Trier hat den Trend vom Verkäufer hin zum Berater in der Wertschöpfungskette des Kunden klar bestätigt. Nicht mehr das eigene Produkt steht im Vordergrund, sondern die Wertschöpfungskette und die Wettbewerbsposition des Kunden. Der Key Account Manager muss dazu in der Lage sein, dem Schlüsselkunden als Berater zur Seite zu stehen, um die spezifischen Wünsche, Probleme und Möglichkeiten des Kunden zu identifizieren und ganzheitlich lösen zu können. Ganz am Ende der Beratung kommt das eigene Produkt ins Gespräch.

Aus der Analyse von über hundert Stellenausschreibungen und den eigenen Erfahrungen wurde das Kompetenzrad für Key Account Manager entwickelt. Das Rad enthält insgesamt sechs Gruppierungen von Kompetenzen, über die ein Key Account Manager verfügen muss. Das Ziel ist es, die Kompetenzbereiche möglichst gut auszufüllen, damit das Rad »rund« läuft. Die Ausgestaltung dieser Gruppierungen mit einzelnen Anforderungen ist dabei wieder sehr unternehmensspezifisch.

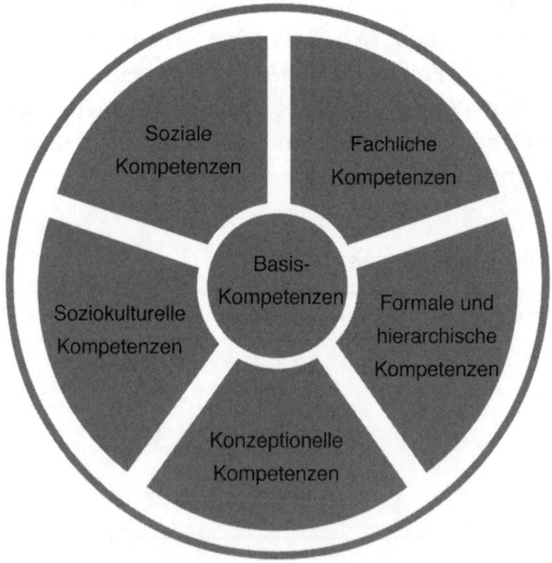


**Abbildung 4.22**: Key-Account-Manager-Kompetenzrad

Im Zentrum des Kompetenzrades für Key Account Manager steht eine Reihe von Basisanforderungen. Darüber hinaus werden aber auch sehr gute fachliche Kenntnisse, hohe soziale und soziokulturelle sowie konzeptionelle Kompetenzen erwartet. Wichtig ist, dass grundsätzlich alle Fähigkeiten, die in diese Kompetenzbereiche fallen, durch Weiterbildungs- und Entwicklungsprogramme gefördert und aufgebaut werden können. Nicht zu vernachlässigen ist auch eine formale und hierarchische Kompetenz, die dem Key Account Manager vom Unternehmen übertragen werden muss.

Die im Folgenden genannten Beispiele können nur Anregungen für Sie sein, Ihr eigenes unternehmens- und marktspezifisches Anforderungsprofil zu erstellen.

### Die Basiskompetenzen

– Sicherer Umgang mit MS Office:

Microsoft/MS-Office-Lösungen haben sich klar als die Standard-Softwarelösungen im Bürobereich herausgebildet. Festzustellen ist aber, dass der sichere Umgang mit Microsoft PowerPoint für Präsentationen bei vielen Key Account Managern noch zu wünschen übrig lässt. Zunehmend werden auch Anforderungen bezüglich des Umgangs mit CRM-Lösungen in den Anforderungen genannt.

– Verhandlungssicheres Englisch in Wort und Schrift:

Getrieben durch die Globalisierung der Märkte sowie die Stärken der deutschen Wirtschaft im Exportbereich wird ein verhandlungssicheres Englisch in fast allen Ausschreibungen verlangt. Eine zweite Fremdsprache ist ebenfalls in den meisten Fällen erwünscht.

– Kommunikations- und Präsentationsfähigkeiten:

Ein sicheres Auftreten gehört zum Basishandwerkszeug eines jeden Key Account Managers, genauso wie gute Fähigkeiten in der Rhetorik, Kommunikations- und Präsentationstechnik.

– Eigenständigkeit, unternehmerisches, erfolgs- und leistungsorientiertes Denken:

Ein früherer Kollege, den ich sehr schätze, hat einmal gesagt, dass Key Account Manager wie freie Handelsvertreter denken müssen. Sie müssen selbstständig neue Geschäftsideen identifizieren und entwickeln. Key Account Manager handeln damit »bottom-up« und sind nicht mehr nur »top-down« gesteuert von ihren Vorgesetzten. Der Key Account Manager, der eigenständig und unternehmerisch handelt, ist auch bereit, Verantwortung für seine Arbeit und die gesteckten Ziele zu übernehmen.

– Kreativität:
Im harten Wettbewerb ist Kreativität ebenfalls eine sehr hilfreiche Fähigkeit, um neue Geschäftsmodelle und -ideen zu entwickeln und damit Kunden an sich zu binden und das Geschäft auszubauen.

– Über den Tellerrand hinaus schauen und denken:
Gefragt sind Menschen, die über den Tellerrand blicken können und damit auch bereit sind, neue und unbekannte Bereiche für sich zu entdecken. Der Key Account Manager kann sich somit auch auf den unterschiedlichsten Hierarchiestufen bewegen und verkauft nicht nur das, was er schon seit Jahren kennt!

– Kundenorientierung:
Für jeden Mitarbeiter im Vertrieb wie auch im Key Account Management ist eine kundenorientierte Einstellung ein absolutes Muss. Kunden sind kein notwendiges Übel, sondern sind diejenigen, die am Ende dafür sorgen, auch morgen noch Arbeit zu haben! Kunden haben einen klaren Anspruch darauf, freundlich und serviceorientiert behandelt zu werden. Nur wer gerne mit Menschen und damit auch mit Kunden umgeht, ist für Key Account Management geeignet.

– Verhandlungssicherheit, Abschlusssicherheit:
Eine der Hauptaufgaben des Key Account Managers ist das Verhandeln und Abschließen von Aufträgen und Verträgen. Er muss damit über entsprechende Kompetenzen im Bereich der Verhandlungstechnik verfügen und auch einen gesunden Biss zum Abschluss mitbringen.

– Zuhören können/Fragen stellen:
Wie bereits erwähnt, ist der Key Account Manager als Berater für den Kunden unterwegs. Zu diesem Ansatz des »Consultative Value

Selling« gehört die wichtige Kompetenz des Zuhörenkönnens. Mit Hilfe von Fragen führt der Key Account Manager das Kundengespräch und bringt aus jedem Gespräch mit einem Kunden Informationen mit. Diese Eigenschaft hört sich banal an, ist aber bei den meisten Verkäufern eher schwächer ausgeprägt. Verkäufer neigen dazu, extrovertiert aufzutreten und möglichst viel zu erzählen, ohne dabei selbst etwas vom Kunden zu erfahren.

– Abgeschlossenes Studium:
In den meisten Stellenausschreibungen wird ein abgeschlossenes Studium erwartet. Zumeist wird hier auf ein betriebswirtschaftliches oder wirtschaftsingenieurwissenschaftliches Studium verwiesen.

– Reisebereitschaft:
Klassisch für den Einsatz im Außendienst ist die Bereitschaft zu Dienstreisen.

– Drei bis fünf Jahre Berufserfahrung und zwischen dreißig und vierzig Jahre alt:
Für KAM-Funktionen werden im Allgemeinen Mitarbeiter mit einer Berufserfahrung von drei bis fünf Jahren erwartet. Die Ausnahme bilden dabei Positionen für »Junior Key Account Manager«, die auch für Berufsanfänger oder Quereinsteiger geeignet sind. Entsprechend der geforderten Berufserfahrung wünschen sich die meisten Unternehmen Mitarbeiter in einem Alter zwischen dreißig und vierzig Jahren.

– »Seniorität«:
Der letzte Punkt in der Liste der Basiskompetenzen wird durch das Kunstwort »Seniorität« bezeichnet. Unter Seniorität wird das glaubwürdige und seriöse Auftreten des Key Account Managers verstanden. Aufgrund seines Auftretens und seines Erscheinungsbildes wird er von allen Ebenen, einschließlich der Ebene der Geschäftsführung, akzeptiert. Seniorität hat dabei nicht unbedingt etwas mit dem Alter des Key Account Managers zu tun.

### Fachliche Kompetenzen

– Wissen über das eigene Unternehmen, Prozesse, Produkte, Wettbewerber, Markt:

Der Key Account Manager muss fundiertes Wissen über das eigene Unternehmen, die Organisation, die Prozesse sowie die angebotenen Produkte und Lösungen haben. Die Tiefe des notwendigen Produktwissens hängt vom Produktportfolio, der Komplexität und der organisatorischen Einbindung des Key Account Managers ab. Darüber hinaus sind fundiertes Wissen über den eigenen Markt, die Markttrends sowie die wichtigsten Wettbewerber notwendig.

– Betriebswirtschaftliche Kompetenzen:

Der Vorteil der angebotenen Lösung muss auch aus Kundensicht betrachtet werden. Dazu sind Betrachtungen zum Return on Investment (ROI) und die Berechnung eines »Business Case« das Handwerkszeuge, die ein Key Account Manager beherrschen muss. Daneben zählen Kennzahlenanalysen, das Lesen von Bilanzen und Geschäftsberichten wie auch Gewinn- und Verlustrechnungen zu den Grundlagen eines erfolgreichen Key Account Managers.

– Organisation, Prozesse, Wertschöpfungskette, Wettbewerber und Markt des Kunden kennen:

Jemand hat mal gesagt, dass ein Key Account Manager »im Kopf des Kunden spazieren gehen können muss«. Er kennt die Organisation, die Prozesse und die Wertschöpfungskette des Kunden wie auch dessen Markt und Wettbewerber. Er kann sich damit in die Prozesse des Kunden hineindenken und eine gezielte Problemanalyse durchführen.

### Formale und hierarchische Kompetenzen

Alle bisher diskutierten Kompetenzbereiche zeichnen sich dadurch aus, dass die Fähigkeiten zu einem gewissen Grad auch durch den Besuch von Schulungen und Seminaren ausgebaut und entwickelt werden können. Im Gegensatz dazu werden die formalen und hierarchischen Kompetenzen vom Unternehmen verliehen.

– Verhandlungs- und Entscheidungskompetenz:
Ein Key Account Manager muss mit einem klar abgesteckten Verhandlungs- und Entscheidungshorizont ausgestattet werden. Ein Key Account Manager, der bei Vertragsverhandlungen oder Anfragen des Kunden stets im Unternehmen rückfragen muss, wird auf Dauer vom Kunden nicht akzeptiert werden können.

– Hierarchische Stellung im Unternehmen:
Auf den wichtigen Punkt der hierarchischen Einbindung in die eigene Unternehmensorganisation wurde bereits näher eingegangen. Die Wichtigkeit des Kunden für das eigene Unternehmen muss sich letztlich auch in der hierarchischen Position des Key Account Managers widerspiegeln.

– »Statussymbole«:
Der Begriff Statussymbole soll hier ein Stück weit auch zur Diskussion einladen. Hier stellt sich die Frage, inwieweit ein Key Account Manager auch über gewisse Symbole seine Stellung im Unternehmen nach außen repräsentieren muss. Dazu gehört die Personalverantwortung genauso wie die Größe des Firmenwagens. Selbstverständlich sollte aber sein, dass ein Key Account Manager so weit wie möglich die Produkte seines Kunden einsetzt. Dazu gehört zum Beispiel die Automarkt in der Automobilindustrie genauso wie der passende Telefonanschluss in der Telekommunikationsindustrie.

### Soziale Kompetenzen

Im Bereich der so genannten »Soft Skills« gebührt den sozialen Kompetenzen ein wichtiges Augenmerk.

– Die Fähigkeit, Menschen begeistern, motivieren und führen zu können:
Der Key Account Manager muss eine positive Grundausstrahlung haben und mit »Feuer und Flamme« seine Kunden wie auch Mitarbeiter begeistern können. Insbesondere muss er die Fähigkeit haben, Mitarbeiter zu coachen und Menschen in seinem virtuellen Key-Account-Team zu führen, auch wenn diese ihm nicht disziplinarisch unterstellt sind.

– Kontaktfähigkeit:
Neue Kontakte extern wie auch intern aufzubauen und zu entwickeln ist eine Grundfähigkeit, die ein erfolgreicher Key Account Manager mitbringen muss.

– Beziehungen zu unterschiedlichsten Menschen aufbauen zu können:
Der berühmte Schlüsselkunde besteht aus einer Reihe von Individuen, die ganz persönliche Charaktere und Eigenschaften aufweisen. Der Key Account Manager muss in der Lage sein, Beziehungen zu den unterschiedlichsten Menschen aufbauen zu können, auch wenn diese nicht unbedingt auf »seiner Wellenlänge« liegen.

### Konzeptionelle Kompetenzen

– Analytisches Denken und strukturiertes Arbeiten:
Unter diesem Punkt wird die Fähigkeit verstanden, den Kunden einschließlich seiner Probleme und Gegebenheiten strukturiert zu analysieren und anhand seiner Wertschöpfungskette eine Mehrwertlösung für ihn zu erarbeiten.

– Die Fähigkeit, Strategien zu erarbeiten:
Der Key Account Manager muss in der Lage sein, sich in die Prozesse und in die Wertschöpfungskette des Kunden hineinzudenken. Er ist darüber hinaus in der Lage, Strategien im Team zu erarbeiten, um die Lösungen des eigenen Unternehmens gegen den Wettbewerb beim Kunden zu platzieren.

### Soziokulturelle Kompetenzen

Den soziokulturellen Kompetenzen wird leider nicht immer die Beachtung geschenkt, die diese verdient haben.

– Die Sprache des Kunden sprechen:
Bereits in den Basiskompetenzen wurde auf das Thema Fremdsprachen hingewiesen. Ein Key Account Manager für einen Kunden in Russland etwa wird nur eine, auch persönliche, Beziehung zum Kunden aufbauen können, wenn er dank russischer Sprachkenntnisse ohne Dolmetscher auskommt. Daneben gibt es noch

den zu berücksichtigenden Bereich der inhaltlichen Sprache und der Terminologien, die ein Kunde benutzt. Wer auf der gleichen »Wellenlänge« kommuniziert, hat es leichter, eine positive Beziehung aufzubauen.

– Zum Kunden und seinen Einstellungen passen:
  Auf diesen Punkt sollten insbesondere Vertriebsleiter bei der Einteilung ihrer Personalressourcen achten. Zum Kunden passen beinhaltet einerseits die Altersstrukturen des Kunden, andererseits die menschlichen Einstellungen, die man zu einem gewissen Maße mit dem Kunden teilen sollte. Es gibt Unternehmen, die einen sehr jungen Altersdurchschnitt in der Belegschaft haben. Einen älteren Key Account Manager auf diesen Kunden anzusetzen könnte sich kontraproduktiv auswirken. Dasselbe gilt natürlich auch umgekehrt. Daneben ist es zum Beispiel nicht sonderlich sinnvoll, einen aktiven Pazifisten auf den Kunden Bundeswehr anzusetzen. So selbstverständlich das scheinen mag, in der Praxis werden hier oft Fehler gemacht!

– Interkulturelle Kompetenz:
  Unter interkultureller Kompetenz wird die Fähigkeit verstanden, sich auf andere Kulturkreise aktiv einstellen zu können. Nicht wenige Geschäfte sind bereits geplatzt, weil unvorbereitete Key Account Manager mit der Kultur eines anderen Landes nicht zurechtkamen. Unterschätzen Sie dies nicht. Selbst zwischen benachbarten Ländern wie Frankreich und Deutschland lassen sich verschiedene Verhaltens- und Gewohnheitsmuster aufzeigen. Das Erfordernis, Key Account Manager kompetent auf Aufgaben im Ausland vorzubereiten, wird von vielen Unternehmen noch sehr stiefmütterlich behandelt. Daher an dieser Stelle klar der Appell an die Vertriebs- und Personalleiter, diese Kompetenz zukünftig stärker zu fördern.

### Umsetzung auf Ihr Unternehmen

Bitte erarbeiten Sie Ihre unternehmensspezifischen Kompetenzen basierend auf den oben genannten Kompetenzbereichen und besonderen Anforderungen Ihres Unternehmens und Marktumfeldes.

| Wie sieht Ihr unternehmensspezifisches Kompetenzrad für Key Account Manager aus? | |
|---|---|
| Basiskompetenzen | Fachliche Kompetenzen |
| –<br>–<br>–<br>– | –<br>–<br>–<br>– |
| Formale und hierarchische Kompetenzen | Konzeptionelle Kompetenzen |
| –<br>–<br>–<br>– | –<br>–<br>–<br>- |
| Konzeptionelle Kompetenzen | Soziokulturelle Kompetenzen |
| –<br>–<br>–<br>– | –<br>–<br>–<br>– |

## Der Entwicklungsplan

Der Entwicklungsplan für einen Key Account Manager lässt sich in die zwei Bereiche Karriereplanung und Fortbildungsplanung einteilen.

### Karriereplanung

Die Karriereplanung im Key Account Management muss zwei wichtigen Grundaussagen genügen:

1. Key Account Management hat das Ziel, fundierte langfristige Geschäftsbeziehungen zu den Schlüsselkunden aufzubauen und zu gewährleisten. Das heißt konkret: »Job Hopping« im Key Account Management ist tabu!
2. Key Account Manager benötigen ein solides Netzwerk im eigenen Unternehmen sowie sehr gute Kenntnisse über das eigene Unternehmen, seine Prozesse und Leistungsfähigkeiten.

Insbesondere der zweite Punkt spricht dafür, sich auch außerhalb vom heutigen Vertriebsbereich im eigenen Unternehmen nach geeigneten Kandidaten umzusehen, die mittel- bis langfristig zu einem Key Account Manager entwickelt werden können. Klassisch können dabei »Job-Rotation«-Programme helfen, Mitarbeiter in unterschiedlichste Bereiche im In- und Ausland einzuführen und ihnen so die Chance zu geben, sich ein breites Netzwerk im Unternehmen aufzubauen. Um junge Mitarbeiter im Bereich Key Account Management einzuführen, können Traineeprogramme gute Dienste leisten. Innerhalb von Traineeprogrammen können verschiedenste Unternehmensbereiche durchlaufen werden, um anschließend als »Junior Key Account Manager« in einem existierenden Team anzufangen.

### Fortbildungsplanung

Der Fortbildungsplan ist grundsätzlich mitarbeiterspezifisch, wobei selbstverständlich Seminarmodule für alle Key Account Manager angeboten werden können. Zur zielführenden Gestaltung eines Fortbildungsplans steht am Anfang eine Ist-Aufnahme. Diese Bestandsaufnahme der Stärken, Schwächen und Potenziale eines Mitarbeiters kann über Führungsgespräche, 360-Grad-Feedback-Runden wie auch Assessment-Center-Veranstaltungen erfolgen. Am Ende steht ein Fortbildungsplan, der sich in drei Bereiche einteilen lässt:

1. Das eigene Unternehmen:
Insbesondere größere Unternehmen bieten neuen Mitarbeitern Einführungsseminare über den Aufbau und die Prozesse des eigenen Unternehmens an. Daneben stehen produktspezifische Seminare, um den Key Account Manager mit der gesamten Produktpalette vertraut zu machen. Unterschätzen Sie diesen zweiten Punkt nicht. Mitarbeiter neigen dazu, die Produkte zu verkaufen, die sie gut kennen. Unbekannte Produkte wecken Unbehagen und Unsicherheiten beim Verkäufer und Key Account Manager. Daher ist auch zu überlegen, inwieweit klassische Produktseminare alleine zielführend sind. Eine Alternative dazu kann ein temporärer Einsatz des Key Account Managers in den einzelnen Produktbereichen sein. Diese Methode ist zwar zeit- und damit kostenintensiver, jedoch erhält der Key Account Manager einen wesentlich tie-

feren Einblick in die Produkte und kann gleichzeitig sein Netzwerk in diese für ihn neuen Produktbereiche ausbauen.

2. Key Account Management:
Im zweiten großen Bereich steht das Key Account Management an sich im Vordergrund. In einem Einführungsseminar erfährt der Key Account Manager die Grundlagen sowie die unternehmensspezifischen Adaptierungen mit den Zielen und den Prozessen, basierend auf dem Unternehmenskonzept. Dazu gehört auch eine Einführung in die Erstellung von Key-Account-Plänen und andere Werkzeuge des Key Account Managers. In einem zweiten Modul folgt dann die Vertiefung von Kenntnissen über die eingesetzten Softwarelösungen im Bereich Customer Relationship Management (CRM) und Ähnliches. In weiteren Modulen werden dann die verkaufsstrategischen Kenntnisse weiter intensiviert. Dazu gehören Module im Bereich Consultative Selling, Value Selling, Strategic Selling und andere.

3. Persönliche Kompetenzen:
In diesem dritten Bereich finden sich alle Seminare und Veranstaltungen wieder, die die persönlichen Kompetenzen eines Key Account Managers weiterentwickeln.
Dazu gehören klassisch:
- Fremdsprachenseminare
- Verhandlungstechniken
- Präsentationstechniken
- teamfördernde Maßnahmen und Aktionen
- Führungskräfte-Seminare

und viele mehr.

### Führen mit Zielvereinbarungen

Das Vereinbaren von Zielen hat sich zu einem wichtigen Bestandteil der Mitarbeiterführung im Key Account Management entwickelt. Wichtig dabei ist, zwischen dem Führen mit Zielen und einer variablen Vergütung der Mitarbeiter zu unterscheiden. Führen mit Zielen muss nicht automatisch mit einer variablen Vergütung verknüpft sein.

Der Key Account Manager als unternehmerisch denkender Mitarbeiter, der selbstständig (bottom-up) neue Geschäftsgelegenheiten identifiziert, qualifiziert und quantifiziert und der darauf aufbauend eine Vertriebsstrategie erarbeitet, sollte aktiv in die Zielvereinbarung mit einbezogen werden. Fragen Sie Ihren Key Account Manager doch einmal, welche persönlichen, beruflichen und geschäftlichen Ziele er sich für die nächsten zwölf Monate gesetzt hat? Stimmen seine Ziele mit den unternehmenspolitischen Zielen überein, so macht es durchaus Sinn, diese in die Zielvereinbarung zu übernehmen. Selbst gesteckte Ziele sind eine intrinsische Motivation!

### Arten von Zielen

Grundsätzlich muss zwischen qualitativen und quantitativen Zielen unterschieden werden. Qualitative Ziele haben in der Praxis oft den Ruf, dass ihre Erreichung nicht objektiv überprüft werden kann. In den allermeisten Fällen ist der Grund dafür aber in einer schwammigen Zielvereinbarung zu suchen. Es wurde bereits auf die Bedeutung von SMARTen Zielen hingewiesen, die spezifisch, messbar, für den einzelnen Mitarbeiter überhaupt erreichbar, für das Unternehmen relevant und mit einer klaren Zeitangabe versehen sind. Überprüfen Sie jedes vereinbarte Ziel nach diesen fünf Kriterien und die Erreichung wird objektiv nachvollziehbar.

| Quantitative Zielbereiche | Qualitative Zielbereiche |
|---|---|
| – Umsatz<br>– Deckungsbeitrag<br>– Preisverfall minimieren<br>– Preiserhöhungen | – Kundenzufriedenheit (Customer Satisfaction Index)<br>– Mitarbeiterführung (360-Grad-Feedback)<br>– Erste Projekte bei einem Entwicklungskunden gewinnen<br>– (Neue) Wettbewerber aus strategischen Kundenprojekten heraushalten<br>– Anwenden/Einführen von CRM-Lösungen<br>– Einführung eines neuen Produktes beim Kunden |

Der Ertrag eines Unternehmens lässt sich durch die drei Faktoren Kosten, Preis und Menge beeinflussen. Auf die Kostenreduktion wurde in den letzten Jahren sehr viel Wert gelegt. Die absetzbaren Mengen sind meist durch den Markt begrenzt. Eine Preisanhebung von nur zwei Prozent kann bei den meisten Unternehmen aber bereits zu einer Gewinnsteigerung von vierzig Prozent führen (eine Umsatzrendite von fünf Prozent vorausgesetzt). Daher sollten insbesondere ertragsorientierte Kennzahlen im Bereich Preiserhöhungen, Minimierungen von Preisnachlässen sowie die verschiedenen Deckungsbeiträge in die Zielvereinbarungen mit einfließen.

Wird nur der Umsatz als quantitatives Ziel verwendet, besteht die Gefahr, dass sich die Mitarbeiter auf die umsatzstarken Projekte fokussieren. Umsatzschwächere Produkte, die aber vielleicht eine besondere strategische Bedeutung für das Unternehmen haben, würden so zu wenig beachtet werden. Haben Sie mehrere Produktfamilien beziehungsweise Bereiche im Unternehmen, so können die quantitativen wie auch qualitativen Ziele auf diese einzelnen Produktbereiche aufgegliedert werden.

Wie weiter oben bereits erwähnt, ist die Einbeziehung des Deckungsbeitrages aus gesamtunternehmerischer Sicht sinnvoll. Darüber hinaus kann ein Deckungsbeitragsziel auch das unternehmerische Denken und Handeln eines Key Account Managers fördern. Achten Sie bei der Verwendung von Deckungsbeiträgen jedoch darauf, welche Deckungsbeiträge Ihnen überhaupt vorliegen und vom Key Account Manager beeinflusst werden können. In den meisten Fällen gibt einen Deckungsbeitrag I für ein dezidiertes Projekt. Einen Gesamtdeckungsbeitrag für einen Kunden gibt es hingegen äußerst selten!

Der Key Account Manager ist kein frei schwebendes Individuum, sondern Teil einer Organisation, eines Teams. Entsprechend gibt es neben den Individualzielen auch Ziele, die definierte Bereiche wie das Key-Account-Team, den gesamten Vertriebsbereich und letztlich das gesamte Unternehmen umfassen. Dort, wo im Team etwas gemeinsam erreicht werden soll, bieten Teamziele ein gutes Führungsinstrument. Generell müssen aber alle vereinbarten Ziele vom entsprechenden Mitarbeiter persönlich beeinflussbar sein!

Um die optimale Leistung der gesamten Unternehmensorganisation abzurufen, ist eine kohärente Zielvereinbarung über alle Bereiche hinweg notwendig. Ziele des Marketings, des Produktmanagements, der Produktion, der Serviceabteilungen und der KAM-Organisation müssen aufeinander abgestimmt sein.

In Summe lässt sich festhalten, dass das Führen mit Zielen im Key Account Management sehr sinnvoll ist. Die SMARTen qualitativen und quantitativen Ziele des Key Account Managers müssen dabei von ihm persönlich beeinflussbar sein. Weiterhin sollte das Zielvereinbarungssystem möglichst einfach strukturiert sein und in der Regel nicht mehr als fünf Einzelziele umfassen.

### Die Zielerreichung

Grundsätzlich können Ziele erfüllt, nicht erfüllt oder auch graduell erfüllt werden. Klassisch kann zum Beispiel die Erreichung der Umsatzziele graduell von null bis hundert Prozent der Zielvorgabe angeben werden. Bei qualitativen Zielen wird hingegen zumeist zwischen dem Status »Ziel erreicht« beziehungsweise »Ziel nicht erreicht« unterschieden. Nach welcher Methode die Zielerreichung angegeben wird, muss bereits bei der Zielvereinbarung klar mit dem Mitarbeiter abgestimmt werden.

Die Kunst bei der Definition von guten Zielen liegt darin, ein Ziel einerseits realistisch erreichbar zu gestalten, andererseits aber auch herausfordernd für den Mitarbeiter zu formulieren. Insbesondere Mitarbeiter im Vertrieb brauchen Erfolg und Selbstbestätigung. Eine Zielerreichung von hundert Prozent sollte daher auch möglich und realistisch sein! Key Account Manager, die über Jahre hinweg eine Zielerreichung von dreißig bis vierzig Prozent haben, mögen im Verhältnis zu ihren Kollegen ihre Ziele gut erreicht haben. Der Key Account Manager selbst wird aber durch diese Quoten eher demotiviert.

Einen weiteren wichtigen Aspekt stellen die so genannten »unverschuldeten Zielverfehlungen« dar. Darunter werden Zielverfehlungen verstanden, die vom Key Account Manager persönlich nicht beeinflussbar sind, wie zum Beispiel große Wechselkursschwankungen, Verkäufe von Unternehmensteilen auf der eigenen wie auch auf der Kundenseite, Insolvenz des Kunden und weitere. Für diese Fälle muss klar geregelt werden, wie die vereinbarten Ziele entsprechend abgeändert werden. Insgesamt empfiehlt es sich, einmal im Halbjahr die vereinbarten Ziele auf ihre Erreichbarkeit zu überprüfen. Die große Herausforderung bei der Bewertung der Zielerreichung liegt in ihrer objektiven Nachvollziehbarkeit.

### Variable Vergütungssysteme

Die Unternehmensberatung Kienbaum Management Consultants hat 2004 eine Studie über die Vergütung von Fach- und Führungskräften im Außendienst herausgegeben. Befragt wurden dazu insgesamt 207 Unternehmen. Das Ergebnis zeigt deutlich, dass Unternehmen die Vergütung der Vertriebsmitarbeiter noch stärker am Ergebnis orientieren wollen. Mit anderen Worten, die variable Vergütung wird noch weiter an Bedeutung gewinnen. Heute beziehen noch zirka 29 Prozent der Außendienstkräfte ein Festgehalt. Bei Key Account Managern liegt der Anteil der variablen Vergütung im Durchschnitt bei 17 Prozent. Die Tendenz dürfte aber auch hier klar weiter nach oben zeigen.

#### Grundmodelle

Grundsätzlich kann im Vergütungsbereich zwischen folgenden Modellen unterschieden werden:

1. Festgehalt:
Ein Mitarbeiter bezieht ein festes Gehalt und wird nicht zusätzlich ergebnisorientiert vergütet. Dieses Modell kann für bestimmte Unternehmen auch heute noch die richtige Wahl sein. In einigen Unternehmen im Industriegüterbereich etwa, die es mit langfristigen Projektzyklen zu tun haben, fungiert der Key Account Manager teilweise gleichzeitig als Projektleiter. Er wird bewusst dazu angehalten, ein Projekt »sauber« zu Ende zu führen, bevor er sich zu neuen Aufträgen aufmacht.

2. Festgehalt plus Bonus:
Werden vereinbarte Ziele erreicht, bekommt der Mitarbeiter einen entsprechenden Bonus ausgezahlt. Der Vorteil an diesem Modell ist, dass es sehr einfach strukturiert und daher gut nachzuvollziehen ist.

3. Festgehalt plus leistungsabhängiger Anteil

Insbesondere im Vertrieb und Key Account Management wird auf dieses dritte Grundmodell aufgesetzt. Der feste Anteil vom Gesamtzielgehalt beträgt zwischen vierzig und siebzig Prozent. Der restliche Betrag ist die leistungsorientierte, variable Vergütung. Eine Übererfüllung der vereinbarten Ziele führt entsprechend auch zu einer überproportionalen Bezahlung.

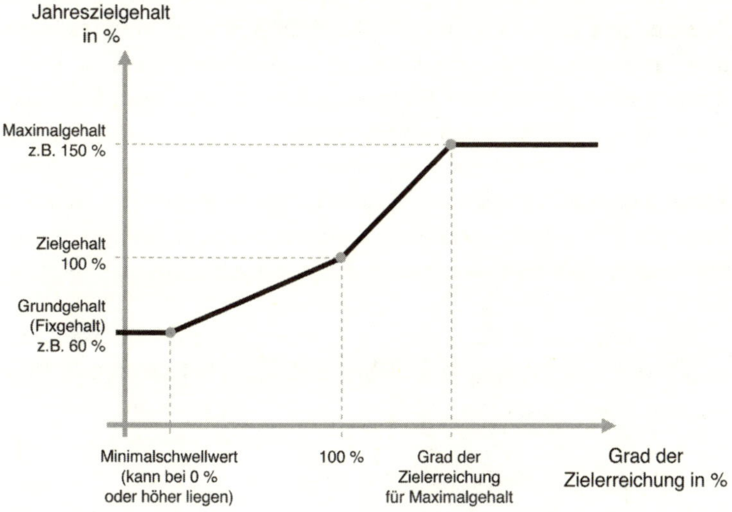


**Abbildung 4.23**: Modell einer variablen, leistungsorientierten Vergütung

Die Abbildung 4.23 zeigt ein einfaches Modell für die variable Vergütung eines Key Account Managers unter Berücksichtigung der Erreichung seiner Ziele. Grundsätzlich sollte darauf geachtet werden, dass das verwendete Modell von jedem betroffenen Mitarbeiter leicht nachzuvollziehen ist. Das aufgezeigte Grundmodell weist dabei folgende Besonderheiten aus:

– Bis zur Erreichung eines minimalen Zielerreichungsgrades wird »lediglich« das fixe Grundgehalt ausgezahlt. Auch Mitarbeiter im Key Account Management erhalten ein solides Grundgehalt, für das bereits eine gewisse Grundleistung erwartet werden darf. Einige Unternehmen verzichten auf diesen Schwellwert und vergüten jeden Grad der Zielerreichung bereits mit einem variablen Anteil.

– Werden die gesteckten Ziele vollständig (zu hundert Prozent) erfüllt, erhält der Mitarbeiter sein Jahreszielgehalt. Die Relation zwischen Grundgehalt und Zielgehalt hängt dabei von markt- und unternehmensspezifischen Gegebenheiten ab. Wird ein variables Vergütungssystem neu in einem Unternehmen eingeführt, so ist das fixe Grundgehalt meist sehr hoch und kann alleine aus tarifrechtlichen Gründen nicht ohne weiteres beliebig abgesenkt werden. Bis zur Zielerreichung von hundert Prozent wird in diesem Beispiel eine linear verlaufende Abhängigkeit von Zielerreichung und variablem Anteil verwendet. Es ist aber auch denkbar, diese Abhängigkeit in kleinere Einzelsegmente mit unterschiedlichen Steigerungen der Kurven zu unterteilen.
– Bei einer Zielerreichung von über hundert Prozent steigt die Kurve wesentlich stärker an. Dadurch bekommt der Key Account Manager für jeden Grad der Zielübererfüllung überproportional mehr Gehalt. Entsprechend hoch ist diese extrinsische Motivation.
– In diesem Modell kann der Key Account Manager ein Maximalgehalt von 150 Prozent vom Jahreszielgehalt bekommen. Einige Unternehmen verzichten an dieser Stelle aber auch auf eine Kappung.

### Finanzierung

Eine variable Vergütung im Unternehmen einzuführen ist grundsätzlich erst einmal mit zusätzlichen finanziellen Aufwendungen verbunden. Dementsprechend muss bei der Einführung eines variablen Vergütungssystems insbesondere auch die Finanzierung beachtet werden. Nach Eyer und Haussmann (2003) kann zwischen vier Finanzierungsarten unterschieden werden:

– Selbstfinanzierung:

Zielorientierte, variable Vergütungssysteme werden nicht zuletzt deshalb eingeführt, um ein Unternehmen noch erfolgreicher zu machen. Bei der Form der Selbstfinanzierung wird davon ausgegangen, dass zusätzliche Kosten durch mehr Umsatz und höheren Ertrag abgedeckt werden können. Das Problem bei diesem Modell liegt in der Nachweisbarkeit der zusätzlich erzielten

Erfolge. Wie viel zusätzlicher Umsatz ist wirklich durch das neue motivierende Gehaltssystem erzielt worden?

- Zusatzbudget:
  Die einfachste und klarste Variante der Finanzierung ist sicherlich ein eigenes Zusatzbudget. Zumindest als Anschubfinanzierung sollte dieses zusätzliche Budget reserviert werden.

- Verzicht auf Grundgehaltsanpassungen:
  Wurden bisher nur feste Gehälter ausgezahlt, so bewegen sich diese im Allgemeinen auf einem sehr hohen Niveau. Würden zu diesem hohen Grundgehalt noch die variablen Anteile hinzukommen, so kann der Kostenblock für Gehälter förmlich explodieren. Um die Grundgehälter auf Dauer in ihrer Höhe zu reduzieren, kann auf zukünftige jährliche Gehaltsanpassungen verzichtet werden. Diese Möglichkeit besteht jedoch nur bei außertariflich beschäftigten Angestellten.

- Umwandlung von fixen Bestandteilen in variable:
  Eine weitere Möglichkeit der Reduzierung des Grundgehalts liegt in der Umwandlung von bisher fixen Gehaltsbestandteilen in variable Komponenten. Bisher erhaltene außertarifliche Bonuszahlungen sowie Zahlungen im Rahmen von Urlaubs- und Weihnachtsgeldern könnten zum Beispiel zukünftig nicht mehr im fixen Grundgehalt enthalten sein. Auch hier muss ein klares Augenmerk auf die tarifrechtlichen Gegebenheiten gelegt werden.

### Der Betriebsrat und die Betriebsvereinbarung

Die Einführung eines zielgesteuerten, variablen Vergütungssystems in einem Unternehmen bringt gravierende Veränderungen mit sich. Daher sollte unbedingt der Betriebsrat frühzeitig informiert und involviert werden. »Ein Zielvereinbarungssystem wird erfolgreich nie gegen den Betriebsrat, sondern nur mit ihm, seiner Akzeptanz und damit auch der der Mitarbeiter einzuführen sein«, so Eyer und Haussmann.

Für leitende Angestellte nach § 5 Abs. 3 BetrVG kann eine individuelle Anpassung des Arbeitsvertrages erfolgen, um das variable

Vergütungssystem vertragsrechtlich aufzunehmen. Für alle anderen Angestellten, einschließlich der außertariflichen Mitarbeiter, gilt die Mitbestimmung des Betriebsrates nach § 87 Abs. 1 Ziff. 10 BetrVG. Durch eine Rahmenbetriebsvereinbarung oder zusätzliche Einzelbetriebsvereinbarungen für Tarifangestellte und außertarifliche Angestellte werden die Spielregeln der variablen Vergütung im Unternehmen festgehalten.

| **Inhalte der Rahmenbetriebsvereinbarung** |
| --- |
| 1. Präambel<br>2. Geltungsbereich<br>3. Aufbau des Entgeltsystems<br>4. (Tarifliches) Grundentgelt<br>5. Zielvereinbarungen<br>6. Schulungen für Führungskräfte und Mitarbeiter<br>7. Mitbestimmung des Betriebsrates<br>8. Teambonus und individuelles Entgelt<br>9. Streitigkeiten und Kündigungsfristen<br>10. Geltungsdauer und Kündigungsfristen<br>11. Salvatorische Klausel |

Quelle: (Eyer/Haussmann, 2003)

Die Einführung eines variablen Vergütungssystems bringt eine gewisse Unsicherheit für die Mitarbeiter mit sich. Werde ich zukünftig vielleicht weniger verdienen als heute? Kann ich die Ziele überhaupt erreichen? Aus diesem Grund ist eine offene und transparente Kommunikation über das neue Vergütungssystem sehr wichtig. Zudem empfiehlt es sich im Jahr der Einführung, das alte und das neue System parallel zu fahren. Am Ende des Jahres werden dann die Ergebnisse für den einzelnen Mitarbeiter verglichen. Sollte sich das neue System ungünstig für den Mitarbeiter ausgewirkt haben, so kann die Vergütung noch einmal nach dem alten System erfolgen. Gleichzeitig kann die Unternehmensleitung Erfahrungen aus diesem einjährigen Probebetrieb sammeln und Verbesserungen in das System einpflegen.

## Umsetzung für Ihr Unternehmen

| Checkliste für Ihr unternehmensspezifisches, variables Vergütungssystem | |
|---|---|
| Wie sieht Ihr unternehmensspezifisches Vergütungsmodell aus? | |
| Ist die Finanzierung der möglichen zusätzlichen Kosten gesichert? | ☐ |
| Liegen alle notwendigen Daten vor, um die Zielerreichung pro Mitarbeiter bestimmen zu können (Umsatz, Deckungsbeitrag ...)? | ☐ |
| Wer ermittelt den Grad der Zielerreichung pro Mitarbeiter? (Vertriebscontrolling, Personalabteilung, Vertriebsleiter ...) | ☐ |
| In welchen Zyklen erfolgt die Auszahlung der variablen Komponenten (monatlich, vierteljährlich, halbjährlich, jährlich)? | ☐ |
| Haben Sie den Betriebsrat frühzeitig involviert? | ☐ |
| Wurde eine Betriebsvereinbarung abgeschlossen? | ☐ |

## Zusammenfassung

**Baustein 3 – Der Key Account Manager**

| Bereich | Inhalt | Notizen |
|---|---|---|
| Anforderungen | – Die Anforderungen an den Key Account Manager sind aufgrund seiner Stellung als Bindeglied zwischen dem eigenen Unternehmen und den Schlüsselkunden sehr hoch.<br>– Grundsätzlich lassen sich die daraus resultierenden Kompetenzen in einem Kompetenzrad für KA-Manager darstellen. Das Kompetenzrad beinhaltet Basiskompetenzen, soziale, fachliche, soziokulturelle, konzeptionelle und formale beziehungsweise hierarchische Kompetenzen. | |
| Entwicklungsplan | – Unterscheidung zwischen Karriere- und Fortbildungsplanung.<br>Bei der Karriereplanung der Mitarbeiter muss auf eine Kontinuität in den persönlichen Kontakten für die Schlüsselkunden geachtet werden.<br>Innerhalb des Fortbildungsplanes kann zwischen notwendigen Seminaren und Veranstaltungen bezüglich des eigenen Unternehmens, dem Key Account Management im Speziellen sowie persönlichen Kompetenzen unterschieden werden. | |

| Bereich | Inhalt | Notizen |
|---|---|---|
| Variable Vergütung | – Die Mitarbeiterführung mit Zielen ist grundsätzlich losgelöst von einem variablen Vergütungssystem zu betrachten.<br>– Qualitative und quantitative Ziele des Mitarbeiters müssen SMART sein.<br>– Das Erreichen der Ziele muss vom Mitarbeiter persönlich beeinflussbar sein.<br>– Variable Vergütung mit Festgehalt zuzüglich einer leistungsabhängigen Komponente.<br>– Der Finanzierung des neuen Vergütungssystems sowie der Einbeziehung der Mitarbeitervertretungen im Unternehmen ist im Rahmen der Einführung ein besonderes Augenmerk zu schenken. | |

## Baustein 4 – Prozesse und Tools

Die Schlüsselkunden von heute und morgen sind identifiziert, eine entsprechende kundenorientierte Organisation erarbeitet und die Anforderungen an die Key Account Manager festgelegt. Aufbauend auf diesen Ergebnissen können jetzt im Baustein 4 die kundenorientierten Prozesse erarbeitet und unterstützende Werkzeuge (Tools) aufgesetzt werden.

### Vom Kundenproblem zum Kundenmehrwert

Im Gegensatz zum klassischen Vertrieb steht im Key Account Management nicht das eigene Produkt, sondern die Lösung von Kundenproblemen im Vordergrund. Ein erfolgreicher Key Account Manager nimmt sich daher die Zeit, seinem Kunden aktiv zuzuhören, die Situation des Kunden in seinem Wettbewerbsumfeld zu analysieren, um darauf aufbauend eine Lösung mit seinem Team zu entwickeln, die genau die Bedürfnisse des Kunden befriedigt. Natürlich beinhaltet diese kundenspezifische Lösung die eigenen Produkte und Lösungen. Der kundenorientierte Verkaufsprozess im Key Account Management lässt sich in fünf Teilphasen einteilen.

Am Anfang des Prozesses steht das Problem beziehungsweise die Bedürfnisse des Kunden. Um ein bestmögliches Verständnis

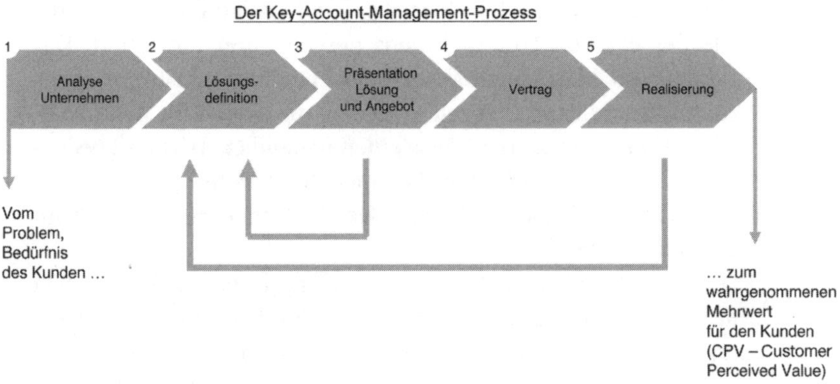


**Abbildung 4.24**: Vom Kundenproblem zum Kundenmehrwert

für das Kundenproblem zu bekommen, wird mit einer intensiven Analysephase begonnen. Hier wird das Unternehmen in seiner Gesamtheit, in seinen Prozessen, seiner Organisation und seinem Wettbewerbsumfeld näher betrachtet. Darüber hinaus wird selbstverständlich bei einem konkreten Projekt das Problem des Kunden genauer analysiert. Basierend auf dieser Kundenanalyse wird in der Phase 2 eine Lösung für das Kundenproblem im Team erarbeitet. Einfluss auf die Lösungsgestaltung haben dann natürlich auch die verfügbaren Produkte und Lösungen aus dem eigenen Hause sowie die eigene Wettbewerbssituation. In der Phase 3 wird dem Kunden die Lösung präsentiert, wobei der Mehrwert für den Kunden klar im Vordergrund steht. Anschließend folgt in Phase 4 die Vertragsgestaltung und in Phase 5 die Realisierung des Projektes. Der Key Account Manager steht dabei über alle Phasen hinweg mit seinem Team in engen Kontakt und Informationsaustausch mit seinem Kunden.

### Customer Perceived Value – der vom Kunden wahrgenommene Mehrwert

Die Vorteile und die Mehrwerte von Lösungen für den Kunden zu erarbeiteten und deutlich herauszustellen ist einer der großen Herausforderungen im operativen Key Account Management. In den meisten Unternehmen werden vermeintliche Vorteile und

Mehrwerte nicht aus Kundensicht, sondern lediglich durch die Brille des eigenen Unternehmens gesehen und formuliert. Das Produkt- und Marketingmanagement erstellt zumeist eine lange Liste mit produktspezifischen Vorteilen, die jedoch für den individuellen Kunden in keiner Weise einen persönlichen Vorteil bedeuten müssen. Genauso neigen aber auch Key Account Manager sehr häufig dazu, alle globalen Vorteile des Unternehmens beim Kunden einfach aufzulisten.

Dazu ein Beispiel: Ein Unternehmen ist international aufgestellt und kann entsprechend seinen Kunden Produkte und Dienstleistungen in vielen Ländern aus einer Hand bieten. Für international aufgestellte Kunden stellt dieser Aspekt einen direkten Mehrwert dar. Für einen lokal fokussierten Kunden bringt dieser vermeidliche Vorteil der Internationalität des Unternehmens keinen erkennbaren Mehrwert. Es sei denn, Ihr lokal ansässiger Kunde legt Wert auf Vorreiterprodukte und möchte gerne immer auf dem neusten Stand der Technik sein. Ein möglicher Mehrwert könnte daher wie folgt formuliert werden: »Wir sind international aufgestellt und verfügen über ein sehr gutes Wissen, welche Trends sich in welchen Märkten aufzeigen. Dadurch können wir Sie mit unserem internationalen Wissen unterstützen, auch zukünftig ein Vorreiter auf Ihrem Markt zu bleiben. Wir können Sie daher direkt

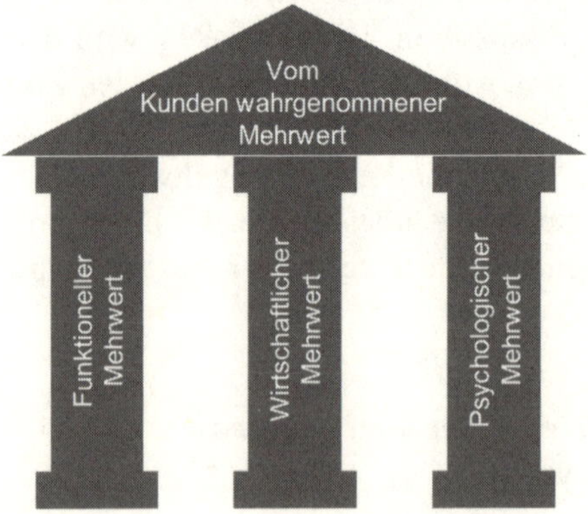


**Abbildung 4.25**: Customer Perceived Value (CPV)

unterstützen, Ihre Wettbewerbsfähigkeit weiter auszubauen.« Um diesen neuen Mehrwert für den Kunden formulieren zu können, ist jedoch wieder ein fundiertes Wissen über den Kunden und seine marktspezifische Umgebung notwendig!

Nach Capon (2003) kann beim Customer Value, dem Mehrwert für den Kunden, grundsätzlich zwischen dem Nutzen auf funktioneller, wirtschaftlicher und psychologischer Ebene unterschieden werden. Um die Vorteile durch die Brille des Kunden zu betrachten, muss diesem Begriff Customer Value noch das Verb »perceived« beigestellt werden. Es geht also um den Customer Perceived Value oder um den vom Kunden wahrgenommenen Mehrwert. Nur ein vom Kunden aktiv wahrgenommener Nutzen stellt einen verkaufbaren Mehrwert der eigenen Lösung dar!

Mehrwerte auf funktioneller Ebene beziehen sich direkt auf die Vorteile der Produkte und Lösungen. Unter wirtschaftliche Mehrwerte sind kommerzielle Aspekte der angebotenen Produkte und Lösungen gefasst. Dazu zählen zum Beispiel:

- der Preis
- die Zahlungsbedingungen
- ein möglicher Wert eines verlängerten Gewährleistungszeitraumes
- besondere Mengenrabatte
- Kostenreduktionen auf Kundenseite durch die Einführung von E-Business oder die Reduktion von Lagerbeständen
- Reduktionen in den laufenden Betriebskosten (OPEX – Operational Expenditure)

Die folgenden drei Basisfragen aus Kundensicht können Sie bei der Identifizierung von wirtschaftlichen Vorteilen unterstützen:

1. Erziele ich durch den Einsatz der angebotenen Produkte und Lösungen eine Kostenreduktion?
2. Kann ich meinen eigenen Umsatz durch den Einsatz der angebotenen Produkte und Lösungen steigern, da ich einen höheren Preis für meine Produkte am Markt erzielen kann?
3. Kann ich meinen eigenen Umsatz durch den Einsatz der angebotenen Produkte und Lösungen steigern, da ich dadurch mehr Kunden mit meinem Produkt adressieren kann?

Die wirtschaftlichen Mehrwerte lassen sich besonders glaubhaft durch eine fundierte Berechnung des Business Case oder Return on Investment (ROI) untermauern. Bei den psychologischen Werten spielt der Begriff der Risikovermeidung (Capon, 2003) eine entscheidende Rolle. Inwieweit traut der Kunde Ihnen die Realisierung der Anforderungen zu? Gibt es bereits eine langfristige, fundierte Beziehung zwischen Ihnen und dem Schlüsselkunden? Basierend auf der nun folgenden Phase der Kundenanalyse wird die Definition der projekt- und kundenspezifischen Mehrwerte in der Phase 2 wieder eine entscheidende Rolle spielen.

### Das 4-Schalen-Modell zur Analyse des Kunden

Das folgende Modell zur Analyse der Schlüsselkunden basiert in seiner Grundidee auf dem 7-S-Modell von McKinsey. Das 7-S-Modell beschreibt das Unternehmen in den Segmenten Shared Values, Strategy, Structure, Systems, Skills, Staff and Style.

In Abänderung dazu wird ein vierschaliges Analysemodell eingeführt. Im Kern eines Unternehmens steht dabei die Organisation mit ihren Mitarbeitern. Hierbei geht es nicht nur darum, die formelle Organisationsstruktur des Kunden aufzuzeigen, sondern vielmehr sollen die informellen Machtverhältnisse, Befindlichkeiten und Ambitionen der einzelnen Mitarbeiter näher betrachtet werden. In der nächsten Schale wird die Wertschöpfungskette mit den unternehmensspezifischen Prozessen näher analysiert. Die dritte Schale beinhaltet Aussagen über die wichtigsten Unternehmenskennzahlen, die Strategie und Struktur des Schlüsselkunden sowie seine besonderen Fähigkeiten. In der vierten Schale befinden sich Informationen zum Markt und den Wettbewerbern des Kunden. Beide Komponenten haben ebenfalls einen entscheidenden Einfluss auf den Erfolg des Schlüsselkunden.

Bei der Analyse eines Kunden wird dabei nach dem Zwiebel-Prinzip vorgegangen. Das heißt, die Analyse beginnt mit dem Markt und den Wettbewerbern in der äußersten Schale und endet im Kern mit den Mitarbeitern im Kundenunternehmen.

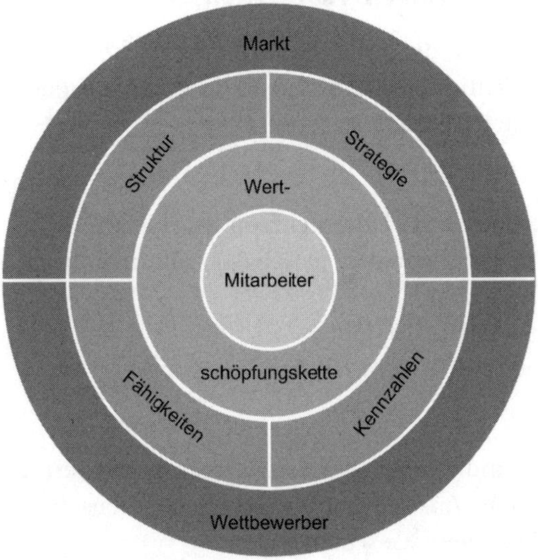


**Abbildung 4.26**: Analyse des Schlüsselkunden

### Markt und Wettbewerber

In der äußersten Schale werden der Markt des Kunden sowie seine heutigen und zukünftigen Wettbewerber analysiert.

Markt:
- Welche makroökonomischen Veränderungen beeinflussen den Markt?
- Welche Veränderungen in Bezug auf die Geschäftsmodelle zeichnen sich am Markt ab?
- Wie groß sind die Wachstums- beziehungsweise Schrumpfungsraten des Marktes?

Wettbewerber:
- Mit welchen Wettbewerbern wird der Schlüsselkunde konfrontiert?
- Welche Ziele und Strategien verfolgen diese Wettbewerber?
- Welche Stärken und Schwächen weisen diese Wettbewerber auf?

### Struktur, Strategie, Kennzahlen, Fähigkeiten

In der Schale 3 geht es um die gesamtunternehmerische Struktur, die Strategie, die wichtigsten Kennzahlen sowie die besonderen Fähigkeiten des Unternehmens.

Struktur:
- Wie ist der Schlüsselkunde als Unternehmen organisiert?
- Handelt es sich um ein regionales, nationales, internationales oder globales Unternehmen?
- Welche Beteiligungsverhältnisse gibt es?
- Gibt es Kooperationen mit anderen Unternehmen?

Strategie:
Die Analyse der Ziele und Strategien des Schlüsselkunden verrät etwas über die zukünftige Ausrichtung des Unternehmens und impliziert damit mögliche neue Geschäftsfelder.
- Wo sieht sich der Schlüsselkunde zukünftig?
- Welche Ziele hat sich der Schlüsselkunde gesetzt?
- Welche aus den Zielen resultierenden Strategien werden vom Schlüsselkunden verfolgt?

Kennzahlen:
Einige Basiskennzahlen des Schlüsselkunden geben dem Key Account Manager einen Einblick in die wirtschaftliche Gesamtsituation des Kunden, die wiederum Auswirkungen auf das eigenen Geschäftsvolumen haben kann. Zum Beispiel:
- Umsatz
- Unternehmensergebnis
- EBITDA (Earning Before Interests, Tax, Depreciation and Amortization) haben sich zumindest bei großen Unternehmen als weit verbreitete Kennzahlen etabliert
- Schulden (DEBT) beziehungsweise verfügbare Barreserven (CASH)
- Cash Flow als Aussage über die Zahlungsfähigkeit
- Investitionsvolumen, wobei hier weniger das gesamte Investitionsvolumen von Bedeutung ist als vielmehr das von Ihrem Unternehmen adressierbare Volumen
- Anzahl der Beschäftigten

Für alle Kennzahlen sollte auch eine Aussage über deren Entwicklung vorliegen. Wie hat sich der Umsatz in den letzten Jahren entwickelt? Welche Umsatzprognosen werden vom Unternehmen oder von Analysten für die Zukunft angegeben?

Fähigkeiten:
- Welche besonderen Fähigkeiten werden dem Schlüsselkunden als Gesamtunternehmen zugesprochen? (Hohe Qualität, Preisführerschaft, Brand, guter Kundenservice ...)

### Die Wertschöpfungskette

Die eigenen Produkte und Lösungen werden über die vom Kunden wahrgenommenen Mehrwerte verkauft. Der Kunde als Firma besteht dabei im Kern aus vielen individuellen Mitarbeitern mit eigenen, persönlichen Zielen und Wertvorstellungen. Diese Menschen arbeiten in einer Umgebung mit unternehmensspezifischen Prozessen. Genau darum geht es in der ersten Schale, bei der Analyse der Wertschöpfungskette.

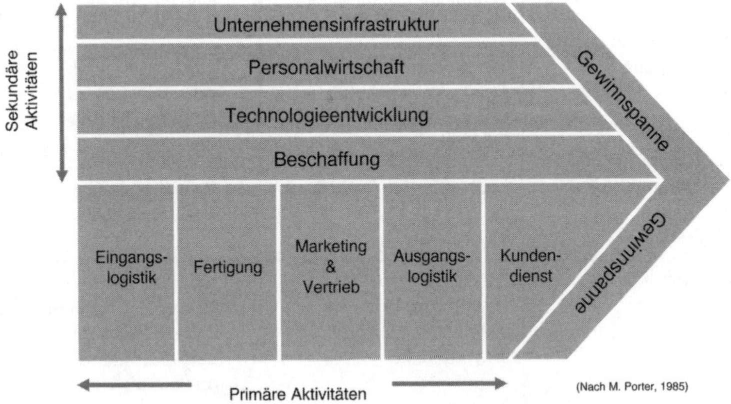


**Abbildung 4.27**: Die Wertschöpfungskette nach Michael Porter

Nach Michael Porter kann ein Unternehmen in seiner Wertschöpfungskette in primäre und unterstützende Aktivitäten unterschieden werden. Die unterstützenden Aktivitäten können dabei sowohl in die Primärprozesse wie auch übergreifend integriert werden. Im Rahmen eines Key Account Managements gilt es, das Wissen über die Wertschöpfungskette des Schlüsselkunden aktiv in die eigene Vertriebsstrategie einzubinden. Wie sieht die Wertschöpfungskette des Schlüsselkunden aus? Welche Stärken, Schwächen und Möglichkeiten weisen die einzelnen Bereiche aus? Bei Kundenterminen, der Erarbeitung und Präsentation einer kundenspezifischen Lösung berücksichtigt der Key Account Manager die besonderen Bedürfnisse der einzelnen Bereiche und erstellt entsprechend zielgruppenorientierte Mehrwerte.

| **Bereich** | **Aufgaben** | **Mögliche Mehrwerte** |
|---|---|---|
| **Primäre Aktivitäten** | | |
| Eingangslogistik | Empfang, Lagerung und Distribution der Roh- und Betriebsmaterialien, die zur Fertigung der eigenen Produkte benötigt werden | – Just-in-time-Lieferung<br>– Bereitstellung eines eigenen Lagers, aus dem kurzfristig Waren abgerufen werden können |
| Fertigung | Umwandlung der Inputmaterialien in das fertige Produkt, einschließlich Verpackung und so weiter | – Übernahme von Teilfertigung (Veredlung vom eigenen Rohprodukt) |
| Marketing & Vertrieb | Tätigkeiten im Verkaufsprozess, einschließlich der verkaufsfördernden Maßnahmen | – Unterstützung im Bereich Marketing (Werbezuschüsse) |
| Ausgangslogistik | Lagerung und Auslieferung der Fertigwaren an die Kunden | – (Teil-)Übernahme von Logistikaufgaben |
| Kundendienst | Dienstleistungen wie Installation, Reparaturservice, Ersatzteillieferungen und Ähnliches | – schnelle Reaktionszeiten bei Reparaturen<br>– defekte Produkte können vom Endkunden direkt zum Hersteller geschickt werden |
| **Unterstützende Aktivitäten** | | |
| Beschaffung | Einkauf von Waren und Dienstleistungen | – verlängerte Zahlungsziele<br>– weltweit gültige Rahmenverträge<br>– E-Procurement |

| Bereich | Aufgaben | Mögliche Mehrwerte |
|---|---|---|
| Technologie-entwicklung | Forschung und Entwicklung | – Entwicklungskooperationen |
| Personalwirtschaft | Human Resource Management, einschließlich der Personaleinstellung, der Aus- und Weiterbildung und jeder Art von Personal- und Tarifverhandlungen | – Übernahme von Personal im Rahmen von Outsourcing-Projekten |
| Unternehmensinfrastruktur | Unternehmensführung, Rechnungswesen, Rechtsabteilung, Pressestelle und weitere allgemeine Aufgaben | – E-Invoicing<br>– strategische Kooperationen |

### Die Kundenorganisation und deren Mitarbeiter

Ein fundiertes Wissen über die Organisation des Schlüsselkunden ist für jeden Key Account Manager ein Muss. Die Tiefe des vorhandenen Wissens schwankt dabei bei den meisten Key Account Managern sehr stark. Einige sind froh, ein offizielles Organigramm ihr Eigen nennen zu dürfen. Zweifelsohne ist diese Abbildung der formellen Organisation schon ein guter Anfang. Um wirklich erfolgreich zu sein, bedarf es aber eines wesentlich tieferen Einblicks in die informelle Organisation mit ihren spezifischen Machtspielen, persönlichen Bedürfnissen und Zielen einzelner Mitarbeiter beziehungsweise Menschen.

### Der Mensch als Homo Oeconomicus?

Auch im 21. Jahrhundert werden Waren und Dienstleistungen insbesondere im Key Account Management von Menschen an Menschen verkauft. Der Mensch ist kein Homo Oeconomicus, der rein wirtschaftlich geprägt ist und nur objektiv Entscheidungen trifft. Entsprechend besteht daher das Kundenunternehmen aus einer Vielzahl von Individuen, die emotional, subjektiv und teilweise irrational handeln. Um nicht von irrationalen Entscheidungen des Kunden völlig überrascht zu werden, muss sich ein Key

Account Manager mit den Menschen auf der Kundenseite auseinander setzen.

Der Psychologe Abraham Maslow hat sich intensiv mit der Frage beschäftigt, was Menschen motiviert. Zusammengefasst hat Maslow seine Ergebnisse in der bekannten Maslow-Pyramide (siehe Abbildung 4.28).

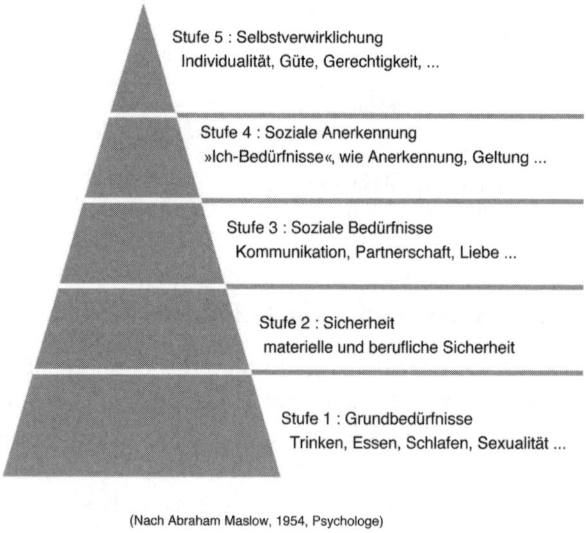


**Abbildung 4.28**: Die Maslow-Pyramide

Nach Maslow versuchen Menschen jeweils die Bedürfnisse einer Stufe zu befriedigen, um sich dann der nächsten Stufe zu widmen. Die Stufe 1 ist für das Key Account Management von untergeordneter Rolle. Sicherheitsbedürfnisse auf der Stufe 2 können dahingegen sehr wohl im Unternehmensalltag eine entscheidende Rolle spielen. Insbesondere im Industriegüterbereich handelt es sich meist um größere Investitionen für komplexe Produkte und Lösungen. Entscheider auf der Kundenseite stellen sich daher sehr häufig folgende Fragen: Treffe ich mit der Auswahl des Lieferanten xy die richtige Entscheidung? Was passiert, wenn das Projekt schief geht? Habe ich dann mit persönlichen, beruflichen Konsequenzen bis hin zum Arbeitsplatzverlust zu rechnen?

Die zweite sehr interessante Stufe ist die Stufe 4. Insbesondere im Key Account Management trifft man immer wieder auf Menschen mit einem hohen Bedürfnis nach Anerkennung. In Anlehnung an den Trainer Dr. Hans Sidow können die obigen Erkenntnisse wie folgt auf das Key Account Management umgesetzt werden:

| **Ein Mitarbeiter im Buying Center des Kunden ...** | **Deshalb sollten Sie ...** |
|---|---|
| ... will Karriere machen. | ... ihn erfolgreich machen. |
| ... ist sehr auf Prestige bedacht. | ... ihm gegenüber Bewunderung zeigen. |
| ... zeigt ein hohes Sicherheitsbedürfnis (Angst). | ... ihm die Angst nehmen, indem Sie ihm zum Beispiel Referenzen benennen. |
| ... ist bequem. | ... ihm Arbeit abnehmen. |

### Beziehungsmanagement und die Analyse vom Kundenorganigramm

In der Literatur finden sich verschiedene Modelle, um ein Kundenorganigramm zu analysieren. Eines haben alle Modelle gemeinsam: Sie benötigen einen guten Einblick in die Machtstrukturen und Persönlichkeiten der einzelnen Mitarbeiter auf der Kundenseite, um von einem formellen Organigramm zur informellen Struktur eines Unternehmens zu gelangen. Lassen Sie sich daher die Organisation Ihres Schlüsselkunden von mehreren Ansprechpartnern beim Kunden erläutern und präsentieren. Durch die verschiedenen Sichtweisen werden Sie auch einen Einblick in die Machtverhältnisse innerhalb der Organisation erhalten.

Weiter oben wurden bereits die Begriffe Buying Center und Selling Center verwendet, die hier noch kurz näher erläutert werden sollen.

- Buying Center: die Gruppe von Menschen, die in irgendeiner Art, zu irgendeiner Zeit in die Kaufentscheidung auf der Kundenseite involviert sind. Im Allgemeinen besteht das Buying

Center aus Mitarbeitern der verschiedensten Organisationseinheiten des Kunden. Zusätzlich können aber auch Externe, zum Beispiel Berater, in die Entscheidung involviert sein und damit Bestandteil des Buying Centers werden.
- Selling Center: die Gruppe von Menschen, die in irgendeiner Art, zu irgendeiner Zeit in den Verkaufsprozess auf der Anbieterseite involviert sind. Wie im Buying Center wird auch diese Gruppe vornehmlich von internen Kräften besetzt. Zusätzlich können aber auch Externe eine entscheidende Rolle im Verkaufsprozess spielen!

Eine der wichtigen Aufgaben des Key Account Managers liegt im Beziehungsmanagement. Dazu zählen seine eigenen Kontakte zum Kunden, aber insbesondere auch das Steuern aller Kontakte zwischen dem eigenen Unternehmen und dem Schlüsselkunden. Er muss daher in den konkreten Projekten das Buying Center genau kennen, analysieren und geschickt die Kontakte aus dem eigenen Selling Center steuern. Darüber hinaus muss er unabhängig von laufenden Projekten das Gesamtbeziehungsgeflecht in den Händen halten.

### Das Organigramm

Wenn Sie ein Organigramm von Ihrem Kunden erhalten, so besteht dieses meist pro Funktion aus einem Kasten mit den Informationen: Name, Funktion, gegebenenfalls Stellenkurzzeichen. Im Folgenden wird gezeigt, wie Sie dieses Papierorganigramm zu einem wertvollen Arbeitsinstrument im Key Account Management umgestalten können, indem Sie für jede Position folgende Fragen beantworten:

1. Welche Rolle spielt dieser Mensch im Kaufprozess? (Spezifizierer bis Beeinflusser)
2. Wie steht er zu unserem Unternehmen? (Mentor bis Feind)
3. Wie intensiv ist heute unser Kontakt zu diesem Menschen? (gar nicht bis sehr intensiv)
4. Welche besonderen Interessen hat dieser Mensch? (Technik ...)
5. Welcher Mitarbeiter aus unserem eigenen Unternehmen passt hierarchisch und menschlich am besten zu diesem Kunden?

6. Was sind seine persönlichen Ziele als Mitarbeiter im Kundenunternehmen? (Will er Karriere machen? Welchen Einfluss hat dieses Projekt auf seinen persönlichen Bonus?)

Abbildung 4.29 zeigt beispielhaft einen »Kasten« eines offiziellen Organigramms in der traditionellen wie auch in der neuen gehaltvollen Darstellung mit weiteren Informationen zum Beziehungsmanagement. Die dabei verwendeten Abkürzungen werden im Folgenden erläutert.

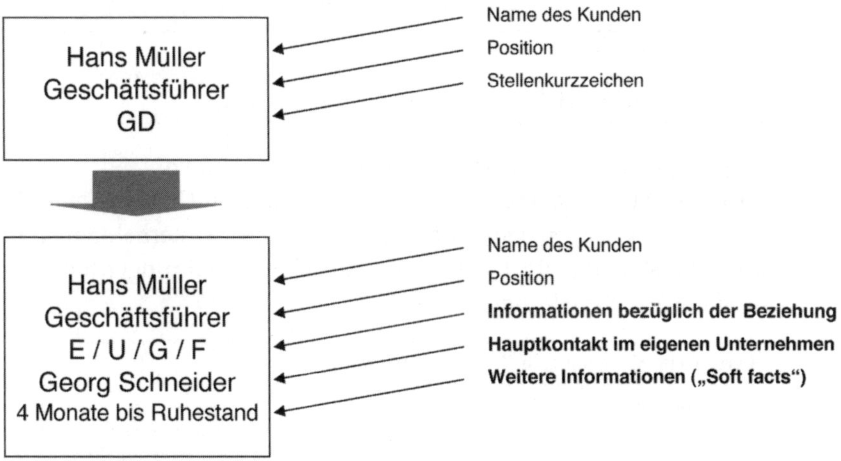


**Abbildung 4.29**: Vom offiziellen Organigramm des Kunden zum Beziehungsmanagement

Zur Frage 1: Welche Rolle spielt dieser Mensch im Kaufprozess?

Die im Buying Center involvierten Personen können verschiedene Rollen im Kaufprozess wahrnehmen. Bei den Rollen kann zwischen dem Spezifizierer, dem Anwender, dem Prüfer, dem Entscheider und dem Beeinflusser unterschieden werden. Nur ein Key Account Manager, der weiß, wer welche Rolle im Kaufprozess spielt, kann die einzelnen Personen geschickt mit den richtigen Informationen zur richtigen Zeit versorgen und so aktiv und bewusst in die Verkaufsstrategie einbinden.

| Position im Buying Center | |
|---|---|
| S | **Spezifizierer**<br>Spezifiziert die Anforderungen des Kunden; verfasst die Ausschreibung. |
| A | **Anwender**<br>Wendet die eingekauften Produkte beziehungsweise Lösungen an. Seine Wünsche und Anforderungen können sich durchaus von denen des Spezifizierers unterscheiden. |
| P | **Prüfer**<br>Prüft und vergleicht die Angebote mit den gestellten Anforderungen. |
| E | **Entscheider**<br>Trifft die Kaufentscheidung und hat im Allgemeinen das Budget! |
| B | **Beeinflusser**<br>Interne wie externe Mitarbeiter (zum Beispiel Berater), die die Ausschreibung und die Entscheidungsfindung beeinflussen. |

Zur Frage 2: Wie steht er zu unserem Unternehmen?

Jeder von uns hat eine persönliche Einstellung zu Unternehmen beziehungsweise einzelnen Mitarbeitern eines Unternehmens. Diese Einstellung rührt meist von gemachten Erfahrungen oder persönlichen Beziehungen her.

| Persönliche Einstellung zu Ihrem Unternehmen | |
|---|---|
| M | **Mentor**<br>Unterstützt Sie aktiv im Unternehmen. Wird ein potenzielles Projekt beim Kunden aufgesetzt, wird er aktiv Ihr Unternehmen als möglichen Partner nennen. |
| U | **Unterstützer**<br>Im Gegensatz zum Mentor, unterstützt Sie diese Person nicht aktiv. Wird dieser Mensch aber nach seiner Meinung befragt, so wird er Ihre Lösung als positiv bewerten. |
| N | **Neutral**<br>Ist den verschiedenen Anbietern gegenüber völlig neutral eingestellt und sucht nur die beste Lösung für das eigene Unternehmen. |
| K | **Kein Unterstützer**<br>Wie beim Unterstützer weiter oben auch, reagiert dieser Mensch erst auf Anfragen seiner Umwelt. Dann wird er sich allerdings nicht positiv über Ihre Produkte und Lösungen äußern. |
| F | **Feind**<br>Ein Feind wird sich aktiv gegen Ihre Produkte und Lösungen aussprechen. In den meisten Fällen ist Ihr Feind daher auch ein Mentor für einen anderen potenziellen Partner. |

Insbesondere für K (kein Unterstützer) und F (Feind) muss klar erarbeitet werden, ob und durch welche Maßnahme die Beziehung zu diesen Menschen verbessert werden kann. Bitte beachten Sie aber auch, dass einige Menschen bewusst eine neutrale Haltung einnehmen. Sie können daher nicht jeden Mitarbeiter auf der Kundenseite zu einem U (Unterstützer) oder M (Mentor) entwickeln.

Zur Frage 3: Wie intensiv ist heute unser Kontakt zu diesem Menschen?

Insbesondere bei großen Unternehmen kann es immer wieder dazu kommen, dass neue – Ihnen unbekannte – Mitarbeiter auf der Kundenseite im Buying Center in ein Projekt einbezogen werden. Es ist daher sehr hilfreich, sich klarzumachen, wie intensiv die Beziehung zu den einzelnen Personen ist, um daraus abgeleitet entsprechend zielführende Aktionen zu starten und die Beziehungsintensität zu verbessern.

| **Beziehungsintensität** | |
|---|---|
| **I** | **Intensiv**<br>Der Kunde wird regelmäßig und intensiv besucht und nimmt an Kundenveranstaltungen teil. Es besteht eine wirkliche Beziehung. |
| **H** | **Hoch**<br>Der Kunde wird regelmäßig besucht. |
| **N** | **Niedrig**<br>Der Kunde wird nur sporadisch (sehr selten) besucht. |
| **G** | **Gar nicht**<br>Der Kunde ist unbekannt beziehungsweise wurde bisher noch nicht betreut. |

Der Begriff »regelmäßig« ist allerdings sehr schwammig und sollte im konkreten Fall unternehmensspezifisch angepasst werden (Beispiel: Regelmäßig = einmal pro Monat).

Zur Frage 4: Welche besonderen Interessen hat dieser Mensch?

Die Frage nach den besonderen Interessen bezieht sich auf die Gesprächsbasis eines Menschen. Zum Beispiel kann ein Technikvorstand (CTO – Chief Technical Officer) sehr betriebswirtschaftlich interessiert sein und seine Entscheidung entsprechend betriebswirtschaftlich untermauern. Werden Präsentationen bei diesem CTO gehalten, so sollten diese nicht nur technisch gehalten sein. Präsentationen, die den betriebswirtschaftlichen Aspekt beleuchten, können wesentlich effektiver und zielführender sein. Neben dieser inhaltlichen Ebene spielt aber auch die persönliche Ebene der Beziehungspflege eine Rolle. Klassisch würde ein CTO auf Kundenseite vom gleichgestellten CTO auf der Anbieterseite »betreut«. Ist Ihr CTO allerdings ein Vollbluttechniker, so kann es passieren, dass sich keine wirkliche Beziehung zwischen diesen beiden Technikvorständen entwickelt, da sie »aneinander vorbeireden«.

Die folgende Box kann nur ein Beispiel sein, das auf alle Fälle Ihren marktspezifischen Gegebenheiten noch angepasst werden muss.

| **Gesprächsbasis** | |
|---|---|
| **T** | Technikaffin |
| **F** | Finanzaffin |
| **P** | Politikaffin |
| **S** | Sozialaffin |

Aus den Fragen 1 bis 4 ergibt sich die in Abbildung 4.29 bereits gezeigte Zeile mit den »Informationen bezüglich der Beziehung«.

| **Informationen bezüglich der Beziehung** | | | |
|---|---|---|---|
| **Position im Buying Center** | **Persönliche Einstellung gegenüber Ihrem Unternehmen** | **Beziehungsintensität** | **Gesprächsbasis** |
| **S** – Spezifizierer<br>**A** – Anwender<br>**P** – Prüfer<br>**E** – Entscheider<br>**B** – Beeinflusser | **M** – Mentor<br>**U** – Unterstützer<br>**N** – Neutral<br>**K** – Kein Unterstützer<br>**F** – Feind | **I** – Intensiv<br>**H** – Hoch<br>**N** – Niedrig<br>**G** – Gar nicht | **T** – Technik<br>**F** – Finanzen<br>**P** – Politik<br>**S** – Sozial |

Zur Frage 5: Welcher Mitarbeiter aus unserem eigenen Unternehmen passt am besten zu diesem Kunden?

Erst jetzt, nachdem die ersten vier Fragen beantwortet wurden, kann festgelegt werden, wer aus der eigenen Organisation aus hierarchischer wie auch aus menschlicher Sicht am besten zu diesem Kunden passt.

Zur Frage 6: Was sind seine persönlichen Ziele als Mitarbeiter im Kundenunternehmen? (Will er Karriere machen? Welchen Einfluss hat dieses Projekt auf seinen persönlichen Bonus?)

Bei dieser sechsten Frage geht es darum, sich »Soft facts« der einzelnen Kunden stets vor Augen zu führen. Zum Veranschaulichen hier ein sehr bekanntes, wahres Beispiel: Ein Key Account Manager will unbedingt einen Auftrag beim Kunden platzieren. Seine Strategie sieht vor, dem Kunden bereits am Anfang das preislich beste Angebot zu unterbreiten. In der Tat wird er auch zusammen mit einem zweiten Mitbewerber zu kommerziellen Verhandlungen eingeladen. Da er preislich bereits sehr attraktiv angeboten hatte, konnte der Key Account Manager dem Kunden keinen weiteren größeren Preisnachlass gewähren. Anders sah die Situation beim Wettbewerber aus, der sein preislich höheres Angebot im Laufe der Verhandlungen reduzieren konnte. Am Ende war der Preis unseres Key Account Managers zwar niedriger als der Preis des Wettbewerbers, doch trotzdem bekam der Wettbewerber den Auftrag. Der Grund dafür: Der Bonus des Einkäufers richtete sich danach, um wie viel Prozent er die Lieferanten im Preis reduzieren konnte. Der Einkäufer hat daher alles dafür getan, dass der preislich höhere Wettbewerber am Ende den Auftrag bekam und er seinen Bonus einstreichen konnte.

### Umsetzung auf Ihr Unternehmen

| **Wie wollen Sie dieses Konzept auf Ihr Unternehmen anpassen? Welche Informationen sind Ihnen wichtig und können Sie unterstützen, das Beziehungsgeflecht zwischen der Kundenorganisation und Ihrer eigenen Unternehmensorganisation optimal und zielorientiert zu gestalten?** |
| --- |
| |

## Die Ergebnisse in der SWOT-Analyse

Die Ergebnisse der durchgeführten Schlüsselkundenanalyse können sehr komprimiert in einer SWOT-Darstellung zusammengefasst werden. Bei der SWOT-Darstellung erfolgt eine direkte Gegenüberstellung der Stärken (**S**trenghts) und Schwächen (**W**eaknesses) eines Unternehmens sowie seiner Möglichkeiten (**O**pportunities) und Risiken/Gefahren (**T**hreats). Bei den Stärken und Schwächen handelt es sich um eine interne Betrachtung, während bei den Möglichkeiten und Gefahren die externen Einflussfaktoren berücksichtigt werden.

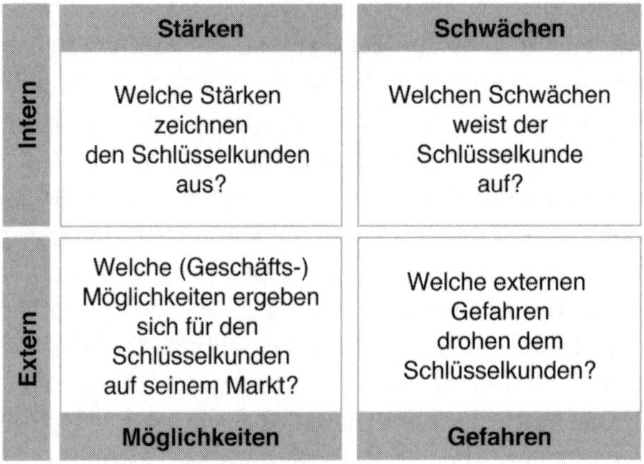


**Abbildung 4.30**: SWOT-Analyse des Schlüsselkunden

Der Key Account Manager kann diese SWOT-Analyse des Schlüsselkunden als Basis verwenden, um neue Geschäftsmöglichkeiten zu identifizieren beziehungsweise seine eigene Vertriebsstrategie und Kundenbindungsstrategie zu entwickeln. Auf den Punkt gebracht: Stärken Sie die Wettbewerbsfähigkeit des Key Accounts, um selbst mehr Umsatz mit diesem Kunden zu generieren. Die Kernfragen dabei sind:

- Was kann ich tun, um die Stärken meines Schlüsselkunden weiter auszubauen?
- Was kann ich tun, um die Schwächen meines Schlüsselkunden zu minimieren oder vielleicht sogar in mögliche Stärken zu transformieren?

– Wie kann ich meinen Schlüsselkunden unterstützen, am Markt existierende neue Möglichkeiten zu adressieren?
– Wie kann ich meinen Schlüsselkunden vor möglichen Gefahren und Risiken am Markt bewahren?

### Lösungsdefinition

Basierend auf der Kundenanalyse, dem Wissen über die eigenen Möglichkeiten im Produkt- und Lösungsbereich sowie den Kenntnissen über potenzielle Wettbewerber kann jetzt eine kundenspezifische Lösung erarbeitet werden. Der Arbeitsprozess findet zumeist in einem Team statt, bestehend aus dem Key Account Manager, Spezialisten aus den jeweiligen Produktbereichen und möglichen weiteren Experten aus dem Bereich Rechtswesen, Controlling, Finanzierung und so weiter.

Diesen Fachbereichen muss die Geschäftsgelegenheit, auch Business Opportunity genannt, kurz, prägnant und zielführend präsentiert werden. In vielen Fällen muss der Key Account Manager sogar diese knappen Unternehmensressourcen im Wettbewerb gegen andere Projekte seiner Kollegen für sich gewinnen. Umso wichtiger ist es für den Key Account Manager, sich auf dieses Gespräch mit den Fachbereichen gründlich vorzubereiten. Um diese Präsentation beziehungsweise diesen Prozess zu vereinheitlichen, habe viele Unternehmen für sich ein unternehmensspezifisches Arbeitsblatt aufgesetzt, welches die wichtigsten Informationen über das Projekt enthält. Die Projektinformationen in einem standardisierten Formblatt komprimiert zusammenzufassen bringt klare Vorteile für das Unternehmen und den Key Account Manager mit sich.

Der Key Account Manager erarbeitet sich selbst ein klares Bild über die Geschäftsgelegenheit und die eigenen Chancen und Risiken in diesem Projekt. Sehr häufig wird von Key Account Managern dieser für sie persönlich wichtige und interessante Aspekt sträflich vernachlässigt. Die Standardantwort lautet: »Das habe ich alles im Griff! Wozu brauche ich ein Formular? Wer was wissen will, kann doch fragen!« Erinnern Sie sich noch an die Schulzeit und die Vorbereitungen auf die Klausuren? Manchmal haben wir den Ordner leichtfertig durchgeblättert und in Anbetracht der

Fakten innerlich gesagt: »Genau, stimmt, habe ich kapiert.« Nur – als der Tag der Entscheidung kam, brachten wir das Wissen nicht immer auf das Papier. Der Grund ist recht einfach. Informationen, die wir formulieren und aufs Papier bringen müssen, verinnerlichen wir wesentlich stärker als Informationen, die wir nur gehört oder einmal gesehen haben. Daher an dieser Stelle auch der Appell an die Key Account Manager: Nutzen Sie diese »Formblätter«, um Ihre eigenen Ressourcen wesentlich effizienter und zielführender und damit auch erfolgreicher einzusetzen. Oder noch besser, verstehen Sie das Opportunity Assessment nicht als Ausfüllen eines Formblattes, sondern vielmehr als Arbeitskonzept, ein Tool, damit Sie noch erfolgreicher werden.

Standardisierte Informationen können von jedem im Unternehmen schnell aufgenommen werden. Werden Projektinformationen in einer standardisierten Form wiedergegeben, so kann jeder involvierte Mitarbeiter von der Geschäftsführung bis hin zu den Experten aus den verschieden Unternehmensbereichen das Projekt sehr schnell erfassen. Daher führt dieser Arbeitsprozess auch zu mehr Effizienz und Erfolg im Unternehmen.

Die Abbildung 4.31 zeigt das Beispiel eines möglichen Formblatts zur Bewertung einer Geschäftsgelegenheit. Grundsätzlich lässt sich dieses Arbeitsblatt in die folgenden fünf Bereiche aufteilen:

Die Projektbeschreibung:

- Kurzbeschreibung des Projektes.
- Die wichtigsten Termine von der Anfrage des Kunden bis zur Realisierung.
- Das potenzielle Auftragsvolumen sowie die Auftragswahrscheinlichkeit.
- Im vierten Informationsblock wird das Budget des Kunden hinterfragt. Gibt es ein Budget? Wenn ja, wie hoch ist es und wer verantwortet dieses Budget auf der Kundenseite?
- Ergänzt wird dieser Informationsblock um die wichtige Frage: »Was passiert, wenn der Kunde nicht investiert?« Gibt es einen zwingenden Grund für den Kunden, dieses Projekt zu realisieren? Auslaufende Altverträge, Vorgaben des Regulierers, Aktivitäten von Wettbewerbern und andere Gründe können Schlüsselkunden zum Handeln zwingen. Nehmen Sie zum Beispiel

| **Bewertung einer Geschäftsgelegenheit** | | | |
|---|---|---|---|
| Kunde:<br>Projekt: | | Key Account Manager:<br>Datum: | |
| **Projektbeschreibung** | | | |
| Wie beschreibt der Kunde sein Projekt? | | **Termine**<br>Ausschreibung:<br>Vertrag: | Angebotsabgabe:<br>Realisierung: |
| | | **Budget**<br>Budget allokiert?<br>Betrag: | ☐ Ja<br>Budgethalter: |
| | | Volumen:<br>Auftragswahrscheinlichkeit: | |
| Was passiert, wenn der Kunde nicht investiert? | | Wie lauten die Entscheidungskriterien des Kunden? | |
| **Ihre Lösung** | | | |
| Kurzbeschreibung Ihrer Lösung: | | Verkaufsstrategie: | |
| | | Vom Kunden wahrgenommene Mehrwerte? | |
| **Wettbewerber** | | | |
| Name Wettbewerber 1: | | Name Wettbewerber 2: | |
| Lösung: | Strategie: | Lösung: | Strategie: |
| **Beziehungsmanagement** | | | |

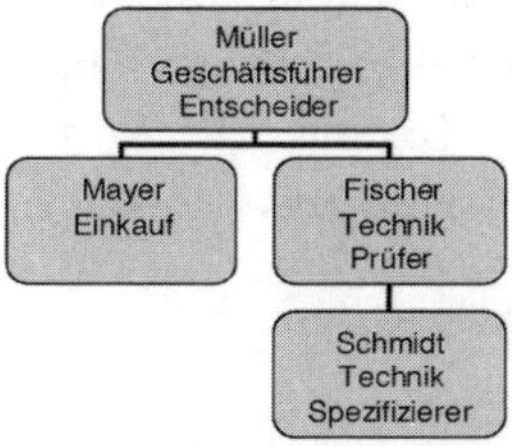


**Aktionsplan**

| Nummer | Was? | Wer? | Bis wann? | Erledigt | Bemerkung |
|---|---|---|---|---|---|
| | | | | ☐ | |
| | | | | ☐ | |
| | | | | ☐ | |
| | | | | ☐ | |
| | | | | ☐ | |
| | | | | ☐ | |
| | | | | ☐ | |
| | | | | ☐ | |
| | | | | ☐ | |

**Abbildung 4.31**: Bewertung einer Geschäftsgelegenheit

einen Neuwagenverkäufer. Tagtäglich kommen sehr viele Interessenten in sein Geschäft und er muss möglichst schnell herausbekommen, ob es sich um ernsthaft interessierte Kunde handelt. Die Frage nach der Zeitplanung eröffnet ihm unter Umständen sehr schnell, dass der bestehende Leasingvertrag in wenigen Monaten ausläuft. Der Kunde schaut sich also nicht nur um, sondern er muss zeitnah handeln. Hier lohnt es sich für den Verkäufer, mehr Zeit und Energie in dieses potenzielle Projekt zu investieren.

- Darüber hinaus werden die Entscheidungskriterien des Kunden bei diesem spezifischen Projekt aufgezeigt.
- Diesem Bereich könnte weiterhin ein Feld mit Informationen zum aktuellen Lieferanten beigefügt werden.

Ihre Lösung:

- Kurzbeschreibung Ihrer Lösung
- Angaben zur Verkaufsstrategie
- Vom Kunden wahrgenommene Mehrwerte. Anstelle dieser Kundensicht geben einige Unternehmen hier auch ihre einzigartigen Wettbewerbsvorteile (auch USPs – Unique Selling Propositions genannt) an. Unter USPs versteht man den einzigartigen, der Konkurrenz überlegenen Wettbewerbsvorteil eines Produktes oder einer Lösung. Die Vorteile können im Produkt selbst, im Preis oder im Servicebereich liegen.

Die Wettbewerber:

- Welche Wettbewerber werden sich voraussichtlich auch noch um dieses Projekt bemühen?
- Wie sieht die Lösung der jeweiligen Wettbewerber aus?
- Welche Strategie verfolgen die Wettbewerber?
- Diesem Bereich der Wettbewerbsanalyse kann auch noch ein Feld für die Stärken und Schwächen der Wettbewerbsangebote beigefügt werden.

Tipp: Führen Sie die Wettbewerbsanalyse auf Kundenebene durch. Wie ist der Wettbewerb bei diesem Kunden positioniert? Wie ist das Verhältnis zwischen dem Account Team des Wettbewerbers und den Menschen im Buying Center auf der Kundenseite? Welche Stärken und Schwächen hat der Wettbewerber bezogen auf diesen speziellen Kunden?

Das Beziehungsmanagement:
- Im Bereich Beziehungsmanagement erfolgt die Analyse vom Buying Center. Wer ist wie in den Entscheidungsprozess auf Kundenseite involviert? In welcher Beziehung stehen diese Personen zum eigenen Unternehmen?

Der Aktionsplan:
- Liste der notwendigen Aktionen: wer macht was bis wann?

### Präsentation der Lösung beim Kunden

Nachdem die Lösung im Team erarbeitet wurde, kann diese jetzt dem Kunden präsentiert und mit ihm diskutiert werden. Die Lösungspräsentation kann dabei in verschiedenen Stufen und Varianten erfolgen. Insbesondere bei komplexen Industriegütern wird meistens zuerst eine Präsentation beim Kunden erfolgen, bevor ein konkretes Angebot erstellt und dem Schlüsselkunden übergeben wird. In einem Gespräch mit dem Kunden können sich darüber hinaus auch noch weitere Aspekte ergeben, die eine Überarbeitung der Lösung und des entsprechenden Angebotes erforderlich machen. Daraus kann sich ein iterativer Prozess zwischen Lösungsdefinition und Kundenpräsentation ergeben. Insbesondere Termine mit und beim Schlüsselkunden sollten professionell vor- und nachbereitet werden, um diese Veranstaltungen und Gespräche für das eigene Unternehmen wie auch für den Schlüsselkunden selbst zu einer Gewinn bringenden Investition zu machen.

Inhaltliche Vorbereitung:
- Wer wird auf der Kundenseite an diesem Termin teilnehmen? Wie weiter oben bereits ausführlich beschrieben, muss die Präsentation den Mehrwert für den Kunden klar in den Mittelpunkt stellen.
- Welche Einwände gegen die angebotenen Produkte und Lösungen könnten von der Kundenseite aus angebracht werden? Wie

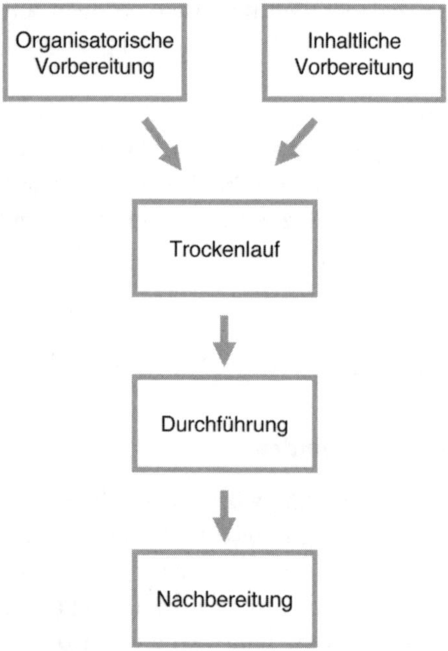


**Abbildung 4.32**: Der Kundentermin

könnte diesen Einwänden glaubwürdig und nachvollziehbar begegnet werden?
- Welches Ziel verfolgen Sie genau mit diesem Termin?
- Die Präsentation sollte die inhaltliche Sprache des Kunden treffen. Welche Abkürzungen und Begrifflichkeiten sind für den Gesprächspartner gebräuchlich und welche nicht?

Organisatorische Vorbereitung:
- Formulieren Sie eine Einladung, die den Ansprechpartner auf der Kundenseite neugierig macht. Verwenden Sie dabei eine Formulierung, die Sprache und Interessen des Kunden als Menschen trifft. Der Schlüsselkunde muss die Zeit und den Aufwand für diesen Termin gerne investieren.
- Wurde der Termin mit dem Kunden abgestimmt, soll noch eine Terminbestätigung mit den wichtigsten Angaben zum Tagesablauf, der Logistik sowie den Teilnehmern von Ihrer Seite aus erfolgen?

- Bauen Sie sich eine Bühne für diesen Gesprächs- und Präsentationstermin auf. Die Umgebung, der Raum, die gesamte Logistik und die Wahl der Präsentationsmedien hat einen großen Einfluss auf den Gesamteindruck, den der Kunde von diesem Termin, Ihrem Angebot und Ihrem Unternehmen im Ganzen mitnimmt.

Trockenlauf:

Was die Generalprobe für den Künstler ist, ist der Trockenlauf für den Key Account Manager. Insbesondere bei Terminen, bei denen mehrere Mitarbeiter aus den unterschiedlichen Unternehmensbereichen Teile Ihrer Gesamtlösung dem Schlüsselkunden präsentieren, ist ein Probelauf unter möglichst echten Rahmenbedingungen äußerst ratsam.

- Wird der Zeitplan eingehalten?
- Werden die Kernbotschaften klar formuliert und kommuniziert?
- Wie ist der persönliche Auftritt des Präsentierenden?
- Wie wird mit möglichen Einwänden umgegangen?
- Wie spielen die verschiedenen Individuen als Team zusammen?

Durchführung:

Der Tag x ist da und der Key Account gibt Ihnen die Gelegenheit, Ihre Produkte und Lösungen zu präsentieren. Bereits bei den Kompetenzen des Key Account Managers wurde auf die wichtige Fähigkeit »aktiv zuhören können« hingewiesen. Diese Fähigkeit ist besonders auch bei der Lösungspräsentation gefragt. Wenn Ihnen der Kunden einen Zeitrahmen von zwei Stunden zugesteht, so nehmen Sie maximal eine Präsentation für eine Stunde mit. Die verbleibende Zeit muss für die Diskussion mit dem Schlüsselkunden genutzt werden. Fragen stellen heißt:

- Informationen sammeln, Probleme und Wahrnehmungen des Kunden verstehen
- das Gespräch führen
- den Gesprächspartner zum Nachdenken anregen
- nur eine Frage aufs Mal stellen, da es auf Doppelfragen meist nur Teilantworten gibt.

Zu guter Letzt noch ein Hinweis zum Thema Präsentation. Eine durchlaufende PowerPoint-Präsentation über zwei bis drei Stunden wirkt sehr ermüdend auf Ihr Publikum. Weniger ist hier oftmals mehr. Am Ende sollte die Kernbotschaft auf alle Fälle noch einmal kurz und prägnant nach dem Motto »Das sollten Sie behalten« zusammengefasst werden. Die Verwendung von unterschiedlichen Präsentationsmedien wie ein Flip-Chart und auch das wirkliche Produkt lockert auf und erleichtert die Konzentration. Wir Menschen behalten sehr viel mehr, wenn wir etwas aktiv tun. Involvieren Sie Ihre Kunden durch Fragen in die Präsentation oder noch besser, machen Sie Ihren Gesamttermin zu einem wirklichen Erlebnis für den Kunden.

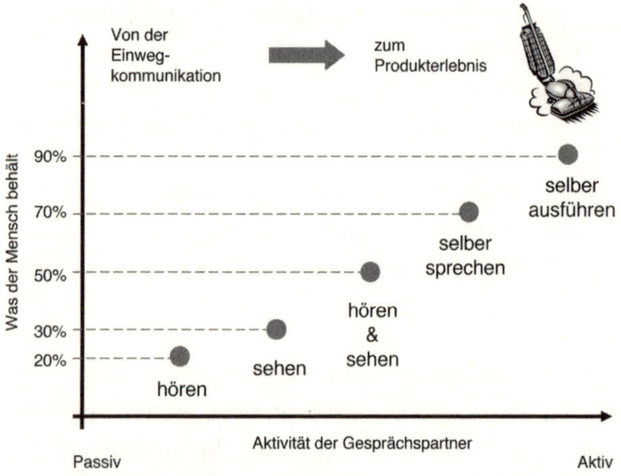


**Abbildung 4.33**: Was der Kunde behält

Nachbereitung:

Die Nachbereitung von Kundenterminen wird auch im Key Account Management leider sehr häufig sträflich vernachlässigt. Eine gute und professionelle Nachbereitung besteht dabei aus den drei Komponenten »Manöverkritik«, »Protokoll« und »Kundenrückfragen«.

Bei der Manöverkritik analysiert das Team den Kundentermin noch einmal im Rückblick. Haben wir unser Ziel erreicht? Was haben wir aus dem Termin gelernt? Welche Auswirkungen haben die Gesprächsergebnisse auf die angebotene Lösung und Strategie? Zum Gesprächs- oder auch Terminprotokoll unterhalten die meisten Vertriebs- und Key Account Manager eine Art Hassliebe. Dabei kann gerade dieses Protokoll ein hilfreiches Werkzeug zur Kommunikation von Informationen und zur Verfolgung von Aktionspunkten bieten. Ein Protokoll, welches mit dem Schlüsselkunden abgestimmt wird, stellt sicher, dass Anbieter wie auch Schlüsselkunde ein gleiches Verständnis der Ergebnisse und Aktionspunkte aus dem Gespräch haben. Die dritte Komponente der Nachbereitung liegt in der Abarbeitung von möglichen Aktionspunkten und in dem Nachfassen beim Schlüsselkunden. Welche Fragen bezüglich der Präsentation haben sich nach dem Termin beim Schlüsselkunden noch ergeben?

### Vertrag und Realisierung

Der Schlüsselkunde hat sich für Ihr Unternehmen als Partner in diesem Projekt entschieden und der Vertrag wurde abschließend verhandelt und unterzeichnet. Insbesondere bei Rahmenverträgen hat der Key Account Manager jetzt die wichtige Aufgabe, diesen zentralen Erfolg in die Regionen beziehungsweise auf die internationale Ebene zu multiplizieren. Damit aus dem Vertrag heraus Geschäfte mit den regionalen und internationalen Beteiligungen des Kunden entstehen können, müssen die Account Manager vor Ort über diesen Vertrag informiert werden. Anschließend informieren sie die lokalen Kundeneinheiten und entwickeln das Geschäft. Die regionalen Account Manager kommunizieren mit dem Key Account Manager über alle Vertrags- und Realisierungspunkte, die mit der Kundenzentrale besprochen werden sollten. Daraus ergibt sich automatisch, dass der Key Account Manager auch in der Realisierungsphase ein kontinuierlicher Ansprechpartner für den Schlüsselkunden bleibt!

### Der Key-Account-Plan – der Kunde und die passende Strategie auf einen Blick

Der Key-Account-Plan (KAP) ist das strategische Steuerungsinstrument des Key Account Managers und aufgrund der Bedeutung der Schlüsselkunden auch elementarer Bestandteil der Unternehmensplanung. Wichtig dabei ist, den KAP nicht als auszufüllendes

Template zu verstehen, sondern als ein strukturiertes Arbeitskonzept und Tool für den erfolgreichen Key Account Manager zu erkennen. Genau hier liegt die große Herausforderung bei der Erarbeitung, Einführung und Kommunikation Ihres unternehmensspezifischen Konzepts. In vielen Unternehmen wird der KAP vom Key Account Manager sehr häufig als notwendiges Übel angesehen und die Unternehmensvorlage Punkt für Punkt mit Informationen gefüllt, ohne dabei die Zusammenhänge und damit die Auswirkungen für das Geschäft wahrzunehmen. Ein guter KAP muss dabei kein hundertseitiges Dokument darstellen, sondern kann auf wenigen Seiten die Situation des Kunden und die sich daraus ergebenden Geschäftsmöglichkeiten kurz und präzise widerspiegeln.

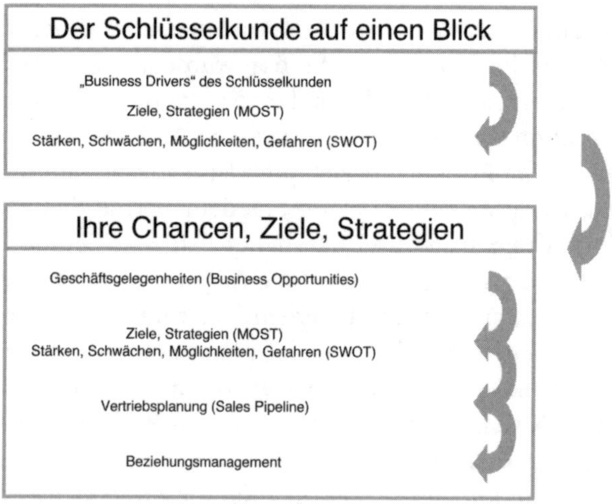


**Abbildung 4.34**: Key-Account-Plan-Struktur

Inhaltlich lässt sich der KAP in die beiden großen Bereiche »Kunde« und »eigene Chance, Ziele, Strategien« aufgliedern.

### Der Schlüsselkunde auf einen Blick

Im ersten Abschnitt werden die Ergebnisse der Kundenanalyse festgehalten. Was treibt, was bewegt den Kunden heute und morgen? Was sind die »Business Drivers« des Kunden? Will der Kunde in neue Marktsegmente vordringen? Will er neue geografische Märkte erschließen oder ist er aufgrund seiner finanziellen Situation ganz auf Prozessoptimierungen und Schuldenabbau fokussiert? Zur Kundenanalyse kann wieder auf das 4-Schalen-Modell zurückgegriffen werden, bei dem insbesondere die Veränderungen am Markt des Kunden zu berücksichtigen sind. Die »Business Drivers«, Ziele und Strategien des Kunden fließen anschließend in eine SWOT-Analyse ein. Welche Stärken und Schwächen zeichnen den Kunden aus? Welche Möglichkeiten ergeben sich für den Kunden am Markt und welche Gefahren drohen ihm von außen?

Aus der Kundenanalyse heraus ergeben sich dann mögliche Geschäftsgelegenheiten (Business Opportunities). Wie können Sie mit Ihrem Unternehmen den Kunden unterstützen, so dass er seine Ziele erreicht? Was kann getan werden, um den Kunden noch erfolgreicher zu machen oder mögliche Schwächen zu minimieren? An dieser Stelle wird der Unterschied zwischen Key Account Management und Vertrieb sehr deutlich. KAM bedeutet, aus dem Kunden heraus (bottom-up) Geschäftsmöglichkeiten zu entwickeln und nicht die eigenen Produkte und Lösungen in den Vordergrund zu stellen. Es geht um den Verkauf, bei dem die Lösung von Kundenproblemen und die Stärkung der Wettbewerbsposition des Kunden im Vordergrund stehen.

Aus den qualifizierten und quantifizierten Geschäftsgelegenheiten heraus können dann die eigenen Ziele und Strategien erarbeitet und festgehalten werden. Die Ziele betreffen dabei nicht unbedingt eine einzelne Geschäftsgelegenheit, sondern vielmehr die Gesamtziele bezogen auf den Schlüsselkunden. Die spezifische Position Ihres Unternehmens und des Key-Account-Teams beim Kunden wird dann in einer SWOT-Analyse festgehalten. In diese Analyse fließen auch Kenntnisse über die eigene Unternehmensposition am Markt, die generellen Veränderungen am Markt und die Stärken und Schwächen der Wettbewerber ein. Wichtig und herausfordernd an dieser Stelle ist, eine SWOT-Analyse bezogen auf die eigene Position gegenüber dem Schlüsselkunden zu erstellen. Sehr leicht lassen sich Account-Teams hier von allgemeinen Stärken und Schwächen des Unternehmens leiten, die aber nicht unbedingt so für die spezifische Beziehung zum Kunden Gültigkeit haben müssen. Aus der SWOT-Analyse heraus ergibt sich dann die Vertriebsplanung, die Sales Pipeline, die auch in die Unternehmensplanung einfließt.

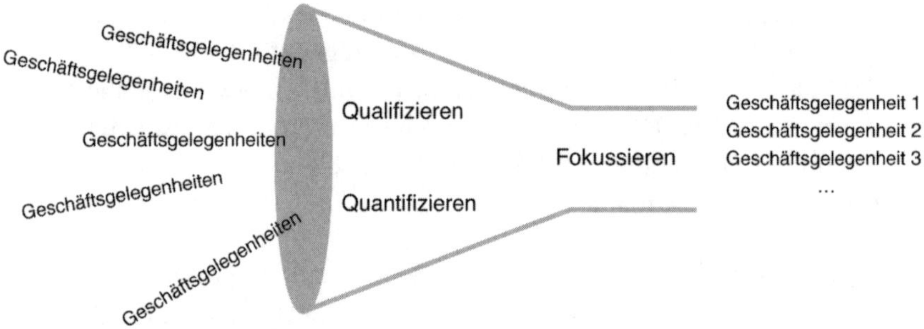


**Abbildung 4.35**: Sales Pipeline

Die Gesamtziele und die Sales Pipeline haben einen entscheidenden Einfluss auf das Beziehungsmanagement, das ebenfalls elementarer Bestandteil des KAPs ist. Wer sind die entscheidenden Personen im Buying Center auf der Kundenseite? Wer aus dem eigenen Unternehmen muss mit wem auf der Kundenseite zusammengebracht werden, um eine langfristige Beziehung aufzubauen? Ein gut geführter KAP kann vom Key Account Manager gezielt und effizient eingesetzt werden, um im eigenen Unternehmen Dinge für seinen Schlüsselkunden durchzusetzen. Dabei kann es sich ebenso um Marketingaktionen handeln wie auch um spezielle Anpassungen im Produktbereich, beschleunigte Lieferungen oder besondere Serviceleistungen.

Der Umfang eines KAPs variiert sehr stark von Unternehmen zu Unternehmen und reicht von einem einseitigen Excel-Blatt bis hin zur 200 Seiten umfassenden PowerPoint-Präsentation. Je wichtiger der einzelne Schlüsselkunde für das eigene Unternehmen ist, je komplexer und umfangreicher sich die Geschäftsbeziehung gestaltet, desto umfangreicher wird im Allgemeinen auch der Key-Account-Plan. Grundsätzlich sollte aber die Regel gelten, dass ein Key-Account-Plan so einfach und kurz wie möglich und so umfangreich wie notwendig gestaltet werden sollte.

### Weitere mögliche Informationen im KAP

Allgemeine Informationen:
- Key Account Manager
- Datum der letzten Aktualisierung (oder auch Versionsnummer)
- Datum des letzten Reviews und Information, wer das Review durchgeführt hat

Executive Summary:
- Zusammenfassung der wichtigsten Punkte

Kundeneckdaten:
- Name
- Adresse vom Stammhaus
- Kundennummer
- Account-Klassifizierung (Target Account, Key Account, Global Account ...)
- Status der Geschäftsbeziehung (opportunistisch, Lieferant, Partner, Key Supplier). Beim Key-Supplier-Status bitte zusätzlich den Key Supplier Manager auf der Kundenseite angeben
- Wichtige Eckdaten des Unternehmens (Umsatz, EBITDA, Mitarbeiter, Verschuldung etc.) im Rückblick sowie im Ausblick auf die Zukunft.
- Geografischer Aktionsradius (regional, national, international, Global)
- Organisation des Kunden (Gesellschaftsstrukturen, Tochterunternehmen ...)
- Kurzprofil der Geschäftsfelder beziehungsweise Kernaktivitäten des Kunden

Key Account Team:
- Struktur des (virtuellen) nationalen/internationalen Key-Account-Teams für diesen Schlüsselkunden
- Gesamtanzahl der Mitarbeiter
- Analyse der Umsätze pro Mitarbeiter

Wettbewerbsposition:
- Welche Wettbewerber beliefern heute bereits den Schlüsselkunden?

- Wie ist ihre Stellung bei diesem Schlüsselkunden (austauschbarer Lieferant bis hin zum strategischen Partner)?
- Welche wichtigen Informationen gibt es bezüglich dieser Wettbewerber (zum Beispiel Ablaufen von Rahmenverträgen)?

Kundenbindung:
- Informationen über durchgeführte Kundenbefragungen (Stichwort Customer Satisfaction Index)
- Welche Kundenbindungsmaßnahmen wurden und werden gestartet?

Aktionsplan:
- Welche projektübergreifenden Maßnahmen müssen gestartet werden? Wer macht was bis wann?

### Die Erstellung des Key-Account-Plans

Der erste Entwurf des KAPs wird meist in einem Workshop im Key-Account-Team erstellt. Dazu gehören neben dem Key Account Manager auch die regionalen Account Manager sowie die Mitarbeiter, die in einem regelmäßigen Kontakt zum Schlüsselkunden stehen. Die große Herausforderung im KAP liegt in der Aktualität der Daten. Sehr häufig wird ein Account-Plan in einem Workshop einmalig erstellt und dann maximal einmal im Jahr für das Key Account Review kurz überarbeitet. Damit verkommt der KAP zu einem Zwangspapier – zu einem Papiertiger. Deshalb ist es wichtig, ihn von Anfang an im Unternehmen als das Steuerungs- und Kommunikationsinstrument des Key Account Managers zu etablieren. Insbesondere bei der Einführung des Key Account Managements kann es sinnvoll sein, die Benutzung und Aktualisierung des KAP als qualitatives Ziel in das Vergütungssystem aufzunehmen. Nach der Einführungsphase sollte dann jeder Key Account Manager die Vorteile eines Key-Account-Plans für sich selbst entdeckt und ein eigenes vitales Interesse an der Aktualität der Daten entwickelt haben.

#### Einbeziehung des Schlüsselkunden

Ein weiteres wichtiges Feld der Anwendung liegt in der Einbeziehung des Schlüsselkunden in die Planung. Eine Reihe von

Schlüsselkunden fordert sogar explizit die Einbeziehung in diese strategische Planung des Lieferanten. Der KAP wird damit zu einem standardisierten Kommunikationstool mit dem Schlüsselkunden. Da nicht alle Daten aus dem Key-Account-Plan für die Augen des Schlüsselkunden gedacht sind (siehe zum Beispiel den Punkt des Beziehungsmanagements), gibt es in den meisten Fällen einen externen und einen internen, erweiterten KAP.

### Key Account Plan Review

Bei der regelmäßigen Überprüfung der Pläne muss zwischen Review im Team und dem Review auf Unternehmensebene unterschieden werden. Das Account-Team sollte in der Regel alle drei bis vier Monate seinen KAP auf dessen Aktualität hin überprüfen. Dazu zählen insbesondere die Informationen über den Kunden, mögliche Geschäftsgelegenheiten und die eigenen Ziele, Strategien und Maßnahmen. Auf Unternehmensebene werden die KAPs meist einmal pro Jahr im Rahmen der Budgetplanung einer Überprüfung unterzogen. Dabei gilt es, die Ziele sowie die Kundenentwicklungsstrategie und die daraus resultierenden notwendigen internen Ressourcen und Maßnahmen im Unternehmen abzustimmen und zu verabschieden. Darüber hinaus werden im Rahmen dieser Review-Prozesse der Account-Status überprüft beziehungsweise neue Kunden in den Status eines Key Accounts beziehungsweise Target Accounts gehoben. Der Key Account Manager präsentiert dem so genannten Key Account Management Review Board seinen Account-Plan. Diesem Review Board gehören im Allgemeinen an:

- Vertreter der Geschäftsführung (siehe auch Topmanagement-Sponsoring)
- Vertriebsleiter
- Bereichsleiter der einzelnen Produktdivisionen
- Leiter Marketing
- teilweise Personalabteilung
- Vertriebscontrolling

Die einheitliche Struktur und das einheitliche Layout der Account-Pläne im Unternehmen stellen eine einfache und effiziente Kommunikation der Daten und Fakten sicher. Die Frage, wer im Unternehmen den KAP überhaupt lesen darf, wird häufig heiß diskutiert. Da ein Account-Plan teilweise sensible Daten enthält, kann er meist nicht komplett allen interessierten Mitarbeitern im Unternehmen zur Verfügung gestellt werden. Auf der anderen Seite muss insbesondere der Key Account Manager dafür Sorge tragen, dass die notwendigen Daten den relevanten Bereichen und Mitarbeitern leicht zugänglich sind und die Daten aktuell gehalten werden!

### Umsetzung auf Ihr Unternehmen

| **Checkliste zur Einführung eines Key-Account-Plans** | |
|---|---|
| **KAP** | |
| Welche Informationen soll der Key-Account-Plan beinhalten? | ☐ |
| Gliederung und Umfang festlegen | ☐ |
| Form und zu verwendende Softwarelösung (Microsoft Word, Excel, CRM-basierend ...) festlegen | ☐ |
| Form-/Arbeitsblatt erstellen | ☐ |
| Festlegen, wo die KAPs gespeichert werden sollen (zentrales Laufwerk, geschützter Bereich im Intranet ...) | ☐ |
| **Key Account Plan Review** | |
| Mitglieder des Key Account Review Boards festlegen | ☐ |
| Aufgaben des Review Boards festlegen | ☐ |
| Review-Zyklen bestimmen | ☐ |

## E-Business und Key Account Management

E-Business steht für »die Verzahnung und Optimierung von Geschäftsprozessen in ihrer ganzen Breite durch die Informations- und Telekommunikationstechnik. In diesem Sinn subsumiert Electronic Business alle elektronisch dargestellten Prozesse bzw. Vorgänge im Geschäftsleben wie Electronic Commerce (E-Commerce), Mobile Commerce (M-Commerce), Electronic Procurement (E-Procurement), Electronic Cash (E-Cash) usw.« (Quelle: *www.t-mart.de*)

Insbesondere im Key Account Management können dem Schlüsselkunden durch E-Business-Lösungen besondere Dienstleistungen angeboten werden, um sich vom Wettbewerb zu differenzieren. Darüber hinaus können durch die Einführung von E-Business Potenziale zur Kosteneinsparung auf Kunden- und auch auf Lieferantenseite ausgeschöpft werden. Die Abbildung 4.36 zeigt mögliche E-Business-Dienstleistungen im Vertriebsprozess (Sales Cycle) mit seinen drei Phasen Pre-Sales, Sales und After-Sales. Insbesondere in der Pre-Sales-Phase gilt es, den Kunden optimal mit Informationen zu den eigenen Produkten und Lösungen zu versorgen. Ein kundenspezifischer Newsletter kann dabei über alle Vertriebsphasen hinweg als Instrument der Kundenbindung eingesetzt werden.

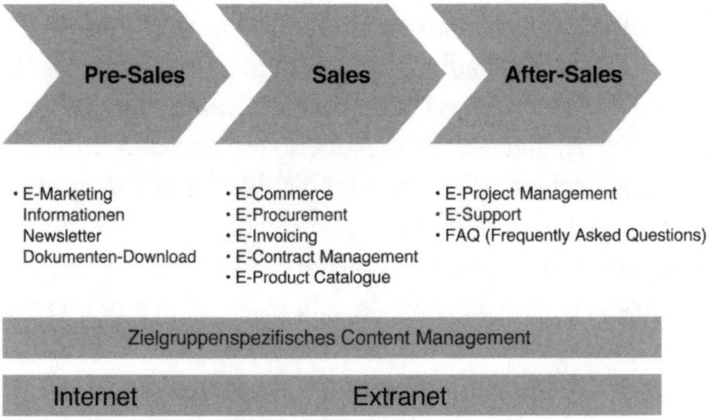


**Abbildung 4.36**: E-Business im Sales Cycle

In der eigentlichen Sales-Phase wird der Key Account Manager einen Rahmenvertrag mit dem Schlüsselkunden abschließen. Mögliche Abrufe können dann elektronisch über E-Commerce (aus Anbietersicht) oder E-Procurement (aus Kundensicht) abgewickelt werden. Die große Herausforderung in dieser Phase liegt in der Verzahnung der Prozesse und IT-Systeme auf Kunden- und Lieferantenseite. Bestellungen können dabei zum Beispiel aus einem Online-Produktkatalog erfolgen, der bestellbare Produkte mit den entsprechenden Produktnummern und Preisen beinhaltet. Darüber hinaus können Rahmenverträge, die mit der Zentrale des Kunden vereinbart wurden, über eine abgestimmte Plattform auch den (internationalen) Gesellschaften des Key Accounts zugänglich gemacht werden. Insbesondere bei der elektronischen Rechnungsstellung (E-Invoicing) gilt es jedoch, eine Reihe von steuerrechtlichen Vorgaben zu berücksichtigen. In der Realisierungs- oder auch After-Sales-Phase können dem Kunden zum Beispiel gemeinsame Projekträume zur zentralen Ablage von Dokumenten des Projektmanagements angeboten werden.

Für Informationen, die für alle Kunden gleich sind, kann grundsätzlich das Medium Internet genutzt werden. Sobald aber kundenspezifische Informationen geschützt abgelegt werden müssen, muss das Unternehmen auf ein Extranet zurückgreifen. Das Extranet beruht zwar technologisch auf dem Internet, jedoch kann es nur von einer bestimmten Gruppe verwendet werden. Sehr häufig finden Sie zudem auf der Internetseite eines Lieferanten die Möglichkeit, sich über einen Benutzernamen und ein Kennwort vom Internet aus in dieses Extranet einzuloggen. Die dem Kunden zur Verfügung stehenden Dienstleistungen und Inhalte können zumeist kundenindividuell eingerichtet werden. Neben der direkten Eins-zu-eins-Vernetzung zwischen Anbieter und Schlüsselkunden gibt es auch die Möglichkeit, so genannte Marktplätze zu verwenden. Neben branchenunabhängigen Marktplätzen wie dem T-Mart der Deutschen Telekom AG (*www.t-mart.de*) gibt es aber auch branchenspezifische, beispielsweise für die chemische Industrie (*www.cc-chemplorer.com*) oder die Automobilindustrie (*www.covisint.com*)

Die Kundenakzeptanz dieser neuen Dienstleistungen hängt vor einer Reihe von verschiedenen Faktoren ab. Storp (2001) verweist dabei beispielhaft auf:

- Nutzenpotenziale, die klar erkennbar sein müssen
- Organisationsstruktur und -kultur
- Unternehmensgröße
- Branche
- Internationalisierung
- psychographische Merkmale der Entscheider (Neigungen, Einstellungen, Präferenzstruktur, Risikobereitschaft etc.)
- Umstellungskosten
- Kompatibilität und Komplexität der verwendeten technischen Lösungen auf beiden Seiten

Insbesondere international oder global aufgestellte Key-Account-Teams kann E-Business im operativen Tagesgeschäft unterstützen, da es eine zeit- und ortsunabhängige Präsenz gegenüber dem Schlüsselkunden bietet. Die stärkere Verzahnung der Prozesse und Systeme zwischen Lieferant und Schlüsselkunden wird sich auch positiv auf die Kundenbindung auswirken. Die großen Herausforderungen liegen dahingegen in der Aktualität der bereitgestellten Informationen im E-Business und in der klaren Darstellung der Mehrwerte für den Kunden (Customer Perceived Values).

## Zusammenfassung

**Baustein 4 – Prozesse und Tools**

| Bereich | Inhalt | Notizen |
|---|---|---|
| KAM-Prozess | – Im KAM-Prozess steht die Lösung von Kundenproblemen im Vordergrund. Die Phasen: 1. Analyse Kundenunternehmen; 2. Lösungsdefinition; 3. Präsentation der Lösung und Angebot an den Kunden; 4. Vertrag; 5. Realisierung | |
| CPV | – Customer Perceived Value bezeichnet den vom Kunden wahrgenommenen Mehrwert<br>– Unterscheidung zwischen funktionellen, wirtschaftlichen und psychologischen Mehrwerten | |
| Kundenanalyse | Analyse der Kundenorganisation erfolgt durch das 4-Schalen-Modell:<br>1. Mitarbeiter<br>2. Wertschöpfungskette<br>3. Struktur, Strategie, Fähigkeiten, Kennzahlen<br>4. Markt und Wettbewerber | |
| SWOT | – Ergebnisse der Kundenanalyse werden in der SWOT-Analyse (Strenghts = Stärken; Weaknesses = Schwächen; Opportunities = Möglichkeiten; Threats = Risiken/Gefahren) zusammengefasst | |
| KAP | – Key-Account-Plan ist das strategische Steuerungs- und Planungsinstrument des Key Account Managers<br>– Inhalt: Kundeneckdaten; eigene Geschäftstätigkeit; Beziehungsmanagement; Key-Account-Team; Wettbewerbsposition; Kundenbindung; Aktionsplan | |

| Bereich | Inhalt | Notizen |
|---|---|---|
| E-Business | – steht für die Verzahnung und Optimierung von Geschäftsprozessen durch Informations- und Telekommunikationstechnik<br>– bietet KAM Möglichkeiten zur Differenzierung gegenüber dem Wettbewerb<br>– individuelle Lösungen im gesamten Sales Cycle: Pre-Sales (E-Marketing); Sales (E-Commerce, E-Procurement, E-Invoicing); After-Sales (E-Project-Management) | |

## Baustein 5 – Balanced Scorecard im Key Account Management (von Stephan Meißner)

»If you can't measure it, you can't manage it!« Dieses einfache wie einleuchtende Credo gilt es gerade auch im Vertrieb zu beherzigen, denn es hat sich gezeigt, dass nachhaltiger Erfolg am Markt nur dann zu erzielen ist, wenn Strukturen und Prozesse stetig einer Kontrolle und Überprüfung im Hinblick auf Effizienz, Marktgerechtigkeit und Rendite unterzogen werden.

Ein optimiertes und ständig weiterentwickeltes Vertriebsmanagement ist Garant für das Bestehen am Markt und die Erzielung gesunder Erträge. Doch stellt dieser Anspruch ein Unternehmen auch vor eine große Herausforderung, da die Mehrzahl der Controllingverfahren im Vertrieb oft unsägliche Datenkolonnen und wenig Verwertbares hervorbringen. Das erzielte Steuerungsmoment im Sinne einer Verbesserung und Weiterentwicklung ist gering. Die Schwierigkeit des Controllingprozesses im Vertrieb liegt in der angebrachten Berücksichtigung zahlreicher Faktoren. Wie kaum ein anderer Bereich eines Unternehmens agiert der Vertrieb als Schnittstelle und Multiplikator zwischen Produktion und Kunde. Diesen Umstand gilt es zu berücksichtigen, um ein ganzheitliches Vertriebscontrolling mit möglichst hohem und genauem Steuerungsmoment zu entwickeln. Zudem sollte das Steuerungssystem anpassungsfähig und individuell sein, um dem dynamischen Charakter des Marktes widerspiegeln zu können. Die Anforderungen an ein zeitgemäßes Steuerungssystem im Vertrieb sind somit enorm; gleichzeitig zwingt der steigende Kostendruck die Unternehmen zur Erarbeitung und Implementierung immer simplerer Systeme. Nicht mehrgleisige Methoden, die helfen, die Ergebnisse der Vertriebsstrategie zu operationalisieren, sind gefragt, sondern geeignete Instrumente, die eine vielschichtige Betrachtung einer Kundenbeziehung ermöglichen und gleichzeitig einfach zu handhaben sind.

Die Balanced Scorecard (BSC) stellt hier ein Instrument dar, das allen Anforderungen genügen kann. Seit Mitte der neunziger Jahre gewinnt das von den US-amerikanischen Wissenschaftlern Robert S. Kaplan und David P. Norton entwickelte Konzept der BSC immer mehr Anhänger. Grundidee des BSC-Konzeptes ist die Einsicht, dass letztendlich Erfolg die Summe vieler Einzelbeiträge darstellt. Um eine langfristig ertragreiche Kundenbeziehung aufbauen zu können und aufrechtzuerhalten, genügt es nicht, einzig die erzielten Erlöse zu betrachten. Vielmehr muss die Perspektive dahingehend erweitert werden, eine Vielzahl von Kennzahlen aus allen Bereichen des Unternehmens mit einzubeziehen, um die Kundenverbindung analysieren zu können. Als Dreh- und Angelpunkt dieser Analyse wird hierbei die Unternehmensstrategie herangezogen, denn an dieser soll sich das operative Kundenmanagement ausrichten.

Bestandsaufnahme im Controlling:

| **Wie ist mein Vertriebscontrolling aufgestellt?** | **Wie flexibel ist mein Vertriebscontrolling?** |
| --- | --- |
| | |
| **Welche Methoden werden verwendet?** | **Wie nah ist mein Controlling am Kunden?** |
| | |

### Form, Funktion und Möglichkeiten

Unter der Balanced Scorecard (BSC) versteht man ein Managementtool, das die erweiterte Betrachtung eines Prozesses ermöglicht. Hierbei ist der Name »Balanced Scorecard« Programm, denn eine Scorecard enthält eine Vielzahl relevanter Kennzahlen, die in sich schlüssig und vor allem ausgewogen sein müssen. Jeder Geschäftsbereich, der für die Betrachtung einer Kundenbeziehung von Belang ist, liefert direkt seinen Beitrag für die Bewertung in Form einer Kennzahl. Diese Kennzahl sollte im Optimalfall eine individuell abgestimmte Größe sein. Die enge Verzahnung dieser internen Geschäftskennzahlen und ihre gegenseitige Abhängigkeit führen zu einer umfassenden und nachhaltigen Betrachtung einer Kundenbeziehung. Generell sehen die Väter der BSC vier Perspektiven:

- die finanzwirtschaftliche Perspektive,
- die Kunden- bzw. Marktperspektive,
- die interne Prozessperspektive,
- die Mitarbeiterperspektive (Lernen und Entwicklung).

Diese vier Perspektiven bilden die Grundlage für die Betrachtung etwa einer Geschäftsbeziehung oder eines Prozesses. Jederzeit kann aber auch eine zusätzliche Perspektive eingeführt werden, wenn die Situation dazu geeignet ist. Soll beispielsweise das

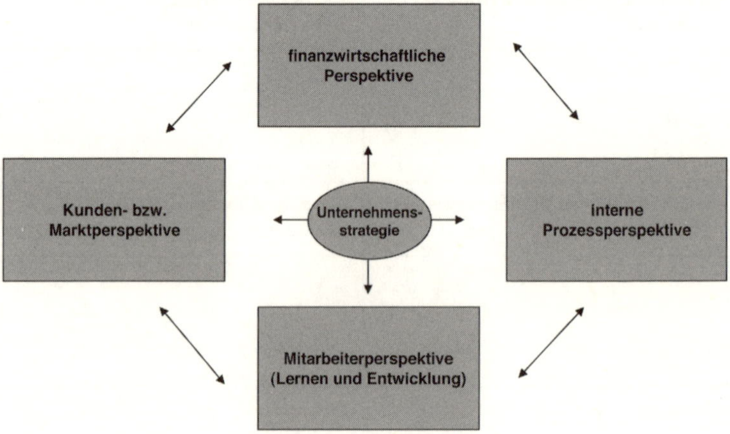


**Abbildung 4.37**: Grundmuster einer Balanced Scorecard nach Norton/Kaplan

Marktverhalten en detail in die Bewertung einfließen, so bietet es sich an, die Perspektive Markt-Kunde in zwei aufzuteilen. Auf diese Weise kann man eine Vielzahl externer Zahlen und Marktdaten einbinden.

### Finanzwirtschaftliche Perspektive:

Jede Unternehmung verfolgt letztendlich das Ziel, Gewinn zu erzielen. Sowohl Anteilseigner als auch Fremdkapitalgeber wollen ihr Geld verzinst sehen. Somit ist die finanzwirtschaftliche Perspektive der Ausgangspunkt für jede unternehmerische Betrachtung. Die finanzwirtschaftlichen Ergebnisse müssen aber immer im Kontext mit der herrschenden Unternehmensstrategie gesehen werden. So ist beispielsweise ein expandierendes Unternehmen eher an der Erschließung neuer Märkte interessiert als an der Gestaltung einer ertragreichen Kundenbeziehung. In solch einer Phase wäre die Zielvorgabe einer Profitmaximierung daher als wenig sinnvoll anzusehen. Hier sollten Umsatz- und Innovationskennzahlen im Vordergrund stehen. Verfügt ein Unternehmen nun über eine eingeführte Produktpalette und operiert an einem erschlossenen Markt, so rücken Rentabilitäts- und Kostenkennzahlen immer mehr in den Mittelpunkt der Analyse. Die Strategie muss sich nun zunehmend am finanziellen Erfolg orientieren und messen lassen. Es wird klar, dass auch diese Perspektive dynamisch betrachtet werden muss, um so stets den Anforderungen gerecht zu werden. Bei der Betrachtung der finanzwirtschaftlichen Kennzahlen über die Phasen der unternehmerischen Entwicklung hinweg wird die wechselnde Abhängigkeit dieser von anderen Faktoren deutlich. So spielen am Anfang die Produktpalette, Märkte und Kunden die Hauptrolle im Hinblick auf Ertragskennzahlen. In erschlossenen Märkten hingegen beeinflussen Prozessoptimierung, Rabattstrukturen und gefestigte Kundenbeziehungen maßgeblich die Renditekennzahlen.

Nun gilt es, für die KAM-orientierte Betrachtung einer eingeführten Kundenbeziehung geeignete Kennzahlen zu identifizieren. Sie sollten so ausgewählt werden, dass sie helfen, die Erreichung der definierten Ziele zu operationalisieren. Dazu ist es notwendig, die der Unternehmensstrategie zugrunde liegenden Ziele der finanzwirtschaftlichen Perspektive klar zu benennen. Die nachfolgende Tabelle zeigt ein Muster für eine solche Ziel-Kennzahl-Zuordnung.

| **Finanzielle Key-Account-Management-Perspektive:** | | |
|---|---|---|
| Wie sollte die Leistung des Anbieters in finanzieller Hinsicht aussehen? | | |
| Ziel | Messgröße | Zielausprägung |
| Schnelleres Wachstum mit dem Key Account | Kumulierter Gesamtumsatz mit dem Kunden | Steigerung um X Prozent pro Jahr im Vergleich zu anderen Kunden(-gruppen) |
| Senkung der Bearbeitungskosten des Key Accounts | Kumulierte Transaktionskosten im Verhältnis zum Umsatz | Senkung um X Prozent pro Jahr |
| Erschließen von Kostensynergien | Kostensenkung aufgrund neuer Funktionsaufteilung | Senkung um X Prozent pro Prozess und Jahr |
| Steigerung der Profitabilität des Key Accounts | Kumulierter Gewinn bzw. Kundendeckungsbeitrag | Steigerung um X Prozent pro Jahr |
| Ausschöpfung des Kundenpotenzials | Share of Wallet des Key Accounts | Steigerung um X Prozent pro Jahr |

(Quelle: *Spitzenleistungen im Key Account Management*, Belz, Müllner, Zupancic, 2004)

### Kunden- bzw. Marktperspektive:

Ein bestehender Markt mit Kunden ist Ausgangsvoraussetzung für das Betreiben eines Unternehmens. Ohne Kunden kein Umsatz; ohne Umsatz kein Gewinn. Es gilt nun, Kunden am Markt zu selektieren – nach Key Accounts – und die Beziehungen zu diesen gezielt aufzubauen. Norton und Kaplan unterstreichen, dass Unternehmen sich auf ein bestimmtes Kundensegment – zum Beispiel Großkunden – oder ein bestimmtes Marktsegment – zum Beispiel Luxusgüter – festlegen müssen, um am Markt erfolgreich operieren zu können. Es gilt, eine klare Strategie zu definieren und diese auch am Markt umzusetzen.

Nach der Strategiefindung müssen alle Funktionsbereiche und Prozesse des Unternehmens auf diese abgestimmt werden: Ausrichtung der Produktpalette, interne Abläufe, Art und Umfang der

Betreuung, Kommunikationsmaßnahmen. Die schrittweise Umsetzung der Strategie sollte Hand in Hand gehen mit dem Ziel, die Bedürfnisse der selektierten Kunden zu befriedigen und ihren Anforderungen nachzukommen. Auf diesem Wege sollte es möglich sein, Umsatzvolumina zu steigern und die Kundenbeziehung zu festigen. Der Kunde wird somit mehr wert, die Kundenbeziehung ertragreicher. Letztendliches Ziel sollte es sein, die zukünftigen Bedürfnisse des Kunden antizipieren zu können, ihm immer einen Schritt voraus zu sein.

| **Kunden- bzw. Marktperspektive:** | | |
|---|---|---|
| Wie sollte der Key Account (KA) die Leistung des Anbieters beurteilen? | | |
| Ziel | Messgröße | Zielausprägung |
| Steigerung der Kundenzufriedenheit | Customer Satisfaction Index im Rahmen einer Befragung,<br>qualitative Befragung | Steigerung des Index um X Prozent,<br>qualitative Beurteilung |
| Reduktion der Beschwerden/Reklamationen | Anzahl der Beschwerden,<br>Ausmaß der Problemursache | Reduktion der Anzahl<br>Reduktion der Problemursachen |
| Akquise neuer Key Accounts | Aufträge von neuen KA | Auftragseingang |
| Intensivierung der Zusammenarbeit mit dem KA | Anzahl gemeinsamer Workshops, Innovationen oder Events | Steigerung der Anzahl |

(In Teilen entnommen aus: *Spitzenleistungen im Key Account Management*, Belz, Müllner, Zupancic, 2004)

### Mitarbeiterperspektive:

Neben dem eingesetzten Sachkapital gibt es eine Größe, die sich in keiner Bilanz eines Unternehmens finden lässt, für das Unternehmen aber von mindestens ebenso großer Bedeutung ist: seine Mitarbeiter – das Humankapital. Selbst technologisch hochgerüstete Fabriken kommen nicht gänzlich ohne Menschen aus, die diese Maschinen bedienen, reparieren, einstellen und warten können. Wirft man nun noch einen Blick auf Bereiche wie den Vertrieb oder die Reklamation, wird jedem schnell deutlich, wie wichtig Menschen sind. Denn hier sind sie nicht substituierbar wie in der Werkhalle. Zufriedene und loyale Mitarbeiter sind daher der Rückhalt jedes Unternehmens. Die Messung solcher »Soft facts« in harten Kennzahlen ist zwar schwierig, aber machbar. Vor allem im Hinblick darauf, welche Faktoren die Zufriedenheit der Mitarbeiter steigern, beispielsweise die Zahl der Fortbildungstage pro Mitarbeiter im Jahr, Formen der Anerkennung von Leistung und Einsatz und die Gestaltung des Arbeitsumfeldes.

Mitarbeiter sind die Visitenkarte des Unternehmens. Ihre Fachkompetenz und ihr Auftreten beim Kunden entscheiden über Wohl und Wehe des Geschäfts. Daher ist es notwendig, ein Wissens- und Informationsnetzwerk – im Sinne von Vertriebssupportdatenbanken – aufzubauen, das allen involvierten Mitarbeitern zugänglich ist. Nur ein informierter, wissender Mitarbeiter kennt die Bedürfnisse des Kunden und kann zukünftige Anforderungen antizipieren. Der Kunde wird so zufriedener und seine Bindung festigt sich. All dies setzt allerdings einen lernenden und motivierten Mitarbeiter voraus. Potenzielle Ziele und Messgrößen werden insbesondere aus dem Kompetenzrad und dem Entwicklungsplan gewonnen.

| **Mitarbeiterperspektive:** | | |
|---|---|---|
| Wie können die Führungsfähigkeiten des Key Account Managers als Teamchef beurteilt werden? | | |
| Ziel | Messgröße | Zielausprägung |
| Stabile Teamkonfiguration | Teaminterne Fluktuation | Fluktuation < X Prozent/Jahr |
| Mitarbeiterzufriedenheit | Qualitative Befragung | Qualitative Auswertung |
| Steigerung der Mitarbeiter-Qualifikation für KAM-Aufgaben | Schulungstage pro Jahr, Anzahl potenzieller Mitarbeiter für KAM-Teams | Schulungstage pro Jahr > X Tage/Jahr, Pool von Mitarbeitern |
| Steigerung des Informationsaustausches | Nutzung eines internen Knowledge-Systems, KAM-Workshops | Nutzungsrate pro Tag, Häufigkeit des Abrufes, Anzahl Workshops pro Jahr |

(In Teilen entnommen aus: *Spitzenleistungen im Key Account Management*, Belz, Müllner, Zupancic, 2004)

**Interne Prozessperspektive:**

Der gesamte Betriebsablauf ist eine Aneinanderreihung von Prozessen, eine Kette von Handlungen, die möglichst reibungslos und schnell hintereinander erfolgen sollten. Es ist das Ziel, diese Abläufe von der Anfrage des Kunden über die Angebotserstellung, die Herstellung des Gutes bis letztendlich zur Lieferung an den Kunden möglichst effizient zu gestalten.

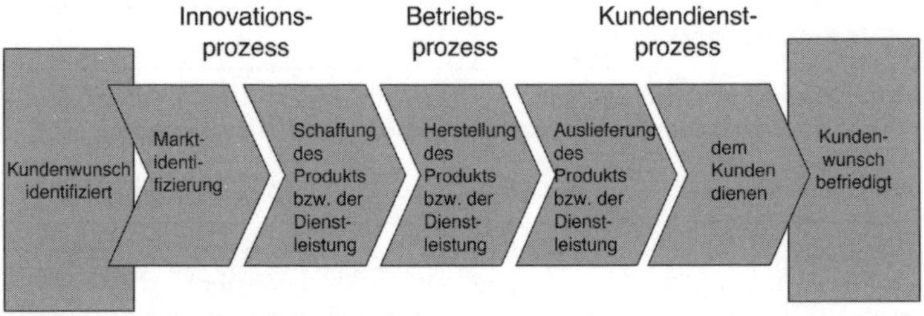


**Abbildung 4.38**: Das generische Werteketten-Modell der internen Prozessperspektive (nach Kaplan/Norton 1997)

Auch hier darf die gewählte Strategie nicht aus den Augen verloren werden, denn es gilt, Prozesse kundenindividuell zu gestalten. Eine gute Prozesskette hat unmittelbare Folgen für den wirtschaftlichen Erfolg des Unternehmens. Vergehen beispielsweise von der Annahme des Auftrages bis zur Rechnungsstellung weniger Tage, so steht dem Unternehmen das Geld eher zur Verfügung, die Liquidität des Unternehmens erhöht sich. Gleichzeitig sinken hierbei die Personalkosten pro Auftrag, da ein Mitarbeiter in gleicher Zeit mehr Aufträge bearbeiten kann. Die Anpassung der internen Prozesse setzt wiederum Wissen über das Verhalten und die Wünsche der Kunden voraus. Daher sollte großes Augenmerk auf die Benutzung und Akzeptanz einer Vertriebssupportdatenbank gelegt werden. Nur hier können Daten gespeichert und zugänglich gemacht werden. Der Grad der Benutzung und die Aktualität der Daten ist hierbei als Indikator für die Akzeptanz der Datenbank zu sehen.

Wie gut die Prozesse aufeinander abgestimmt sind, lässt sich an der durchschnittlichen Auftragsdurchlaufzeit erkennen. Sie misst die vergangene Zeit von der Auftragsannahme bis zur Lieferung.

Je schneller der Kunde an seine Ware kommt, desto zufriedener sollte er sein. Es ist ersichtlich, dass die Abstimmung der Prozesse einen wesentlichen Beitrag zur Steigerung der Kundenzufriedenheit leisten kann. Im Folgenden sind wieder exemplarisch die Ziele der Prozessperspektive herangezogen worden, die für die Analyse einer Kundenbeziehung wichtig sind. Jedem Ziel wurde eine Messgröße beziehungsweise Kennzahl zugewiesen, anhand deren die Entwicklung des Zieles gemessen werden kann.

| **KAM-Prozessperspektive:** | | |
|---|---|---|
| In welchen KAM-Prozessen sollte der Anbieter besonders herausragende Leistungen erbringen, um die Key-Account-Bedürfnisse optimal zu erfüllen? | | |
| Ziel | Messgröße | Zielausprägung |
| Steigerung der Angebotsqualität | Anzahl der Zuschläge | Steigerung gegenüber Vorjahr |
| Steigerung der Qualität der Auftragsrealisierung | Zeit, Qualität, Flexibilität, Beschwerden | Verbesserung der jeweiligen Messgrößen |
| Koordination der Leistungserstellung verbessern | Projektlaufzeit, Auftragsbearbeitungszeit | Verkürzung |
| Optimierung logistischer Prozesse | Zeit, Qualität, Flexibilität, Beschwerden | Verbesserung der jeweiligen Messgrößen |
| Optimierung unternehmensübergreifender Zusammenarbeit | Qualitative Befragung von Kunden- und KAM-Teammitgliedern, Zeit, Qualität, Flexibilität, Beschwerden | Qualitative Beurteilung, Verbesserung der jeweiligen Messgrößen |

(In Teilen entnommen aus: *Spitzenleistungen im Key Account Management*, Belz, Müllner, Zupancic, 2004)

Nachdem nun dargestellt wurde, welche Kennzahlen für welche Perspektive relevant sein können, sollte der Ist-Stand im eigenen Controlling festgestellt werden. Ein Teil der Kennzahlen wird sicher bereits erhoben, ein großer Teil aber bestimmt noch nicht. Besonderer Wert sollte hierbei darauf gelegt werden, dass sich die Kennzahlen immer auf die Key-Account-Ebene beziehen und nicht auf die Unternehmensebene. Die Zahlen sollten möglichst nah am Kunden ermittelt werden, wenn möglich sogar mit ihm.

**Bestandsaufnahme Kennzahlenerhebung**

| Perspektive | Kennzahl | Wird die Kennzahl bereits erhoben? | | Ist die Kennzahl von Relevanz? | |
|---|---|---|---|---|---|
| | | Ja | Nein | Ja | Nein |
| Finanzen | Umsatz<br>Gewinn<br>Wachstumsraten<br>Deckungsbeitrag<br>– kundenbezogen<br>– auftragsbezogen | | | | |
| Kunde und Markt | Marktanteil<br>Auftragseingang<br>Kundenzufriedenheit<br>Customer Lifetime Value | | | | |
| Mitarbeiter | Mitarbeiterzufriedenheit<br>Schulungstage pro Jahr<br>Akzeptanz von Informations-/Datenbanksystemen<br>Kundenwissen | | | | |
| Prozesse | Auftragsdurchlaufzeit<br>Produktverfügbarkeit<br>Flexibilität<br>Auftragsqualität | | | | |

Der mehrdimensionale Ansatz der BSC ermöglicht es, Planung und Steuerung integriert und zusammenhängend zu betrachten. Damit werden Ursache-Wirkungs-Beziehungen schnell deutlich und können analysiert werden. Die operative Umsetzung der kleinsten Geschäftseinheit wird direkt mit der Unternehmensstrategie abgeglichen und bewertet. Durch diese direkte Gegenüberstellung wird auch ein hohes Maß an Transparenz geschaffen, und das abteilungsübergreifend. Der Einfluss positiver wie negativer Faktoren kann klar identifiziert werden. Jede Veränderung kann zugeordnet werden.

Eine weitere wesentliche Stärke des Scorecard-Modells liegt in seiner Individualität und seinem dynamischen Charakter. Jedes Unternehmen kann eine auf seine Strategie und unternehmerische Ausrichtung justierte Scorecard entwerfen und damit die Aussagekraft entschieden steigern. Diese Aussagekraft kann nochmals erhöht werden, wenn man individualisierte Kennzahlen zur Bewertung heranzieht. Bisherige Controllingverfahren wiesen einen starren Charakter auf. Einmal aufgesetzt, ist eine Anpassung mit großen Mühen und Kosten verbunden. Diese Stärke der BSC wird umso wichtiger, wenn man die immer kürzer werdenden Produktzyklen und die damit notwendigen Anpassungen betrachtet.

| |
|---|
| **Habe ich eine klar formulierte Strategie? Wie habe ich diese bisher kommuniziert?** |
| |
| **Wer sind meine Zielkunden? Welche Marktsegmente möchte ich bedienen?** |
| |
| **Sind alle Bereiche des Unternehmens auf diese Strategie ausgerichtet?** |
| |

## Voraussetzungen für die Einführung einer Balanced Scorecard

Im bisherigen Verlauf wurden der Aufbau und die Grundidee der Balanced Scorecard besprochen. Die Relevanz von Kennzahlen und ihren Gestaltungsmöglichkeiten wurde ebenso erwähnt. Doch nun soll dieser Aspekt genauer besprochen werden. Kennzahlen bilden das Herzstück einer guten BSC. Sie zeigen Veränderungen an und sind Indikator für die Entwicklung eines Prozesses. Im folgenden Abschnitt soll nun der logische Aufbau eines Kennzahlensystems beschrieben werden. Die Schaffung eines Kennzahlensystems ist – genauso wie das Vorhandensein einer klaren Strategie – Grundvoraussetzung für die Implementierung einer BSC.

Besonderes Augenmerk ist bei der Entwicklung des Kennzahlensystems auf die plausible Verkettung der einzelnen Zahlen zu legen. Sie sollten tunlichst vermeiden, Konstruktionen zu schaffen, die eine Art Nullsummenspiel darstellen. Ein Beispiel hierfür ist das Kennzahlenpaar Verfügbarkeit und Lagerhaltung. Um einen möglichst hohen Grad an Verfügbarkeit zu erzielen, werden viele Produkte auf Lager produziert, damit bei Bedarf schnell an den Kunden geliefert werden kann. Doch ein großer Lagerbestand ist wiederum als negativ zu bewerten, da er Kapital bindet. Zudem besteht die Gefahr, dass die produzierten Waren veralten und nicht mehr oder nur zu reduzierten Preisen am Markt abgesetzt werden können. Verlust droht. Es lassen sich viele solcher Gegensatzpaare finden. Hierbei gilt es, eine Balance zu finden und eine angemessene Gewichtung der Kennzahlen vorzunehmen. In einem nächsten Schritt sollte man sich auch klarmachen, welche Kennzahlen Einfluss auf andere Kennzahlen haben und auch in welchem Maße. Auf diese Weise werden Veränderungen transparent und nachvollziehbar.

Kennzahlen haben sich als ein wesentliches Element entscheidungsorientierten Controllings zu einem festen Bestandteil der Unternehmensteuerung herausgebildet. Aufgrund der vielschichtigen Unternehmensstrukturen und Strategien ist es nicht möglich, Kennzahlen zu benennen, die generell in der BSC Verwendung finden sollten. Die Auswahl der Kennzahlen sollte stets unternehmensspezifisch geschehen, das heißt auf die Strategie abgestimmt sein. So macht es zum Beispiel wenig Sinn, wenn ein auf Großkunden fokussiertes Unternehmen Zahlen in der BSC betrachtet, die nur für die Bewertung von Einzelhändlern von Bedeutung sind. An dieser Stelle ist besonders das bestehende Controlling in Zusammenarbeit mit dem Vertrieb gefordert, individuelle Kennzahlen zu erarbeiten und diese zu einem zusammenhängenden System zu formen. Dieser Prozess sollte möglichst breit angelegt, aber effizient kommuniziert werden, um eine hohe

Akzeptanz der verwendeten Kennzahlen und der resultierenden BSC im gesamten Unternehmen zu schaffen. Auf die Möglichkeit, diesen Prozess workshopbasiert durchzuführen, wird später noch eingegangen.

Kennzahlen sollten stets kritisch betrachtet werden. Gleiches gilt für ein zusammenhängendes Kennzahlensystem wie die BSC. Hier kommt es besonders auf die sorgfältige Auswahl an, um eine angepasste BSC zu entwickeln. Vereinfacht lassen sich Kennzahlen in zwei Kategorien einteilen: qualitative Kennzahlen und quantitative Kennzahlen. Der überwiegende Teil der populären Kennzahlen ist quantitativer Natur. Klassische Beispiele sind Umsatz, Ertrag oder der Deckungsbeitrag. Alle diese Kennzahlen operationalisieren klar messbare Zustände in absoluten oder relativen Zahlen. Der erzielte Ertrag lässt sich ebenso mathematisch ermitteln wie der getätigte Umsatz. Die Ermittlung ist meist einfach und klar nachvollziehbar.

Die Entwicklungen der letzten Jahre haben jedoch gezeigt, dass »weiche« Faktoren wie die Mitarbeiter- und Kundenzufriedenheit oder die Kundentreue immer mehr an Bedeutung gewinnen. Die Messung der Güte einer Kundenbeziehung allein am Umsatz hat sich als nicht nachhaltig herausgestellt, wird doch beispielsweise das zukünftige Umsatzpotenzial vollkommen außer Acht gelassen. An dieser Stelle kommen nun die qualitativen Kennzahlen ins Spiel. Sie beleuchten Aspekte wie die Kundenbindung oder die Kundenzufriedenheit. Die Kundenzufriedenheit wird meist mit Hilfe des Customer Satisfaction Index dargestellt. Die Erhebung dieser Indexkennzahlen weicht stark von der Ermittlung klassischer Daten ab. Meist werden die Daten vom Rechnungswesen/Accounting zur Verfügung gestellt. Sie werden dann gegebenenfalls vom Controlling noch aufgearbeitet und anschließend ausgewertet. Daneben existieren Kennzahlen, die unter Zuhilfenahme externer Statistiken berechnet werden. Ein Beispiel hierfür ist der Marktanteil, wobei der eigene Umsatz einfach ins Verhältnis zum Gesamtumsatz der Branche gesetzt wird.

Beide Methoden beziehen den Kunden zur Ermittlung der Werte nur indirekt ein, indem sie das Ergebnis seines Handelns aufnehmen, zum Beispiel die Entscheidung zum Kauf eines Produktes. Zur Ermittlung qualitativer Kennzahlen bedarf es nun der direkten Einbindung des Kunden, denn anders ist eine kundenindividuelle

Kennzahl nicht zu ermitteln. Dies geschieht beispielsweise mit Telefoninterviews, in denen die Kunden zu Wechselneigung, Produktzufriedenheit und anderen Einstellung und Verhalten befragt werden. Auch ist es denkbar, Workshops mit dem Kunden durchzuführen und dort deren Meinung direkt in Erfahrung zu bringen. Die Erhebung solcher individuellen Kundenkennzahlen verlangt nach Methoden aus der Marktforschung. Hierzu müssen auch die entsprechenden Vorleistungen wie die Formulierung von Fragen und das Einholen von Einverständniserklärungen erbracht werden. Der Aufwand ist somit gegenüber konventionellen Kennzahlen deutlich höher; der Nutzen aber auch. Gerade für ein am modernen Key Account Management orientiertes Unternehmen sind Kennzahlen wie Kundenzufriedenheit und Kundentreue unverzichtbare Werte, um die Kundenbeziehung nachhaltig bewerten zu können.

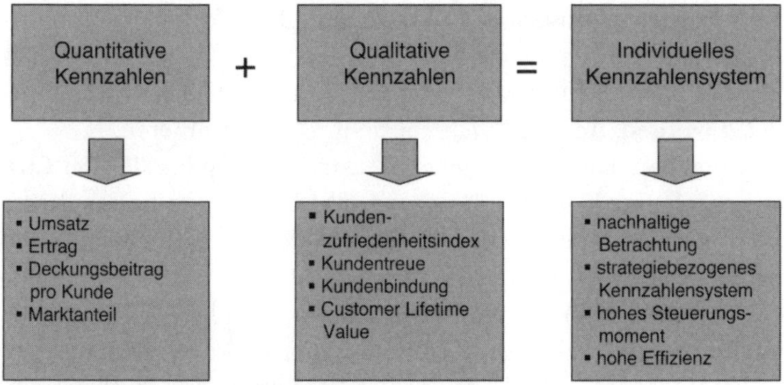


**Abbildung 4.39**: Aufbau eines individuellen Kennzahlensystems

Zudem sollte sich ein KAM-orientiertes Unternehmen losmachen von der starren auftragsbezogenen Betrachtung einer Kundenbeziehung, da jeder abgeschlossene Auftrag nur ein Teil der gesamten Kundenbeziehung ist. So macht es zum Beispiel durchaus Sinn, wenn ein Bankhaus einem Unternehmen Kredit zu einer geringen Marge gewährt, aber gleichzeitig hierüber Geschäfte im Bereich Zins- und Devisenmanagement generieren kann. Der margenschwache Kredit tritt dann in den Hintergrund, da die Einnahmen aus den Folgegeschäften zu einem hohen Deckungsbeitrag des Kunden führen. An diesem Beispiel wird deutlich, dass die isolierte Betrachtung eines Geschäftes letztendlich nicht vernünftig und nicht nachhaltig ist.

Die Höhe des Deckungsbeitrages wird in den meisten Unternehmen nur per Auftrag oder Produktgruppe erhoben. Im Zuge der Umsetzung eines KAM-Konzeptes bietet es sich an, eine kundenindividuelle Kennzahl zu erheben: Es sollte der Deckungsbeitrag pro Kunde erhoben werden. Hiermit kann die Profitabilität des Kunden ermittelt werden. Jedes mit dem Kunden getätigte Geschäft wird mit den relevanten Daten wie Marge und Umsatzvolumen in einer Datenbank erfasst und in bestimmten Intervallen ausgewertet. Auf diese Art und Weise können auch Bereiche identifiziert werden, in denen noch kein Umsatz mit dem Kunden generiert werden konnte. Auf der Basis dieser Daten ist es dann möglich zu beurteilen, ob der Kunde die Renditeerwartungen erfüllt oder nicht. Die gewonnen Datenbankwerte können auch als Entscheidungsgrundlage für die weitere Entwicklung der Kundenbeziehung verwendet werden. So erlaubt das Datenbankwissen gezielte Cross-Selling-Ansätze in Bereichen, die bisher nicht abgedeckt wurden, um die Kundenbeziehung zu optimieren.

Neben dem kundenbezogenen Deckungsbeitrag hat sich der Customer Lifetime Value (CLV) als wertvolle Kennzahl erwiesen. Dieser Wert gibt den Kundenwert unter Berücksichtigung der bisher getätigten Umsätze und der erwarteten Umsätze an. Die Erhebung dieser Kennzahl erfordert ein hohes Maß an Kundenwissen, um die zukünftige Entwicklung des Kunden abschätzen zu können. Der CLV ermöglicht eine dynamische Betrachtung der Kundenbeziehung und stellt so eine enorme Entscheidungshilfe dar, wenn es zum Beispiel um die Gestaltung zukünftiger Rabatt- oder Margenstrukturen geht. Mit Hilfe von Kennzahlen wie dem Deckungsbeitrag pro Kunde und dem CLV lässt sich dann die individuelle Kundenprofitabilität berechnen. Sie zeigt deutlich, welche Kunden für das Unternehmen von Interesse sein sollten und welche nicht.

### Entwicklung einer unternehmensspezifischen Balanced Scorecard

Die Entwicklung einer unternehmensspezifischen Balanced Scorecard (BSC) zur Erfassung und Steuerung der Leistung im

Key Account Management sollte als nachgelagerter Prozess der Umsetzung eines KAM-Konzeptes verstanden werden. Zunächst gilt es, das Key Account Management einzuführen. Erst nach diesem Prozess sollte eine BSC entwickelt und implementiert werden. Die Einführung einer BSC im Unternehmen bedarf einer Vorlaufzeit von drei bis sechs Monaten. Eine Vielzahl von Maßnahmen ist zu ergreifen, bevor es wirklich losgehen kann. Es gibt nicht den Königsweg für die Entwicklung einer BSC; dennoch stehen einige Erfahrungswerte zur Verfügung, welche Fehler aufzeigen, die man leicht vermeiden kann.

Zunächst gilt es, das aktuelle Vertriebscontrolling zu betrachten und festzustellen, inwieweit die bisher schon ermittelten Kennzahlen auch Einfluss in die zu konzipierende BSC nehmen können und sollen. Diese Bestandsaufnahme haben Sie beim Durchlesen und -arbeiten schon abgeschlossen, als die vier Perspektiven der BSC erläutert wurden. Es ist sinnvoll, ein BSC-Projekt zunächst auf kleinster Ebene anzusetzen, um nicht den Überblick zu verlieren und nicht unnötig Ressourcen zu binden. Die gewonnenen Erfahrungen aus diesem ersten Projekt können dann für weitere Projekte eingesetzt werden, um Fehler bei Ablauf, Organisation und Zusammensetzung zu vermeiden.

Grundvoraussetzung für die Schaffung einer Balanced Scorecard ist eine offene und vertrauensvolle Atmosphäre, in der alle Beteiligten auf gleicher Höhe kommunizieren können. Jeder beteiligte Mitarbeiter ist ein Partner des Projektes. Jeder Beitrag ist wichtig. Allein dieser Schritt kann für sehr hierarchisch aufgebaute Unternehmen ein Kraftakt sein, während Unternehmungen mit flachen Hierarchien hier keine Probleme haben werden. Um nun möglichst vielen Mitarbeitern die Möglichkeit zur Teilhabe an der Entwicklung der BSC zu geben, bietet es sich an, Workshops zu veranstalten. Jeder beteiligte Bereich des Unternehmens benennt einen Workshop-Teilnehmer, um dort die Interessen und Ansichten der Abteilung zu vertreten. Der Workshop sollte aber von einer neutralen Person geleitet und moderiert werden, um Interessenkonflikte zu vermeiden. Diese Person sollte gleichzeitig direkt projektverantwortlich sein und an die nächste Ebene berichten. Der Moderator muss nicht zwangsläufig von außen kommen. Es kann auch eine erfahrene Person innerhalb des Unternehmens mit dieser Aufgabe betraut werden.

Der gesamte Workshop-Prozess sollte mit einer Kick-off-Veranstaltung eingeleitet werden, in der klare Regeln für die Zusammenarbeit definiert werden, eine präzise Formulierung des Projektzieles gefunden und der Zeithorizont des Projektes festgelegt wird. Allen Beteiligten sollte vermittelt werden, worum es bei der Entwicklung einer BSC geht. Hat man es soweit geschafft, können inhaltliche Punkte angegangen werden. Dies geht von der Zuordnung der Bereiche zu den Perspektiven über die zu berücksichtigenden Kennzahlen. Die Auswahl der Kennzahlen und der Erhebungsmethoden sollte stets mit Bedacht geschehen. Eine hohe Akzeptanz jeder einzelnen einfließenden Kennzahl ist wichtig, um nachher auch ein akzeptiertes Gesamtkennzahlensystem und somit auch Ergebnis zu erhalten. Der Faktor Transparenz ist hierbei nicht zu unterschätzen, denn er sorgt für nachvollziehbare und nachprüfbare Ergebnisse. Allen Teilnehmern sollte stets klar sein, dass die letztendlich ausgewählten Kennzahlen auch zusammen ein gutes Kennzahlensystem darstellen müssen. Der Ausgewogenheit der Kennzahlen sollte daher mit Rücksicht auf berechtigte Interessen und mögliche Einwände der verschiedenen Bereiche große Aufmerksamkeit geschenkt werden.

Dem Moderator kommt in diesem dynamischen Prozess die Aufgabe zu, immer wieder kritische Fragen einzuwerfen – wird die Strategie nicht aus den Augen verloren? – und neue Impulse zu setzen, um den Entwicklungsprozess voranzutreiben. Nachdem sich die Gruppe auf Kennzahlen verständigt hat, gilt es auszuloten, inwieweit diese bereits zur Verfügung stehen. Viele Kennzahlen, die man gerne verwenden möchte, werden noch nicht »per Knopfdruck« verfügbar sein. Es muss geprüft werden, ob die Kennzahl auch mit angemessenen Mitteln zu erheben ist. Ist es machbar, diese Kennziffer zu ermitteln, und steht der Nutzen in Relation zu den Kosten der Erhebung? Vor allem bei den qualitativen Kennziffern wird man feststellen, dass Art und Weise sowie die Kosten der Erhebung nicht so leicht abzuschätzen sind. Diese Kennziffern fordern meist auch den Input von dritter Seite, beispielsweise eines Marktforschungsinstitutes oder des Kunden selbst. Dieser Umstand ist bei der Konzeption der Erhebungsmethodik zu berücksichtigen, damit die dort ermittelten Daten möglichst reibungslos integriert und berücksichtigt werden können.

Die Verständigung auf ausgewählte Kennzahlen ist der erste wirklich große Schritt in Richtung BSC im Unternehmen. Doch es ist nicht der letzte, denn nun folgt die Diskussion um die Gewichtung der Kennzahlen untereinander. Welche Kennzahl genießt welche Wertigkeit? Definiere ich Kennzahlen, die für mich von strategischer Bedeutung sind und daher Priorität genießen? Diese Diskussion sollte auf der definierten Unternehmensstrategie fußen und sich immer wieder auf diese beziehen. Es sei an dieser Stelle betont, dass die BSC ein dynamisches Tool ist, das auch Änderungen zulässt. Also ist die anfänglich gefällte Entscheidung korrigierbar, wenn sie sich in der Praxis als nachteilig erweist. Von dieser Möglichkeit sollte auch Gebrauch gemacht werden. Es kann immer zu Fehleinschätzungen kommen, nur müssen diese erkannt und korrigiert werden. Anfangs wird es schwer fallen, die ermittelten Kennzahlenergebnisse einzuschätzen, da keine Vergleichs- und Erfahrungswerte zur Verfügung stehen. Dieses Problem wird besonders bei den qualitativen Kennzahlen auftreten.

Der Verlauf und Fortschritt der gesamten Entwicklung sollte darüber hinaus dokumentiert werden. Erreichte Vereinbarungen und Beschlüsse, die im Workshop gemacht wurden, sollten festgehalten werden, um Redundanzen in der Diskussion zu vermeiden und die Effizienz zu erhöhen. Außerdem sorgt eine Dokumentation für Klarheit, wo das Projekt gerade steht und welche Aufgaben noch vor dem Team stehen.

### Einsatz von Softwarelösungen

Ein wichtiger Teil der Umsetzungsphase ist auch die Entscheidung für ein Softwaretool, mit dessen Hilfe die Auswertung, Darstellung und Dokumentation der Ergebnisse der BSC geschehen soll. Am Anfang wird es zwar vollkommen genügen, die Ergebnisse in Standard-Programmen wie Excel oder Access zu erfassen und auszuwerten. Später jedoch erfordern die Datenmengen und der Wunsch nach historischen Betrachtungen und komplexen Auswertungen eine eigene Software. Doch zunächst spielt die Software eine untergeordnete Rolle. Zunächst reicht es aus, die Ergebnisse in Tabellen festzuhalten. Es bietet sich an, ein einfach geartetes Kennzahlen-Cockpit zu entwerfen. Auf einen Blick können hier die Kennzahlen betrachtet und die Soll-Ist-Werte abgeglichen werden. Ein beliebtes Tool ist auch ein Spinnendiagramm, das relativ einfach zu konstruieren ist. Beide Lösungen lassen sich mit recht wenig Aufwand realisieren. Sich schon in diesem frühen Stadium der BSC-Entwicklung und -Implementierung auf eine Softwarelösung festzulegen ist nicht sinnvoll, denn besonders am Anfang wird es häufig zu Nachjustierungen in der Gewichtung und zu Änderungen in der Auswahl der Kennzahlen kommen. Ein Kriterium für die Auswahl der Software sollte immer die Flexibilität sein. Sie muss anpassungsfähig und schnell sein, um den Anforderungen gerecht zu werden.

Die Auswahl der Softwarelösung sollte in enger Abstimmung mit der IT-Abteilung laufen, um mögliche Schnittstellen- und Systemprobleme zu umgehen. Vielleicht ergibt sich auch die Möglichkeit, einfach ein zusätzliches Modul zu einer bereits im Unternehmen verwendeten Softwarelösung zu nutzen. In der untenstehenden Tabelle finden sich exemplarisch einige Anbieter von Softwarelösungen für die Balanced Scorecard. Interessant ist, dass Wisolution eine Demoversion ihres Programms »Business Navigator« kostenfrei im Netz zum Download zur Verfügung stellen. Auf diesem Wege lässt sich ein rascher Einblick in Darstellung und Ablauf eines BSC-Softwaretools gewinnen. Gleiches gilt für die Zusammenstellung von Office-Vorlagen unter *www.controllerspielwiese.de*. Hier lassen sich zahlreiche Anregungen gewinnen, die vor allem am Anfang sehr nützlich sind.

| **Softwarelösungen für die Balanced Scorecard:** | | |
|---|---|---|
| Modul | Hersteller | Web-Info |
| Cormanage | Corvu | www.corvu.com |
| Renaissance Balanced Scorecard | Gentia | www.gentia.com |
| Oracle Balanced Scorecard | Oracle | www.oracle.com |
| Enterprise Performance Management | Peoplesoft | www.peoplesoft.com |

| Modul | Hersteller | Web-Info |
|---|---|---|
| Corporate Performance Monitor | SAP AG | www.sap-ag.de |
| Strategic Vision | SAS | www.sas-ag.de |
| AWAKOS | Biosysteme GmbH | www.biosysteme.de |
| Business Navigator | Wisolution | www.mybsc2.de |
| Zusammenstellung dieser Office-Vorlagen | | www.controllerspiel-wiese.de |

## Zusammenfassung

**Baustein 5 – Balanced Scorecard im Key Account Management**

| Bereich | Inhalt | Notizen |
|---|---|---|
| Tool | – nachhaltige mehrdimensionale Betrachtung einer Beziehung, eines Prozesses; hier Kundenbeziehung<br>– Mess-, Kontroll- und Steuerungsinstrument für das Management<br>– dynamischer Charakter<br>– definierte Unternehmensstrategie als Ausgangspunkt<br>– Perspektiven:<br>  – finanzwirtschaftliche Perspektive<br>  – Markt- bzw. Kundenperspektive<br>  – Prozessperspektive<br>  – Mitarbeiterperspektive<br>– jeder Perspektive werden Kennzahlen zugeordnet | |
| Kennzahlen | – individuelle Kennzahlen erheben: beispielsweise der Deckungsbeitrag pro Kunde<br>– qualitative Kennzahlen: beispielsweise Kundenzufriedenheit, Mitarbeiterzufriedenheit<br>– quantitative Kennzahlen: beispielsweise Umsatz, Deckungsbeitrag<br>– nachhaltiges Kennzahlensystem durch den Einsatz qualitativer wie quantitativer Kennzahlen<br>– Abstimmung der Kennzahlen<br>– Beachtung der Kennzahlenlogik<br>– Akzeptanz der Kennzahlen<br>– transparentes Erhebungsverfahren | |

| Baustein 5 – Balanced Scorecard im Key Account Management | | |
|---|---|---|
| **Bereich** | **Inhalt** | **Notizen** |
| Umsetzung | – zunächst Beschränkung auf einen kleinen Bereich<br>– Einbindung aller involvierten Bereiche<br>– Benennung verantwortlicher Personen<br>– Workshops als Kommunikations- und Entscheidungsforum<br>– Auswahl der Kennzahlen<br>– Erhebungsmethoden:<br>  – welche Kennzahlen werden bereits erhoben?<br>  – welche können nur mit Hilfe Dritter erhoben werden?<br>  – Wertung der Kennzahlen<br>– Definition strategischer Kennzahlen und Ergebnisziele<br>– Auswahl einer Softwarelösung | |

# 5
# Phase 2
# – Key Account Management geht an den Start

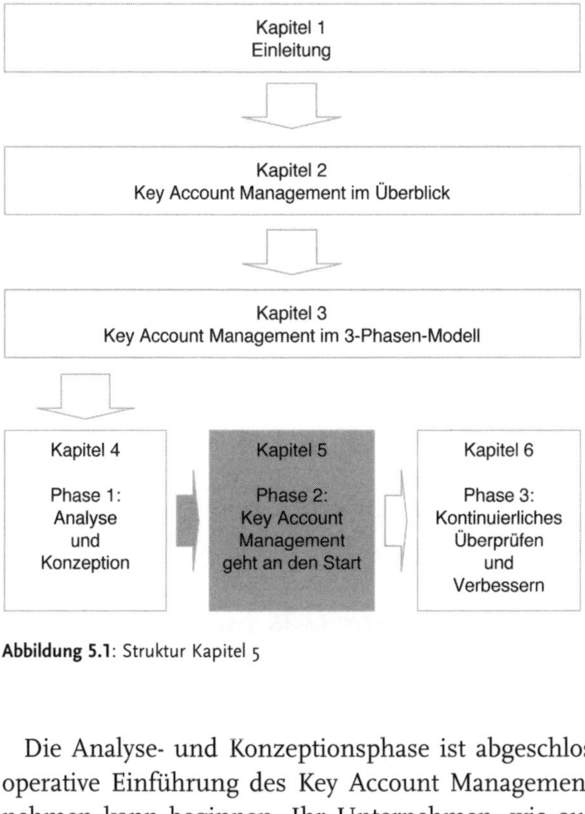


**Abbildung 5.1**: Struktur Kapitel 5

Die Analyse- und Konzeptionsphase ist abgeschlossen und die operative Einführung des Key Account Managements im Unternehmen kann beginnen. Ihr Unternehmen, wie auch jeder einzelne Mitarbeiter, wird bei dieser Einführung und im anschließenden täglichen Gebrauch eine Lernkurve im Key Account Management durchleben. Die Organisation, die Tools, die Prozesse oder das variable Vergütungssystem können und müssen dabei kontinuierlich verbessert und verfeinert werden. Daher ist es besonders wichtig, die Mitarbeiter aktiv in die kontinuierliche Verbesserung des Key Account Managements mit einzubinden. Eine einfach durchzuführende Form stellt dabei das Aufstellen eines »Key-Account-Management-Wunschbriefkastens« dar, in den die Mitarbeiter ihre Wünsche, Verbesserungsvorschläge, aber auch ihre Kritik einwerfen können. Wichtig ist, dass die engagierten Mitarbeiter auch eine Rückmeldung erhalten. Welche Wünsche sind eingegangen? Welche Verbesserungsvorschläge wurden umgesetzt?

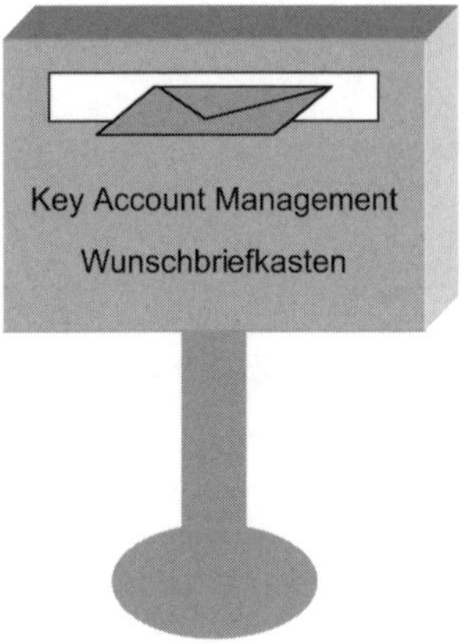


**Abbildung 5.2**: Der Key-Account-Management-Wunschbriefkasten

## Startschuss: der operative KAM-Kick-off

Mit der Kick-off-Veranstaltung des gesamten KAM-Teams startet die operative Umsetzung des Key Account Managements. Mit diesem ein- bis zweitägigen Kick-off-Workshop sollen einerseits alle involvierten Mitarbeiter über das Key Account Management informiert und andererseits der Teambildungsprozess eingeleitet werden.

| Kick-off-Workshop zur Einführung des Key Account Managements |
|---|
| 1. Einführung von Key Account Management<br>– Markttrends beziehungsweise Gründe für die Einführung von Key Account Management<br>– Vision, Ziele und Strategien<br>– Welche Kunden werden zu Schlüsselkunden (und warum?) |
| 2. Organisation<br>– KAM-Organisation (virtuelle Key-Account-Teams)<br>– Zusammenarbeit Key Account Management und Flächenvertrieb |
| 3. Vergütungssystem<br>– Führen mit Zielen<br>– Modell für das variable Vergütungssystem<br>– Regelung für das Jahr der Einführung |
| 4. Prozesse und Tools<br>– Änderungen im Vertriebsprozess<br>– Tools für Key Account Management |

Reservieren Sie genug Zeit für Fragen und persönliche Gespräche. Nicht jeder Mitarbeiter wird seine Fragen vor dem großen Publikum stellen wollen, sondern unter Umständen lieber das persönliche Gespräch mit dem Key Account Manager oder Vertriebsleiter suchen.

## Teambildung

Die KAM-Organisation wurde neu im Unternehmen aufgesetzt. Die Mitarbeiter des Key Account Managements wurden teilweise von extern neu eingestellt oder aus unterschiedlichen internen Bereichen rekrutiert. Die große Herausforderung für das Management besteht jetzt darin, aus diesen Individuen ein schlagkräftiges Team zu gestalten. In einem Team zusammenzuarbeiten heißt, die Fähigkeiten der anderen gut zu kennen, sich gegenseitig zu vertrauen und gemeinsame Ziele zu verfolgen. Dazu sind gemeinsam gemachte Erfahrungen und Erlebnisse notwendig. Um diese Teambildung zu initiieren, könnte der Kick-off zum Beispiel als Outdoor-»Workshop« durchgeführt werden.

### KAM-Einführungsseminar

Das zwei- bis dreitägige Einführungsseminar soll den Key-Account-Teammitgliedern sowohl einen Überblick über Key Account Management im Allgemeinen wie aber auch Einblick in die konkrete, unternehmensspezifische operative Umsetzung geben. Das Erlernte kann anschließend direkt in den spezifischen Workshops für die Schlüsselkunden umgesetzt und angewendet werden.

| Ablauf des KAM-Einführungsseminars |
|---|
| 1. Key Account Management im Überblick<br>– Gründe für Key Account Management; 80/20-Pareto-Prinzip<br>– Key Account Management im Vergleich zum klassischen Vertrieb<br>– Vom austauschbaren Lieferanten zum Partner des Kunden<br>– Tools (Porters Wertschöpfungskette, SWOT-Analyse, 4-Schalen-Modell ...) |
| 2. Key Account Management im Unternehmen »xyz«<br>– Vorstellung vom KAM-Unternehmenskonzept<br>– Verwendete Terminologien, Definitionen, Vision, Ziele, Strategien<br>– Eingesetzte Tools und Software unterstützende Lösungen (Vorlagen, CRM-System ...) |
| 3. Customer Perceived Value (CPV) Selling<br>– Vom produktorientierten Verkauf hin zum Verkauf über die vom Kunden wahrgenommenen Mehrwerte |
| 4. Buying-Center-Analyse<br>– Rollen der einzelnen Mitarbeiter im Entscheidungsprozess<br>– Beziehungsmanagement (Buying Center und Selling Center) |
| 5. Bewertung von Geschäftsgelegenheiten<br>– Geschäftsgelegenheiten objektiv bewerten<br>– Strategisches Verkaufen |
| 6. Key-Account-Plan als strategisches Steuerungsinstrument<br>– Ziel, Anwendungen und Aufbau des Key-Account-Plans |

### Analyse- und Strategieworkshops pro Schlüsselkunde

Aufbauend auf dem allgemeinen Kick-off und dem Einführungsseminar folgen jetzt die kundenspezifischen Workshops in den einzelnen Key-Account-Teams. Die Ziele des Key-Account-Workshops sind:

– Analyse des Schlüsselkunden nach dem 4-Schalen-Modell
– Identifizieren von möglichen Geschäftsgelegenheiten (Bottom-up-Ansatz)
– Festlegen des Gesamtzieles bezogen auf diesen Schlüsselkunden und Erarbeiten der kundenspezifischen Entwicklungsstrategie
– Erstellen der Kontaktmatrix (Beziehungsmanagement)
– Festhalten der Ergebnisse im ersten Entwurf des Key-Account-Plans
– Erarbeiten von möglichen Anforderungen an das eigene Unternehmen beziehungsweise die Geschäftsführung

Es ist ratsam, die Moderation des Workshops nicht durch den Key Account Manager durchführen zu lassen, sondern dies einer unabhängigen dritten Person zu überlassen. Durch die neutrale Moderation wird wesentlich mehr Kreativität im Team freigesetzt, der Moderator kann darüber hinaus zwischen Teammitgliedern und Key Account Manager »vermitteln«.

### Regelmäßige Teamrunden

Insbesondere im Key Account Management mit einem dezentral aufgestellten Team stellt der regelmäßige Informationsaustausch eine große Herausforderung dar. Key Account Management bedeutet, den Schlüsselkunden sehr gut zu kennen und mögliche Veränderungen strategischer oder organisatorischer Art früher wahrzunehmen als der Wettbewerb. Dazu bedarf es neben dem zeitnahen Austausch von offiziellen Informationen auch einer aktiven Kommunikation der informellen Neuigkeiten. »Welche Gerüchte gibt es auf der Kundenseite?« Neben den klassischen Kommunikationsmedien E-Mail und Telefon kommt hier den regelmäßigen Teamrunden eine besondere Bedeutung zu. Zu den Teilnehmern dieser regelmäßigen Treffen gehören neben dem Key Account Manager mit seinem direkten Team auch optional Projektleiter oder Mitarbeiter aus den Produktbereichen, um Neuigkeiten bei Produkten und Lösungen dem Team vorzustellen. Inhaltlich lässt sich die Teamrunde in sechs Informationsblöcke einteilen:

| Inhaltliche Punkte der Teamrunden |
|---|
| 1. Der Schlüsselkunde<br>– Welche Neuigkeiten beziehungsweise strukturellen, organisatorischen oder strategischen Veränderungen gibt es auf der Kundenseite? |
| 2. Laufende Projekte in der Realisierung<br>– Wie ist der Status der aktuellen Projekte (Lieferleistung, Qualitätsprobleme, ausstehende Zahlungen ...)?<br>– Wo gibt es Probleme und welche Aktionen müssen gestartet werden? |
| 3. Vertriebsplanung<br>– Welche Projekte wurden seit der letzten Teamrunde gewonnen?<br>– Welche Projekte werden in den nächsten acht Wochen entschieden? Welche Aktionen müssen noch gestartet werden, um die Projekte zu gewinnen?<br>– Welche neuen Geschäftsgelegenheiten wurden identifiziert? |
| 4. Kundenentwicklung<br>– Welche Maßnahmen zur Kundenentwicklung und Kundenbindung wurden seit der letzten Teamrunde durchgeführt und wie ist die Resonanz des Kunden darauf?<br>– Welche zukünftigen Aktionen und Veranstaltungen sind geplant? |
| 5. Teaminterne Punkte<br>– Welche organisatorischen, personellen oder allgemeinen Punkte müssen besprochen werden? |
| 6. Sonstiges<br>– Welche Spezialthemen wie Neuerungen in den Produktbereichen sollen besprochen und diskutiert werden? |

## Mitarbeitergespräche

Insbesondere in der Einführungsphase des Key Account Managements gilt es, eine Reihe von personellen Punkten in Mitarbeitergesprächen zu klären. Dieses bezieht sich sowohl auf die Ebene zwischen Vertriebsleiter und Key Account Manager wie auch auf die zwischen dem Key Account Manager und seinen Mitarbeitern. Zu den Punkten gehören insbesondere Fragen zum Arbeitsort, der Zielvereinbarung mit dem entsprechenden variablen Vergütungssystem sowie der Entwicklungsplan für den Mitarbeiter.

## Unternehmensinterne Kommunikation

Bei der unternehmensinternen Kommunikation ist zwischen der Erstinformation und den kontinuierlich verfügbaren Informationen zum Key Account Management für alle Mitarbeiter des Unternehmens und der internen Kommunikationsplattform und -strategie für das Key Account Management zu unterscheiden.

### Erstinformationen

Hier geht es darum, den Mitarbeitern das Key Account Management und dessen Einführung im Unternehmen näher zu bringen.
- Warum führt das Unternehmen Key Account Management ein?
- Was ist Key Account Management überhaupt und wo liegen die Unterschiede zwischen den Key-Account-Kunden und den »normalen« Kunden?
- Wo ist der Unterschied zum bisherigen Vertrieb?

Neben diesen grundlegenden Fragen kann die Unternehmensleitung direkt auf die Bedeutung aller Kunden für das Unternehmen und die besondere Bedeutung der Schlüsselkunden hinweisen. Die Kommunikation erfolgt klassisch über das schwarze Brett, in Form eines Interviews mit dem Vertriebsleiter in der Mitarbeiterzeitschrift oder einer Information im Intranet.

### Kontinuierlich verfügbare Informationen

Die kontinuierlich verfügbaren Informationen werden ständig auf dem aktuellsten Stand gehalten und dienen allen Mitarbeitern dazu, sich über Key Account Management im Unternehmen zu informieren beziehungsweise Ansprechpartner leicht zu identifizieren. Der Bereich Key Account Management kann sich zum Beispiel im Intranet mit folgenden Informationen präsentieren:
- Organisation mit Kontaktdaten der Ansprechpartner
- Vision, Leitbild, Ziele und Strategien
- jüngste Erfolge beziehungsweise gewonnene Projekte
- allgemeine Neuigkeiten, zum Beispiel zu Veranstaltungen

Getreu dem Motto »Tue Gutes und rede darüber« sollten besondere Ereignisse wie zum Beispiel der Besuch des eigenen Werkes durch die Geschäftsführung eines Schlüsselkunden oder das Unterzeichnen eines wichtigen Vertrages im Unternehmen kommuniziert werden. Auch für diese Kommunikation bietet sich das gesamte Kommunikationsspektrum vom schwarzen Brett bis zur Mitarbeiterzeitschrift an.

### Interne Kommunikation im Key Account Management

Auch im Key Account Management selbst muss die interne Kommunikation im Team klar geregelt werden. Dazu gilt es Grundlegendes festzulegen:

1. Welche Informationen sollen ausgetauscht werden?
– Informationen zum Status der verschiedenen Projekte und neuen Geschäftsgelegenheiten,
– Veranstaltungen mit dem Kunden,
– Organisation der Schlüsselkunden,
– Geschäftsberichte beziehungsweise wichtige Kennzahlen.

2. Welches Kommunikationsmedium/-tool soll dafür verwendet werden?
– gemeinsame, standardisierte Dateien auf gemeinsamen Laufwerken,
– geschützter Bereich im Intranet,
– Benutzung von CRM-Systemen, wie zum Beispiel von der Firma Siebel.

Darüber hinaus liegt es in der Verantwortung der Vertriebsleitung zu überlegen, welche allgemeinen Informationen »in den Gängen« der Key-Account-Teambüros zur Verfügung gestellt werden sollten. Dabei kann es sich um ein Plakat mit der Vision des Key Account Managements genauso handeln wie um praktische Informationen zum täglichen operativen Geschäft.

### Umsetzung auf Ihr Unternehmen

| ☐ **Erstinformation für alle Mitarbeiter** | |
|---|---|
| Was soll kommuniziert werden? | Wie soll die Kommunikation erfolgen (Veranstaltung, Mitarbeiterzeitschrift ...)? |
| | |
| ☐ **Kontinuierlich verfügbare Informationen für alle Mitarbeiter** | |
| Was soll kommuniziert werden? | Wie soll die Kommunikation erfolgen (Intranet ...)? |
| | |
| ☐ **KAM-interne Kommunikation** | |
| Was soll kommuniziert werden? | Wie soll die Kommunikation erfolgen (Intranet ...)? |
| | |

## Externe Kommunikation

Die Einführung Ihres KAM-Programms bei Ihren Schlüsselkunden umfasst zwei Bereiche.

### 1. Einführung des Key Account Managers und seines Teams beim Kunden

Leider wird die Einführung des Key Account Managers beim Kunden in vielen Unternehmen immer noch diesem selbst überlassen. Um die Bedeutung des Kunden für das eigene Unternehmen zu unterstreichen und um die Position des Key Account Managers mit seinen Kompetenzen hervorzuheben, sollte dieser offiziell durch die Geschäftsführung beim Schlüsselkunden eingeführt werden. Diese Einführung kann in Form eines offiziellen

Schreibens an die Geschäftsführung oder im Rahmen eines persönlichen Gespräches auf der Geschäftsführungsebene geschehen. Durch diese professionelle Einführung wird der Key Account Manager wesentlich besser seine Beziehung mit und bei dem Schlüsselkunden aufbauen können.

### 2. Mitteilung an den Kunden über dessen Key-Account-Status

Wird ein Kunde zu einem Key Account, so werden für diesen Kunden besondere Anstrengungen unternommen. Auch hier gilt gemäß dem Motto »Tue Gutes und rede darüber«, dass Sie Ihren Key-Account-Kunden deren besonderen Status mitteilen sollten. Wichtig bei dieser Kommunikation ist es, den Mehrwert für den Schlüsselkunden klar herauszustellen. Welche Vorteile hat der Schlüsselkunden durch diesen neuen Status? Wie kann der Key-Account-Status den Schlüsselkunden unterstützen, seine eigene Wettbewerbsposition weiter auszubauen?

## Kommunikation im Internet und auf Veranstaltungen

Sofern Sie Ihre Vertriebsorganisation im Internet präsentieren, muss auch über die Darstellung der KAM-Struktur im Internet nachgedacht werden. Die große Herausforderung liegt dabei darin, eine Darstellung zu finden, in der sich alle Kundengruppe vom kleinen Einzelkunden bis hin zum wichtigen Key Account wiederfinden.

## Zusammenfassung

| Phase 2 – Das Key Account Management geht an den Start | | |
|---|---|---|
| Bereich | Inhalt | Notizen |
| Intern | KAM-Kick-off :<br>– Startveranstaltung für das Team des Key Account Managements<br>– Key Account Management geht in die operative Umsetzung<br>– Themen: 1. Gründe und Ziele für Einführung des Key Account Managements; 2. Organisation; 3. Vergütungssystem; 4. Tools und Prozesse<br>KAM-Einführungsseminar:<br>– gibt Einführung in allgemeines und unternehmensspezifisches Key Account Management.<br>– Stichworte: Customer Perceived Value, Buying-Center-Analyse, Tools, Key-Account-Plan ...<br>Analyse- und Strategie-Workshops pro Schlüsselkunde:<br>– Kundenanalyse, Identifikation von Geschäftsgelegenheiten, Festlegen von Maßnahmen<br>– der Key-Account-Plan fasst die Ergebnisse strukturiert zusammen<br>– Teambildung steht neben der inhaltlichen Komponente im Vordergrund<br>Regelmäßige Teamrunden:<br>– das Key-Account-Team trifft sich in regelmäßigen Abständen zum Informationsaustausch<br>Mitarbeitergespräche:<br>– Insbesondere in der Einführungsphase sind offene Mitarbeitergespräch unumgänglich<br>Unternehmensinterne Kommunikation:<br>– kann per Intranet, Mitarbeiterzeitschrift oder schwarzes Brett erfolgen | |
| Extern | Einführung beim Kunden:<br>– Key Account Manager sollten unbedingt offiziell durch die Geschäftsführung beim Kunden eingeführt werden (schriftlich oder noch besser persönlich)<br>Kunden über Status informieren:<br>– Information an den Kunden muss unbedingt die Bedeutung aus Kundensicht beinhalten. Wo liegen die Vorteile für den Kunden? | |

# 6
# Phase 3
# – kontinuierliches Überprüfen und Verbessern

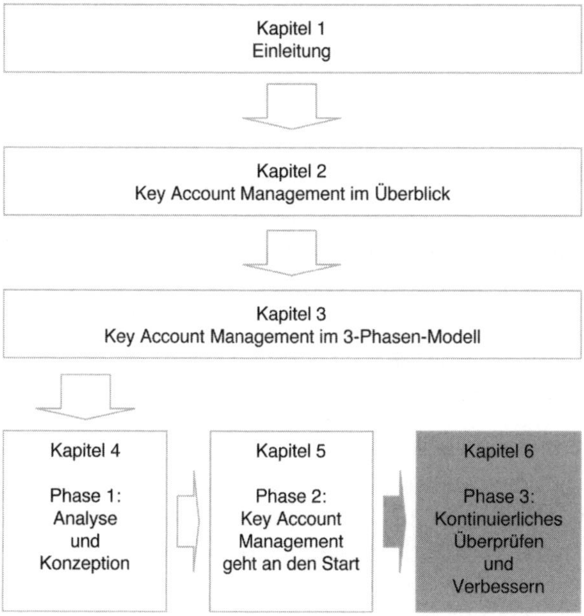


**Abbildung 6.1**: Struktur Kapitel 6

Das Key Account Management wurde im Unternehmen eingeführt und ist nun in der Phase der operativen Anwendung. Wichtig ist in dieser Phase, sich nicht auf dem einmal aufgesetzten KAM-Programm auszuruhen, sondern dieses kontinuierlich den sich verändernden Rahmenbedingungen des Marktes und des Unternehmens anzupassen und weiterzuentwickeln. Die strukturierte Überprüfung und Weiterentwicklung fußt dabei auf internen und externen Maßnahmen. Bei den internen Maßnahmen steht das regelmäßig (zumeist jährlich) stattfindende Key Account Management Review im Vordergrund. Bei externen Maßnahmen geht es dahingegen um die Einbindung des Schlüsselkunden in die KAM-Planung, die notwendigen Aktionen und Weiterentwicklungen.

## Interne Überprüfung

Mitarbeiter, die in einem KAM-Programm tätig sind, stellen das größte Ideenpotenzial dar, um das Key Account Management kontinuierlich zu verbessern. An dieser Stelle sei noch einmal auf den Wunschbriefkasten (siehe Kapitel 5) verwiesen. Geben Sie den involvierten Mitarbeitern die Gelegenheit, Verbesserungsvorschläge zu machen. Insbesondere im Prozess- und Toolbereich können so erhebliche Verbesserungspotenziale effizient und kostengünstig identifiziert und gehoben werden. Darüber hinaus wird so die Akzeptanz der Mitarbeiter gefördert.

### Key Account Management Review

In den meisten Unternehmen findet das Key Account Management Review einmal jährlich im Rahmen der Budgetplanung statt. Inhaltlich geht es dabei einerseits um die Überprüfung der Ziele, Strategien und Aktionen auf Ebene der Schlüsselkunden und andererseits um die vollständige Evalution des KAM-Programms.

#### Review auf Schlüsselkundenebene

Jeder Key Account Manager hat die Aufgabe, seinen Key-Account-Plan dem so genannten Review Board zu präsentieren. Verfügt ein Unternehmen über eine größere Anzahl von Key Accounts, so werden in diesem Review nur die größten Kunden genauer betrachtet. In Einzelfällen werden auch »kleinere« Key Accounts mit in dieses Review einbezogen, sofern für diese strategisch wichtige Managemententscheidungen anstehen. Alle andere Key-Account-Pläne werden direkt mit dem Leiter des Key Account Managements erörtert. Von besonderer Bedeutung sind bei diesem Review folgende Fragen:

– Welche wichtigen Veränderungen zeichnen sich bei dem Schlüsselkunden ab? Veränderungen können dabei marktbedingt erfolgen oder beispielsweise auch durch grundsätzliche Veränderungen in der strategischen Ausrichtung, durch Umorganisationen sowie Kauf und Verkauf von Unternehmensanteilen.
– Was wurde in den letzten zwölf Monaten bei diesem Kunden erreicht? (Umsatz, Deckungsbeitrag, wichtige neue Kontakte im Beziehungsmanagement, wichtige neue Einzelprojekte und vieles mehr)
– Welche Ziele hat sich das Key-Account-Team für die nächsten zwölf Monate und darüber hinaus gesteckt? (Umsatz, Deckungsbeitrag, neue Projekte, Beziehungsmanagement und weitere)
– Welche Anforderungen hat der Key Account Manager an das Topmanagement des eigenen Unternehmens? (Anforderungen an die Produkte oder Servicedienstleistungen, stärkeres Engagement des Topmanagements im Beziehungsmanagement zu diesem Schlüsselkunden, zusätzliche Mitarbeiter und weitere)

### Review auf Key-Account-Management-Ebene

Die Überprüfung und Weiterentwicklung des gesamten KAM-Programms sollte genauso strukturiert und kontinuierlich erfolgen wie die Überprüfung auf Ebene der Schlüsselkunden. Im Kern stehen dabei die Fragen aus Phase 1 – Analyse und Konzeption:
– Was wollen wir mit Key Account Management erreichen?
– In welchen geografischen und produktorientierten Märkten wollen wir Key Account Management einsetzen?
– Welche Kunden werden zu neuen Schlüsselkunden? Welche existierenden Schlüsselkunden werden unter Umständen zu B-Kunden?
– Genügt die Organisation noch den Anforderungen?
– Welche Maßnahmen müssen im Bereich Personalmanagement ergriffen werden (Seminare, Vergütungssystem ...)?
– Welche Veränderungen sind im Bereich Prozesse, Tools und Controlling notwendig?

### Das Review Board

Das so genannte Review Board leitet das jährliche Key Account Management Review und ist darüber hinaus befugt, entsprechende Unternehmensentscheidungen zu treffen. Aufgrund der Tragweite eines Key Account Managements setzt sich das Review Board im Allgemeinen wie folgt zusammen:

- Vertreter der Geschäftsleitung (siehe auch Topmanagement-Sponsoring)
- Vertriebsleiter (oder auch Leiter Key Account Management)
- Bereichsleiter einzelner Produktdivisionen
- Leiter Marketing
- teilweise Personalabteilung
- Vertriebscontrolling

### Die Risiken des Key Account Managements

Im Rahmen der kontinuierlichen Überprüfung und Anpassung der Unternehmens-, Vermarktungs- und Vertriebsstrategie muss sich das Unternehmen neben den Chancen auch immer der Risiken bewusst sein. In Anlehnung an Belz, Müllner, Zupancic (2004) sollen hier nur einige Risiken näher betrachtet werden.

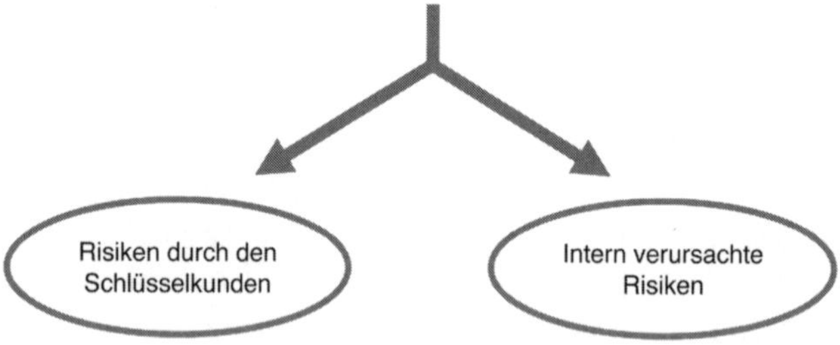


**Abbildung 6.2**: Risiken des Key Account Managements

### Risiken durch die Schlüsselkunden

Im Bezug auf Key Account Management wird sehr häufig der Begriff der Partnerschaft verwendet. In der Wirklichkeit des Wirtschaftslebens hat der Lieferant ein vitales Interesse an dieser Partnerschaft, während der Kunde eine solche sehr häufig doch eher opportunistisch betreibt. Der Lieferant legt sehr viele Informationen offen und übernimmt damit sehr häufig ein großes Geschäftsrisiko. Der Schlüsselkunde dahingegen versucht, Informationen doch eher für sich zu behalten.

1. Dem Schlüsselkunden ist seine besondere Position gegenüber dem Lieferanten bewusst. Mit diesem Wissen spielt der Schlüsselkunde bewusst seine Macht gegenüber dem Lieferanten aus. In vielen Fällen folgt daraus eine Konditionsanpassung oder die Übernahme von weiteren Risiken durch den Lieferanten.

2. Der Wechsel eines Schlüsselkunden zu einem anderen Lieferanten hat direkte Auswirkungen auf die eigenen Geschäftsergebnisse. Bedingt durch die Konzentration auf wenige Schlüsselkunden sind die Auswirkungen für den Lieferanten immens.

3. Misserfolge bis hin zur Insolvenz des Schlüsselkunden schlagen eins zu eins auf den Geschäftserfolg des Lieferanten durch. Fehlende Transparenz beziehungsweise Wissen über den Schlüsselkunden birgt große Gefahren für das eigene Unternehmen.

### Intern verursachte Risiken

Key Account Management bedeutet, seine Ressourcen und Prozesse auf wenige Schlüsselkunden auszurichten. Dieser Konzentrationsprozess birgt ebenfalls klare Risiken.

1. Die Identifizierung der Key Accounts wurde objektiv und nach bestem Wissen und Gewissen durchgeführt. Trotzdem kann es passieren, dass die »falschen« Kunden als Potenzialträger ausgesucht wurden.

2. Key Account Management aufzusetzen und offiziell einzuführen ist die eine Sache. Den geweckten Erwartungen der Schlüsselkunden gerecht zu werden eine ganz andere. Wenn die Umsetzung des Key Account Managements Schwächen aufweist oder nicht so zügig wie geplant gelingt, besteht die Gefahr, dass enttäuschte Kunden abwandern.

3. In vielen Unternehmen wird Key Account Management eingeführt, um Cross-Selling-Potenziale beim Kunden auszunutzen. Kann der Lieferant in den neuen Geschäftsbereichen allerdings

nicht die Leistungen und Qualität erbringen, wie es der Kunde im Ursprungsgeschäft gewohnt war, so führt dieses unweigerlich zu einem enttäuschten Kunden. Entsprechend steigt das Risiko, dass dieser Kunde die Geschäftsbeziehung komplett abbricht.

4. Die Konzentration auf einen Schlüsselkunden kann eine Diskriminierung der anderen Kundengruppen mit sich bringen. Daraus kann sich das erhöhte Risiko ableiten, dass gerade diese treuen Kunden in Krisenzeiten zu einem Lieferanten wechseln, der ihnen scheinbar mehr Aufmerksamkeit schenkt.

5. Der Key Account Manager spielt eine entscheidende Rolle für den Erfolg oder Nichterfolg der Geschäftsbeziehung zu einem Schlüsselkunden. Nicht selten aber sind langfristig gewachsene Beziehungen zwischen einem Key Account Manager und den Entscheidungsträgern auf der Schlüsselkundenseite die solide persönliche Basis für den geschäftlichen Erfolg. Verlässt der Key Account Manager das Unternehmen, wird der Weggang eine direkte Auswirkung auf die Geschäftsbeziehung haben.

## Den Kunden einbeziehen

Bereits im Titellied zur Kindersendung *Sesamstraße* heißt es: »Wer, wie, was, wieso, weshalb, warum – wer nicht fragt, bleibt dumm!« Insbesondere in einer partnerschaftlichen Beziehung ist der Kunde selbst die beste Quelle, um sich über Veränderungen am Markt oder beim Schlüsselkunden sowie über die Anforderungen, Wünsche und Wahrnehmungen dieses Kunden zu informieren. Basierend auf diesem Wissen aus erster Hand können dann entsprechend die eigenen Ziele, Strategien und Maßnahmen angepasst werden. Im Folgenden werden die Möglichkeiten des Kundenworkshops und der Kundenbefragungen kurz näher erläutert.

### Kundenworkshops – den Schlüsselkunden in die Planung einbeziehen

Im Gegensatz zu klassischen Kundenterminen, bei denen letztlich der Verkauf von Produkten, Lösungen und Dienstleistungen im Vordergrund steht, geht es bei den Kundenworkshops um den

Austausch von Informationen auf strategischer Ebene. Die Partnerschaft und die Zusammenarbeit zwischen Lieferant und Schlüsselkunde stehen dabei klar im Mittelpunkt. Insbesondere in Partnerschaften, bei denen auch der Schlüsselkunde in einer erkennbaren Abhängigkeit zum Lieferanten steht, wie es zum Beispiel teilweise in der Automobilindustrie der Fall ist, fordern gerade die Kunden diesen intensiveren Austausch. Der Schlüsselkunde wird auf diese Weise auch aktiv in die eigenen Account-, Vertriebs- und Unternehmensplanung eingebunden.

Auf der Lieferantenseite kann hier der Key-Account-Plan als Steuerungs- und Kommunikationsinstrument angewendet werden. Der Key Account Manager oder ein Vertreter der Geschäftsleitung präsentiert dazu dem Schlüsselkunden eine inhaltlich reduzierte Version von seinem Key-Account-Plan. Inhaltlich reduziert heißt, dass alle unternehmensinternen und vertraulichen Informationen herausgenommen werden. Auf der Kundenseite präsentiert der Key Supplier Manager, der Einkäufer oder ein Vertreter der Geschäftsleitung Veränderungen im Unternehmen und eine mögliche Vorhersage (Forecast) über mögliche Bedarfe der nächsten zwölf Monate. Da der Vertreter der Kundenseite auch die Wünsche und Anforderungen an den Lieferanten äußern kann, kann in diesem Rahmen auch eine Lieferantenbewertung stattfinden.

## Kundenbefragung – Kundenzufriedenheit und -bindung

Key Account Management einzuführen bedeutet, die eigenen Produkte, Dienstleistungen, Unternehmensprozesse und Aktionen auf die Schlüsselkunden auszurichten. Die Zufriedenheit dieser Kunden kann daher als ein wichtiger Gradmesser für die erfolgreiche Umsetzung der Kundenorientierung eines Unternehmens angesehen werden. Zufriedene Kunden sind nicht so preissensitiv wie unzufriedene. Sie sind darüber hinaus auch weniger geneigt, zu einem anderen Wettbewerber zu wechseln. Insbesondere in einem Key Account Management mit dem Fokus auf langfristige Geschäftsbeziehungen stellt die Kundenzufriedenheit einen elementaren Baustein für die Kundenbindung dar. Eine hohe Kundenzufriedenheit muss dabei aber nicht zwangsläufig zu einer hohen Kundenbindung führen. Insbesondere dort, wo ein

Lieferantenunternehmen eine Art Monopolstellung besitzt, fehlt dem Kunden eine echte Alternative, die seine Bedürfnisse vielleicht wesentlich besser befriedigen könnte. Unter Umständen ist der Schlüsselkunde auch nur mit den Leistungen seines Lieferanten zufrieden, da andere potenzielle Lieferanten noch schlechtere Leistungen erbringen würden. Sobald ein Lieferant auf dem Markt erscheint, der den Anforderungen und Bedürfnissen des Schlüsselkunden mehr genügt, würde der Kunden dann seinen Lieferanten wechseln.

In den Kundengesprächen wird der Key Account Manager sich selbstverständlich auch nach der Zufriedenheit des Kunden erkundigen. Die Frage bleibt nur, ob der Kunde wirklich alle kritischen Punkte offen anspricht. Eine strukturiert vorgenommene Kundenbefragung kann Ihrem Unternehmen ein klareres Bild über die Zufriedenheit Ihres Kunden mit Ihren Produkten und Dienstleistungen sowie der persönlichen Kundenbetreuung geben. Um über die Kundenzufriedenheit auf die Kundenbindung schließen zu können, muss die Befragung um die beiden Dimensionen »Vergleich mit dem Wettbewerb« und »Wichtigkeit« erweitert werden.

– Der Vergleich mit dem Wettbewerb:
Der Schlüsselkunde wird nicht nur nach seiner Zufriedenheit mit einer gewissen Leistung befragt, sondern er wird auch aufgefordert, die Leistung Ihres Unternehmens mit der Leistung möglicher Wettbewerber zu vergleichen. Durch die Kombination der beiden Fragen erhalten Sie ein klareres Bild über Ihre Positionierung gegenüber dem Wettbewerb.

– Die Wichtigkeit der Punkte für den Kunden:
Jedes Unternehmen, wie auch jeder Mitarbeiter, führt eine individuelle Gewichtung der Punkte durch, die für die Kundenzufriedenheit von Bedeutung sind. Für einen Kunden ist zum Beispiel die Nähe des Lieferanten zum eigenen Unternehmen wesentlich wichtiger als der Preis. Ein anderer Kunde hingegen sieht unter Umständen den Preis und die Qualität des Produktes als die einzigen wichtigen Kriterien zur Lieferantenbewertung an. Durch die Kombination der Zufriedenheit des Kunden mit der Wichtigkeit erhalten Sie ein klares Bild über notwendige Handlungsfelder. Die

Abbildung 6.3 zeigt den Zusammenhang zwischen der Wichtigkeit und der Zufriedenheit in der Portfoliodarstellung.

**Abbildung 6.3**: Wichtigkeits-Zufriedenheits-Portfolio

– Quadrant 1: Kundenzufriedenheit niedrig/Wichtigkeit für den Kunden niedrig

Der Kunde ist mit Ihrer Leistung nicht sonderlich zufrieden. Dem Kunden ist dieser Punkt jedoch auch nicht besonders wichtig, weshalb er nicht mit der höchsten Priorität verbessert werden muss. Allerdings besteht die Gefahr, dass ein anderer Wettbewerber es schafft, die Wichtigkeit dieses Punktes für den Kunden zu beeinflussen und ihn damit zu einer echten Belastung für Ihre Geschäftsbeziehung werden zu lassen.

– Quadrant 2: Kundenzufriedenheit niedrig/Wichtigkeit für den Kunden hoch

Der Kunde ist mit Ihrer Leistung in diesem Bereich nicht zufrieden. Gleichzeitig ist dieser Punkt für den Schlüsselkunden sehr wichtig. Daher ist hier ein dringender Handlungsbedarf gegeben. Die Schwachpunkte müssen genau analysiert und ein entsprechender Aktionsplan ausgearbeitet, kommuniziert und vor allem umgesetzt werden.

– Quadrant 3: Kundenzufriedenheit hoch/Wichtigkeit für den Kunden niedrig

Bei diesen Themen ist der Kunden mit Ihren Leistungen sehr zufrieden. Leider haben diese Aspekte für den Kunden jedoch keine große Bedeutung. Daraus ergibt sich einerseits, dass Sie keine außergewöhnlichen Anstrengungen in diesen Bereichen vornehmen und sich lieber auf die dringenden Handlungsfelder von Quadrant 2 konzentrieren sollten. Andererseits handelt es sich bei diesen Punkten scheinbar um Ihre Stärken. Wenn Sie es schaffen, die Wichtigkeit dieser Punkte für den Kunden zu erhöhen, steigt die Kundenbindung.

– Quadrant 4: Kundenzufriedenheit hoch/Wichtigkeit für den Kunden hoch

In diesem Quadranten liegen Ihre vom Kunden wahrgenommenen Stärken. Der Schlüsselkunde ist mit Ihren Leistungen sehr zufrieden und gleichzeitig weist dieser Punkt für ihn eine hohe Wichtigkeit auf. Bezogen auf diesen Punkt müssen Ihre Leistungen überdurchschnittlich bleiben, um so die Kundenbindung weiter ausbauen zu können.

Um das Bild der Kundenbeziehung zu vervollständigen, fehlt jetzt nur noch der Vergleich zwischen Fremd- und Eigenbild. Durch die Befragung des Kunden nach seiner Zufriedenheit und der Wichtigkeit einzelner Punkte sowie den Vergleich mit dem Wettbewerb erhalten Sie eine externe Perspektive – ein Bild von außerhalb. Durch die Befragung der eigenen Mitarbeiter, die in einem ständigen Kontakt zum Schlüsselkunden stehen, erhalten

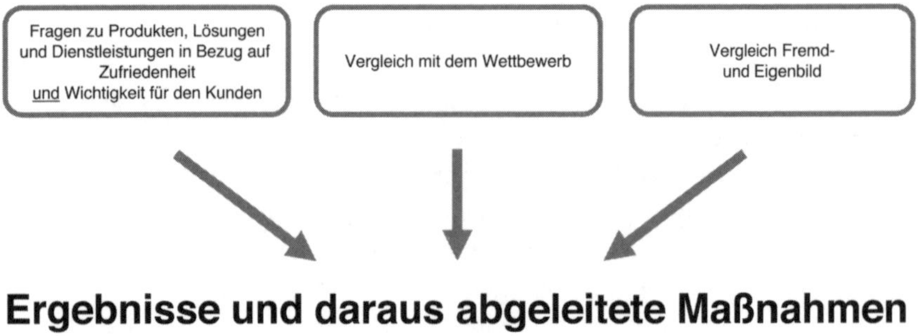


**Abbildung 6.4**: Drei Elemente einer Kundenbefragung

Sie darüber hinaus eine Sichtweise aus dem eigenen Unternehmen heraus. Nicht selten haben Key Account Manager oder Servicekräfte in den einzelnen Aspekten ein völlig anderes Verständnis als ihre Schlüsselkunden.

Der Ablauf einer Kundenbefragung kann in die drei Phasen Vorbereitung, Durchführung und Nachbereitung eingeteilt werden. Die Phase der Vorbereitung beinhaltet die konzeptionelle Ausarbeitung der Befragung sowie das Einholen der Freigabe des Kunden und das Durchführen von ersten Tests. Die eigentliche Durchführung der Kundenbefragung erfolgt dann beim Kunden und im eigenen Unternehmen, um gegebenenfalls ein Eigenbild zu erhalten. In der Phase der Nachbearbeitung werden die Befragung ausgewertet, notwendige Maßnahmen erarbeitet und durchgeführt sowie intern und extern kommuniziert.

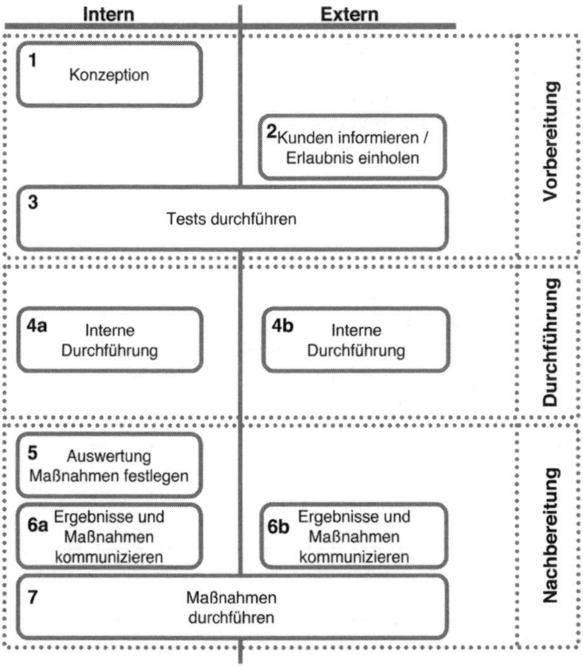


**Abbildung 6.5**: Prozess einer Kundenbefragung

## 1. Konzeption

| | |
|---|---|
| – Ziel der Kundenbefragung festlegen | ☐ |
| – Zielgruppe festlegen (Einkauf, Technische Bereiche ...)<br>– Liste der zu befragenden Kunden aufstellen. Möglichst viele Mitarbeiter aus unterschiedlichen Bereichen adressieren, um ein repräsentatives Ergebnis zu erhalten<br>– Eigene Mitarbeiter auswählen, die für das Eigenbild ebenfalls befragt werden sollen | ☐ |
| – Art der Befragung festlegen (persönlich, schriftlich, auf dem Internet basierend, per E-Mail ...) | ☐ |
| – Budget festlegen (Hinweis: Persönliche Befragungen sind wesentlich kostenintensiver als schriftliche) | ☐ |
| – Festlegen, ob die Befragung selbst durchgeführt oder eine Agentur beauftragt werden soll. Bei eigenen Kräften muss entschieden werden, wer welche Befragungen durchführen könnte (nicht der Key Account Manager) | ☐ |
| – Zeitpunkt und -rahmen festlegen | ☐ |
| – Fragebogen erstellen (kurz, übersichtlich, leicht verständlich, Zufriedenheit und Wichtigkeit einzelner Punkte abfragen). Bei den Fragen die Aufgaben und Interessen der Bereiche des Kunden berücksichtigen | ☐ |

## 2. Kunden informieren/Erlaubnis einholen

| | |
|---|---|
| – Kunden über die gewünschte Befragung informieren; Hintergründe mitteilen, Genehmigung einholen und Zeitplan abstimmen. Gegebenenfalls muss auf der Kundenseite auch noch der Betriebsrat informiert werden. Ideal wäre, wenn jemand aus dem Kundenunternehmen die Befragung intern ankündigt. | ☐ |

## 3. Tests durchführen

| | |
|---|---|
| – Technische Tests durchführen, zum Beispiel bei internetbasierte Fragebögen | ☐ |
| – Inhaltliche Tests zur Verständlichkeit der Fragebögen durchführen | ☐ |

## 4. Interne und externe Durchführung

| | |
|---|---|
| – Befragung der eigenen Mitarbeiter durchführen | ☐ |
| – Befragung der Kunden durchführen | ☐ |

## 5. Auswertung/Maßnahmen festlegen

| | |
|---|---|
| – Auswertung der internen und externen Befragung. Vergleich Fremd- und Eigenbild. | ☐ |
| – Handlungsbereiche identifizieren und interne und externe Aktionen festlegen | ☐ |

## 6. Ergebnisse und Maßnahmen intern und extern kommunizieren

| | |
|---|---|
| – Ergebnisse und Maßnahmenplan intern gegenüber der Geschäftsführung und den Produktbereichen präsentieren. Aus der Präsentation heraus können noch weitere Aktionen abgeleitet oder bestehende adaptiert werden | ☐ |
| – Ergebnisse und Maßnahmenplan extern der Geschäftsführung und den wichtigen Leistungsbereichen des Schlüsselkunden präsentieren. Aus der Präsentation heraus können noch weitere Aktionen abgeleitet oder bestehende adaptiert werden | ☐ |

## 7. Maßnahmen durchführen

| | |
|---|---|
| – Maßnahmen durchführen und den Schlüsselkunden über die Ergebnisse informiert halten | ☐ |

## Zusammenfassung

| Phase 3 – kontinuierliches Überprüfen und Verbessern | | |
|---|---|---|
| Bereich | Inhalt | Notizen |
| Allgemein | – Key Account Management muss kontinuierlich den Veränderungen am Markt und beim Kunden angepasst werden | |
| Intern | Mitarbeiter:<br>– stellen großes Ideenpotenzial dar. Einbinden der Mitarbeiter durch einen Wunschkasten für das Key Account Management<br>Key Account Management Reviews:<br>– regelmäßig (einmal im Jahr) durchführen, um<br>a. Ziele, Strategien, Maßnahmen auf Ebene der Schlüsselkunden anzupassen<br>b. das Key Account Management Programm generell zu überprüfen und weiterzuentwickeln (Kundenauswahl, Organisation, Mitarbeiter, Prozesse und Tools)<br>– Key Account Management birgt auch Risiken (extern: Kunde spielt seine Macht aus; Wechsel des Kunden hat direkte Auswirkungen auf den eigenen Geschäftserfolg; intern: hohe Abhängigkeit vom Key Account Manager) | |
| Extern | Kundenworkshops:<br>– die Schlüsselkunden in die eigene Vertriebs- und Unternehmensplanung einbeziehen<br>– Key Account Manager präsentiert reduzierte Version vom Key-Account-Plan<br>– Kunde präsentiert Veränderungen im Unternehmen, Bedarfsplanung, Wünsche, Anforderungen und gegebenenfalls die Lieferantenbewertung<br>Kundenbefragung:<br>– Befragung (schriftlich, mündlich, per Internet) der Kunden nach Zufriedenheit des Kunden und Wichtigkeit der einzelnen Punkte<br>– wird die Befragung intern und extern durchgeführt, kann ein Abgleich zwischen Fremd- und Eigenbild erfolgen<br>– Prozess zur Kundenbefragung:<br>1. Konzeption<br>2. Kunden informieren/Erlaubnis einholen<br>3. Tests durchführen<br>4. interne und externe Durchführung<br>5. Auswertung und Maßnahmenfestlegung<br>6. Ergebnisse und Maßnahmen intern und extern kommunizieren<br>7. Maßnahmen durchführen | |

# Danksagung

An dieser Stelle möchte ich mich ausdrücklich bei meiner Ehefrau Claudia für ihre Geduld und moralische Unterstützung bei diesem Buch bedanken. Ein weiterer Dank gilt meiner Lektorin Jutta Hörnlein vom Wiley VCH Verlag für ihre tolle Unterstützung bei diesem, für mich ersten, Buchprojekt. Vielen Dank auch an meine Nichte Ulrike (Studentin an der PFH Göttingen) sowie meine Kollegin Renate Abendroth für ihre Anregungen und Korrekturlesungen. Bei Stephan Meißner bedanke ich mich sehr für seinen wichtigen Beitrag zum Thema Balanced Scorecard und wünsche ihm für seine nächsten beruflichen Herausforderungen alles Gute.

Viel Spaß beim Lesen und Anwenden.

Marbach, im Juli 2004 *Hartmut Sieck*

# Literaturverzeichnis


Belz, C., Mühlmeyer, J., *Key Supplier Management*, St. Gallen, 2001

Belz, C., Müllner, M., Zupancic, D., *Spitzenleistungen im Key Account Management – Das St. Galler KAM Konzept*, Frankfurt, 2004

Beutin, Dr. N., Schäfer, H., »Cross Selling. Verdienen mit Zusatzgeschäften«, in: *Sales Profi*, 11,/2000, Seite 20 ff

Bickelmann, R., *Key Account Management (Erfolgsfaktoren für die Kundensteuerung – Strategien, Systeme, Tools)*, Wiesbaden, 2001

Biesel, H. H., *Key Account Management erfolgreich planen und umsetzen*, Wiesbaden, 2002

Burnett, K., *The handbook of key customer relationship management*, London, 2001

Capon, N., *Key Account Management and Planing*, New York, 2001

Capon, N., *Praxishandbuch Key Account Management*, Frankfurt, 2003

Cheverton, P., *If you're so brilliant ... How come you can't identify your key customers?*, London, 2002

Cheverton, P., *Key Account Management (a complete action kit of tools & techniques for achieving profitable key supplier status)*, 2. Auflage, London, 2001

Czichos, R., *Creaktives Account Management (Kunden-, Verkäufer- und Vertriebs-Management)*, 2. Auflage, Basel, 2000

Diller, H., »Key Account Management: Alter Wein in neuen Schläuchen?«, in: *Thexis*, 10. Jg., Nr. 3

Eyer, E., Haussmann, T., *Zielvereinbarung und variable Vergütung*, 2. Auflage, Wiesbaden, 2003

Griepentrog, Dr. W., *Metro-Handelslexikon*, Düsseldorf, 2003

Ivens, Dr. B.S., *Evaluation von Key Account Programmen: Theoretische Grundlagen und empirische Ergebnisse einer prozessorientierten Benchmarking-Studie*, Arbeitspapier Nr. 106, Nürnberg, 2003

Jensen, O., *Key Account Management (Gestaltung – Determinanten – Erfolgsauswirkungen)*, Wiesbaden, 2001

Küng, P., Schillig, B., Toscano-Ruffilli, R., *Key Account Management (Praxistipps – Beispiele – Werkzeuge)*, St. Gallen/Zürich, 2002

Mercury International, Universität St. Gallen, *Europäische KAM Studie: Der Key Account Management Status in Europa und zukünftige Perspektiven – Deutsche Kurzfassung*, 2004

Preißner, A., *Balanced Scorecard in Vertrieb und Marketing*, 2. Auflage 2002, München, 2002

Pufahl, M., *Vertriebscontrolling*, Wiesbaden, 2003

Sidow, Dr. H. D., *Key Account Management (Wettbewerbsvorteile durch kundenbezogene Strategien)*, 7. Auflage, München, 2002

Stewart, G., *Key Account Management in a week*, London, 2003

Storp, N., *Key Account Management und E-Commerce*, Nürnberg, 2001

ten Have, S., ten Have, W., Stevens, F., *Handbuch Management Modelle*, Weinheim, 2003

Viehöver, U., *Der Porsche Chef*, Frankfurt, 2003

## Unterlagen im Internet

Die verwendeten Checklisten, Tools und Konzepte stehen Ihnen kostenfrei zum Download auf meiner Internetseite zur Verfügung.

Adresse: *http://www.sieck-consulting.de/key_account_mgnt/buch_kam/download/download.html/*

Benutzername : buchkam

Kennwort: sieck1

# Register